THEY'RE COMING
INVASION

他们来了！
— 德军视角下的诺曼底 —

[德] 保罗·卡雷尔 著

小小冰人 译

台海出版社

著作权登记合同图字：01-2022-6289

图书在版编目（CIP）数据

他们来了！：德军视角下的诺曼底 /（德）保罗·
卡雷尔著；小小冰人译 . -- 北京：台海出版社，
2022.8
ISBN 978-7-5168-3301-8

Ⅰ . ①他… Ⅱ . ①保… ②小… Ⅲ . ①美英联军诺曼
底登陆作战 (1944) - 史料 Ⅳ . ① E195.2

中国版本图书馆 CIP 数据核字 (2022) 第 069715 号

他们来了！：德军视角下的诺曼底

著　　者：[德]保罗·卡雷尔		译　　者：小小冰人	

出 版 人：蔡　旭　　　　　　　　　　　责任编辑：赵旭雯
策划编辑：王云欣　　　　　　　　　　　封面设计：周　杰

出版发行：台海出版社
地　　址：北京市东城区景山东街 20 号　　邮政编码：100009
电　　话：010 - 64041652（发行，邮购）
传　　真：010 - 84045799（总编室）
网　　址：www.taimeng.org.cn/thcbs/default.htm
E - mail：thcbs@126.com

经　　销：全国各地新华书店
印　　刷：重庆长虹印务有限公司
本书如有破损、缺页、装订错误，请与本社联系调换

开　　本：787mm×1092mm　　　　　　　1/16
字　　数：325 千　　　　　　　　　　　印　　张：19
版　　次：2022 年 8 月第 1 版　　　　　印　　次：2022 年 11 月第 1 次印刷
书　　号：ISBN 978-7-5168-3301-8

定　　价：99.80 元

1994年版前言

　　50年前的1944年6月6日，英美进攻大军登陆法国诺曼底海岸，开始反攻欧洲。德国人认为，东线一场场令人难忘的毁灭性交战，代表了这场战争的决定性战局。可是，在1944年真正的决定性战局发生在西线。盟军登陆诺曼底海岸的行动大获全胜，攻破了原本以为坚不可摧的德国大西洋壁垒，展现出英美盟军在战略、组织、物质方面的优势。最重要的是，他们拥有强大的空中力量，完全掌握了战场制空权，这就从根本上决定了西线战局，乃至整个战争。

　　1943年，希特勒签发的第51号元首令说得很清楚，一旦盟军成功登陆法国，会给战争造成决定性影响。他指出："东线的危险依然存在，但西线出现了更大威胁的迹象，也就是盎格鲁–撒克逊人的登陆！倘若敌人在宽大的正面突破我们的防御，那么，短时间内的后果不堪设想。"

　　1944年5月5日，德国国防军指挥参谋部参谋长约德尔将军这样说道："我们目前面临西方列强大举登陆，随之而来的交战，对战争的结局和我们的未来具有决定性影响。"

　　100年前的1894年，德国史学大师海因里希·冯·特赖奇克，在《十九世纪德国史》第五版的序言里写道："德意志历史的陈述者，要是仅仅描绘一连串事情的经过，坦率地表达自己的观点，那么，他的工作只完成了一半。他还应该知道如何唤醒读者心中，许多同胞因为当下的不满和争吵已然再次丧失的东西——生于祖国的幸福感！"

　　后来，接替利奥波德·冯·兰克担任柏林大学历史教授的特赖奇克，在历史学家不应当引导和指点，只能阐述"真实事件"的原则下，添加了一句特殊的强调语：对祖国毫不掩饰的热爱。

作为本书的作者，我承认自己的主要目的是写下"战场上的真实情况"，但不能否认，我赞同特赖奇克的观点。

从这个意义上说，我想讲述诺曼底战役的真情实景，以及发生这一切的原因。我利用一手记述和文件，为大批对此感兴趣的读者分析了一切。拙著的完成，得益于从普通士兵到集团军司令的几百名"合著者"提供的帮助，他们在这出无情的战争中扮演了不同的角色。这些"合著者"的口述、撰写的军事史著作和稿件，以及混乱中保存下来的战争草图、原始命令、态势图，成为我写作本书的资料。盟军机密文件、军事科学研究、回忆录、各项重要调查公开后所带来的新资讯，赋予了盟军登陆以及后续战事新的意义。本书新版收录了这些文件、事实、近期研究的重要内容，还使用近期披露的内幕，首次评估了盟军大获成功的行动手段，他们利用间谍、游击队、通信骗局、巧妙安排的假情报，在登陆日期和地点的问题上欺瞒对手，导致不明就里的德军指挥部门分散了力量。盟军情报机构甚至无中生有，杜撰了一支幽灵军队，制造出大军留在英国准备实施二次登陆的假象，德军总参谋部却把掺了假货的敌情报告当作战略现实，盟军登陆几周后，德军最高统帅部和驻守法国的高级将领仍坚信对方打算实施第二场登陆。作为欺骗计划的组成部分，盟军甚至利用了英国人俘虏的一位获得过高级勋章的德军将领。

1944年6月6日，盟军庞大的登陆舰队出现在诺曼底海岸前方，守军猝不及防，此时，近200万人的58个德国师守卫着2600千米长的海岸线。但诺曼底登陆地段，德军只部署了7个师。好几位师长也不在指挥部，而是前往雷恩参加图上演习。战线决定性地段的指挥官隆美尔元帅，回黑尔林根给妻子过生日了。另外，德国国防军最高统帅部和派驻法国的高级将领，对盟军这场行动深感怀疑，因为他们坚信敌人随后会在加来地区实施主要登陆。

尽管如此，尽管德军指挥部门混乱不堪，尽管盟军在登陆地区拥有强大的空中优势，尽管他们在登陆日期和地点的问题上达成突然性，可最高统帅部的策略没能奏效。他们原本设想的是速战速决的胜利，结果沦为一场历时80天的激战，交战双方都损失惨重。这是因为，虽说战争已进入第五个年头，纵然德军将士经常发现自己陷入绝望的境地，可他们还是凭借意志和战术优势继续奋战。德军指挥官率领一个个团、一个个战斗群、一个个支撑点，打乱了盟军的时间计划表。

一些德军装甲团朝海岸成功实施了反冲击，伞兵部队在敌军登陆区中央坚守阵地达数日之久，给战术拙劣的敌人造成首次重大危机。

随着战役的进行，拥有物质和技术优势的盟军，不得不借助战机和舰炮的狂轰滥炸，一步步杀出滩头阵地。这场技术装备战毫无平等可言，德军部队和预备队投入得太晚，数量也不够，不是遭到重创就是被粉碎。盟军在阿夫朗什达成突破后，包围了大批德军兵团。

对德军前线将士来说，这场战争，他们对抗的是盟军动用美国全部资源，实现的技术、物质、组织优势。

作为讲述盟军进攻欧洲壁垒的全新修订扩充版，本书为广大读者呈现了军事史研究的最新成果，而且忠于以下座右铭：究竟是怎么回事？为何会这样？

保罗·卡雷尔

1994年

目　录

1

极度焦虑

他们何时到来？他们从哪里来？

1944年6月3日，星期天，高级军械师京特·维特躺在诺曼底大西洋沿岸的沙丘草丛里，端着望远镜扫视天空。云层遮蔽了太阳，不过，天气还是很热，6月初的科唐坦半岛就是这样。但暴雨云正在形成，明媚的晴天看来很快要结束了。

大西洋长长的海浪反复冲刷海岸，清晰可辨的敲击声盖过了海浪的声响。第1262陆军海岸炮兵团某营正在罗泽尔前方架设一门缴获的法国火炮。

沃尔施莱格少尉朝沙丘顶上的部下喊道："维特，打猎有成果吗？"维特答道："今天的运气不太好。"话音刚落，他就把望远镜丢在一旁的军便帽上，迅速翻了个身，端起法制霰弹枪。双筒猎枪的枪管从右向左缓缓移动，"砰"，接着又是一声"砰"。一只白色的小鸟旋转着落向地面。维特把霰弹枪丢在草地里，朝鸟儿落下的地方跑去。

过了一会儿，他回来了，其他战友问道："找到了吗？"

高级军械师维特笑着说道："看看这个！"说着，他给众人看了看手里的死鸽子。沃尔施莱格问道："信鸽带情报了吗？"

"少尉先生，带情报了。"维特递上他从信鸽腿上摘下的小金属管。

少尉拧开管子,倒出小小的纸卷。纸上标有数字和字母,还画了只小小的狐狸。维特评论道:"以前画的是乌鸦、喜鹊,或是诸如此类的东西。"他在这方面很有经验。

"把这东西送到城堡去,"少尉命令道,"动作快点!"维特骑上征用来的自行车出发了,沿莱皮约通往瑟堡的公路,赶往索特维尔附近一座小城堡的团部,他要上交射落的信鸽和信鸽携带的情报,这是法国境内的间谍呈送给英国情报部门的报告。情报透露了德国人在海岸和腹地构筑的发射阵地、掩体的具体位置,驻扎在各个村庄的德军部队,以及英国情报部门有可能感兴趣的一切内容。

第一次世界大战期间,无线电技术刚刚起步,信鸽的作用无可替代,而第二次世界大战的情况不同,交战各方仅以信鸽补充无线电的不足,主要在特工人员无法到达或携带电台过于危险的地方用信鸽传递消息。与无线电报务员不同,信鸽不会受到干扰,能平静而又迅速地传送秘密图纸和情报。信鸽还有个特殊功能,它可以报告伞降特工平安着陆,这些特工随身携带信鸽,顺利着陆后放出鸽子。

英国情报机构,用降落伞把法国抵抗组织使用的信鸽空投到住宅区或游击队的秘密营地。信鸽的损失相当高,英国人空投的鸽子,有许多没被抵抗战士找到,还有不少被当地居民交给德国人,倘若他们不上交,就是犯下了严重的罪行。因此,德国反间谍机构(阿布维尔)很快确定,信鸽是秘密战线的重要因素。被德军占领的法国地区,打鸽子成了德军精心组织的防御措施。射落飞行中的"邮递员"是一项军事运动,法国北部海岸的德国驻军更是如此。

1944年6月前的三年半里,英国空军部的信鸽部门向法国投放了16554只鸽子,其中有1842只(11%)返回英国南部海岸的鸽舍。鸽子腿上绑缚着小小的铝管,里面装有德军部队驻地和动向、大西洋壁垒海岸防御工事、机场和火箭发射基地的情报。与携带电台潜入法国的特工不同,这些"空中邮递员"还能传递照片、草图、地图微缩胶片。在令人大开眼界的《情报与欺骗》一书里,作者乔克·哈斯韦尔谈到在1940年秋季,第一只信鸽携带情报从法国顺利飞回英国的故事。这只信鸽是跳伞潜入法国的特工释放的,此人把鸽子藏在衣服下,跋涉一整夜穿过乡村,这才到达接头人的住处。他把信鸽关在笼子里,随后用了11天穿越法国，四处收集情报。

1940年10月20日，这名特工回到自己的住处，早上8点20分放出信鸽，鸽子腿上的铝管里装着他弄到的情报。下午3点，信鸽回到英国的鸽舍。6小时40分钟内，信鸽飞行了300英里（约480千米），送回关于德军驻地和抵抗力量所在位置的重要情报。这是通信领域的一项重大成就。

归巢的信鸽，被射落的不多，因为它们飞得又高又快，最高时速达到90千米。就算德国人发现"空中邮递员"，要想射落它们也得是神枪手才行。不过，德军射手确实射落了一些为英国情报机构工作的信鸽，然后，德军司令部着手破译铝管里的情报。

没能返回英国的信鸽，有两只携带着极其重要的军事情报，结果导致许多美国士兵丧生，我们在后面还会讲述相关的故事。

6月5日（周一）清晨，驻圣洛的德国第84军军部，情报处长弗里德里希·海因少校在作战日志里记录下第709步兵师呈交的报告，这份报告的内容是关于高级军械师维特射落的情报信鸽。他把装有加密情报的小铝管放在一旁，准备让马克斯将军过目，次日再派信使把这东西呈交驻巴黎的阿布维尔中心。海因此刻当然不知道，明天他会有更重要的事情要做。

透过硕大的窗户，少校瞥了眼对面有着宏伟尖顶的大教堂，再看看天空，天色预示出坏天气。然后，他又埋头工作了：态势图、空袭、敌军情报、没完没了的文件。

1944年6月5日，巴黎附近的城堡、布列塔尼和诺曼底、比利时境内、加来海峡、荷兰和法国南部，各地的德军参谋和第84军军部的海因少校一样，都在研究关于敌机侵入、轰炸的报告和其他情报，以及沿海地区的消息和筑垒工事的进展报告。但他们最关心的是天气，因为一切取决于天气。

天气决定一切！

敌人来还是不来取决于天气。正因为这个问题悬而未决，这些参谋人员、将军、莱茵河以西的58个师才会待在这里。整整58个师！48个步兵师和10个装甲师，共计1370辆坦克和17万官兵。因此，西线总司令冯·伦德施泰特元帅当天指挥着95万陆军、武装党卫队、空军地面部队将士。阿尔弗雷德·约德尔将军的数据指出，1944年6月5日，莱茵河以西的德军总兵力为187.3万人。他们都在等待，都在思忖同样的问题：敌人何时到来？他们从哪里来？

自1942年起，德军指挥部门就为敌人"从哪里来"苦恼。为缓解红军承受的压力，斯大林强烈要求盟国开辟第二战线，这不是什么秘密，自从1942年德军发动夏季攻势以来，红军一直在绝望的境地苦战。可西方盟国的大规模入侵会落在何处呢？有可能在挪威，也许在丹麦，或者在法国漫长海岸线上的某个地段。

希特勒和西线总司令冯·伦德施泰特元帅1943年确信，第二战线只会出现在西欧某处海岸，可究竟是哪里呢？

德国人通过侦察发现，强大的盟军部队从苏格兰调往英格兰南部，这样一来，对方进攻挪威或丹麦的观点就站不住脚了。所以，盟军登陆比利时或法国海岸似乎最有可能。

从空中支援的角度，可以回答盟军在何处登陆的问题，因为对方不可能入侵远离英伦三岛的海岸。另外，如果登陆地点太远，盟军大型舰队需要很长时间才能接近目的地，会导致他们无法利用"突然性"这个宝贵因素。

元首大本营审阅了OKW（国防军最高统帅部）和西线总司令呈交的态势报告，再加上他们对空中和信号侦察做的评估，以及特工的情报，德军高级将领的观点逐渐统一，一致认为盟军会在英吉利海峡最窄处实施入侵。实际上，德国原先打算入侵英国的方案也发挥了作用。伦德施泰特和B集团军群司令隆美尔得出以下战略共识：敌军进攻的最大威胁在加来海峡沿岸。而盟军对诺曼底海岸构成的威胁，西线总司令伦德施泰特没太在意。他认为诺曼底海岸峭壁林立，与英国几座登船港口相距甚远，因而敌人不会在此处登陆。

这是个致命的战略推论。更令人费解的是，伦德施泰特借助地图讲解情况时，谈到了科唐坦半岛面临的潜在威胁，因为此处有利于盟军入侵。诺曼底提供了一道漫长而又连贯的登陆正面，在此处入侵的话，盟军的补给线较短，还能充分利用他们的空中力量。迪特尔·奥塞在他的权威著作《1944西线大决战》里谈到这种情况时正确地指出：

如果进攻方不愿冒险冲击加来海峡强大的筑垒海滩，以免遭受惨重损失的话，那么，他们只能在诺曼底登陆。虽然作战地图表明科唐坦半岛受到严重威胁，相关推论也很明显，但和隆美尔一样，伦德施泰特坚持己见："依我看，盟军最有可能的登陆地点是加来海峡沿岸！"所以，他没多关注诺曼底海岸与日俱增的威胁。

因此，只有7个德国师据守勒阿弗尔与瑟堡之间，长达300千米的危险防线。

德军司令部在1944年2月进行了图上演习，第84军军长马克斯扮演"盟军"，登陆卡尔瓦多斯海岸，但演习没能改变伦德施泰特和隆美尔对这片地区缺乏关注的态度。马克斯一举"占领"布列塔尼和诺曼底，充分说明这段海岸线面临的威胁非常明显。可是，出于某种说不清道不明的原因，伦德施泰特和隆美尔的注意力完全放在加来海峡。希特勒赞同他们的看法，不过，他也担心诺曼底海岸。约德尔将军视察了海岸防御，相关结果无疑让元首陷入沉思。另外，他还饶有兴趣地读了一个名叫瓦尔特·佐尔格的一等兵于1944年1月呈交给OKW的请愿书，请愿书声称盟军会在诺曼底登陆。不管怎么说，希特勒在5月份敦促伦德施泰特和隆美尔加强诺曼底防线，可隆美尔明确无误地告诉他："无法从加来海峡沿岸主防线抽调兵力加强诺曼底。"伦德施泰特也表达了同样的观点，希特勒让步了，就此丧失了彻底、有效地纠正致命错误的机会。

不过，卡尔瓦多斯海岸面临的威胁还是让他寝食难安，以下事实可以证明：尽管伦德施泰特和B集团军群参谋长施派德尔将军[①]反对，希特勒还是下令把一个伞兵军调往布列塔尼，还把第91空降师派到诺曼底西海岸，以此应对敌军空降登陆。但包括希特勒在内的所有人普遍认为，盟军会在加来海峡实施入侵。因此，5月底只有7个师守卫300千米长的诺曼底海岸，而在加来海峡沿岸，驻有第15集团军的17个师。

所以，盟军进攻前一天傍晚，德军西线总司令部对"何处"这个问题的错误

---

① 译注：B集团军群参谋长原本是隆美尔在非洲的老战友、老部下阿尔弗雷德·高泽中将，两人的关系非常密切。可由于隆美尔的妻子与高泽的夫人因为某些琐事闹翻，露西要隆美尔换个参谋长。隆美尔居然照办，选中了同为斯瓦比亚人的施派德尔。施派德尔性情冷漠、孤傲，长期与密谋分子勾结串联，西线装甲集群司令施韦彭堡认为他"从来没指挥过连级以上的部队"。从某种程度上说，这位新参谋长最终让隆美尔送了命。

答案深具致命性。那么，他们对"何时"的问题又怎么看呢？

恶劣的天气

1944年5月下旬，一名德军将领问他的参谋："敌人今天有可能登陆吗？"参谋人员马上查阅气象图。因为敌人只能乘船而来，倘若风力超过4级，能见度不到3海里，那么，对方肯定不会实施登陆入侵。降雨和低云会阻止一切空中掩护，而这种掩护是登陆舰队不可或缺的。敌人也不会冒着正午的光线逼近登陆海岸，更准确地说，他们肯定会在拂晓前到来，以夜色为掩护驶近海岸。换句话说，他们会在拂晓涨潮或退潮时到来。这恰恰是艾森豪威尔将军决心采用的战术：趁涨潮或退潮时登陆。当然，所有人都知道这一点。但德军参谋人员普遍认为，盟军会在涨潮时登陆，这是他们犯下的诸多错误中的另一个！

1943年12月20日，希特勒根据特工的报告和空中侦察的结果得出结论："敌人会在春季从西面发动入侵！"伦德施泰特赞同这种判断，还认为"随着天气好转"，登陆日期会是次年3月后的某个日子。盟军大批登陆艇和战舰集结在英格兰南部，艾森豪威尔出任盟军总司令，蒙哥马利在他麾下担任指挥官，这一切有力地证明了德国人的预测。当然，这种预测很含糊，可如何能更准确呢？伦德施泰特多次提到德军空中侦察能力严重下降，德方不得不依赖特工的报告、截获的电报和敌军无线电通信、根据敌人空袭和打击目标的频率做出推断。

英国和美国近期公开了一批关于盟军实施特定欺骗行动的档案，这些档案表明，德国人的敌情评估，受到盟军欺骗措施严重误导。盟军登陆前一段时期，英国情报部门在葡萄牙、西班牙、法国、瑞士、阿尔及利亚某些声名狼藉的间谍活动场所，通过中间人向德国阿布维尔和保安处泄露了关于登陆时间和地点的250份假报告。有个情报掮客号称"奈利来源"，据说与身处英国的法国将军科尼格有联系，还有"布朗克斯"和"嘉宝"，他们传递了英国国内部队调动的情报，还报告登陆部队集结在英吉利海峡沿岸的几座港口。每份"特工报告"披露的日期和地点不太一样，但频频提及加来海峡，那是英吉利海峡最窄的地方，也是德国第15集团军的防区，这股德军隐蔽在几座港口和海岸错综复杂的筑垒工事里。盟军意识到德军最高统帅部得出的结论，于是以娴熟的大规模欺骗措施进一步强化对方的误判。他们模拟大股部队的调动，制造出军队在某些港口登船的假象，以此欺骗德国信号监听部门。他们还故意制造了"无意间泄密"的事件，让潜伏在英国的间谍报告给德国情报部门。阿尔及利亚的一名法国上校也参与了这场欺骗，阿布维尔认为他是可靠的间谍之一，可实际上，此人为英国情报机构工作。

英国还派出一名"受人尊敬的专业人士"，作为目击者带着假情报返回德国。乔克·哈斯韦尔讲述了这个引人入胜的故事：

非洲军的克拉默将军①是骑士铁十字勋章橡叶饰获得者，被俘囚禁在英国期间病倒了，瑞典红十字会精心组织了遣返，克拉默于5月中旬获释回国。穿越英国本土途中，他看见盟军调动部队，还看见标明各部队驻地的战术徽标，英国人张贴的假路标和假镇名欺骗了他，克拉默根本不知道自己所处的真正位置。他还在无意间听见盟军军官的"闲聊"，这一切让他产生的印象是，对方正准备穿越海峡进攻加来。克拉默乘坐瑞典船只"格里普斯霍尔姆"号返回德国，于5月23日到达柏林。盟军最高统帅部确信，这位警觉的将军会把自己的所见所闻立即告知OKW和西线总司令。这一切都是为了加强德军统帅部的错误观点：盟军即将在加来海峡登陆！克拉默将军没有让盟军情报部门失望，到达柏林后，他立即把自己见到的情况汇报给OKW和巴黎的西线总司令。国防军最高统帅部在1944年5月23日的作战日志里写道："敌人的入侵集结，主要在英格兰南部和东南部，怀特岛周边地区是准备工作的重点。显然，斯海尔德河与诺曼底之间的海峡正面，以及布列塔尼北部……依然是受威胁最严重的地段。"西线总司令冯·伦德施泰特赞同这种看法，还提到克拉默的名字。

---

① 译注：装甲兵上将汉斯·克拉默是非洲军最后一任军长，于1943年5月16日在突尼斯被俘，一年后，交战双方交换战俘，克拉默获释回国。OKW认为克拉默在非洲获得了对付英美军队的经验，因而派他担任西线装甲集群特别顾问。可事实证明，克拉默的"经验"不仅没有发挥作用，反而起到负面效果，戈林曾指出："我们的一位将军……大肆渲染英格兰南部海岸的大量物资和装备……带有一种失败主义情绪。"

迪特尔·奥塞在他杰出的军事史著作里指出："……克拉默是英国欺骗行动的受害者，对方利用他，把德军统帅部领入歧途。"不过，这一点后来水落石出。这正是盟军想让德军统帅部相信的！对方没看到诺曼底和卡尔瓦多斯海岸遭受的威胁。克拉默将军的"见闻"，似乎证实了德军统帅部蒙受的另一个巨大而又致命的欺骗：受到误导的德军信号部门一直认为，盟军在英格兰集结了70~80个师。克拉默在英国国内的旅程中，"看见"标有虚假番号的师级指挥部和路标，"听见"盟军军官的只言片语，这让他坚信对方集结了重兵，实际上，他的判断比盟军的真实兵力多了一倍。我们在后面还会讲述这种虚假兵力造成的负面影响。

他们今天会来吗？

1944年6月5日，星期一，海岸地区仍处于警戒状态。盟军空袭法国腹地，打击塞纳河和卢瓦尔河上的桥梁，显然是为了孤立诺曼底和布列塔尼，德军参谋人员对此惊慌不已。

他们今晚会来吗？目标是诺曼底还是布列塔尼？

但诺曼底海岸在6月5日的气象状况令人宽慰，完全可以放下心来。风力5~6级，海况4~5级，许多地方阴云密布，下起蒙蒙细雨。因此，从巴黎到布雷斯特，所有德军参谋人员都想拿上一两瓶夏布利酒，美美地度过一个平静的夜晚。

干杯！哦，法国人的说法是"A votre santée"。

法国漫长海岸线上的炮台、支撑点、抵抗枢纽，哨兵当然喝不到夏布利酒，顶多弄到瓶卡尔瓦多斯，这玩意儿是苹果酿制的白兰地。他们站岗执勤，盯着雾蒙蒙的海面。

塞纳河河口一座座多人掩体内，德军士兵躺在木板床上。这些现代穴居人的"洞穴"闷热、潮湿、黏黏糊糊。他们闲聊，倾诉自己的思乡之情。这些士兵哼唱着西线掩体里的热门歌曲《可爱的小女仆》，这首歌堪称诺曼底的《莉莉玛莲》。

5号支撑点①位于科唐坦半岛东部海岸，与塞纳河河口相距120千米，据守支撑点的是第919掷弹兵团第3连一个排。阿图尔·扬克少尉穿过前沿战壕，朝沙丘顶部走去，哨兵伫立在炮队镜旁边。

扬克问道："有什么情况吗？"

"少尉先生，一切正常！"

扬克走到炮队镜后，目光越过沙滩，朝海面望去。夜色漆黑，雨云遮住月亮。从云层缝隙不时探出的月亮，看上去又圆又亮，柔柔的月光撒向海滩和后方，照亮那里的树篱、苹果园、草地。有那么一刻，月亮倒映在河谷的水面上，很快又消失了。

哨兵说道："这种天气他们不会来的。"

少尉点点头。这种天气他们不会来的！扬克轻轻敲了敲观测所的木制胸墙，转身朝石屋走去，这座石屋也是5号支撑点的组成部分。

"这种天气他们不会来的。"这也是气象专家的判断。

6月5日，诺曼底地区的德国海军指挥官亨内克少将，在瑟堡向气象专家询问了天气情况。他很谨慎，因为6月份第一周的潮汐、月相、整体天气情况，为盟军登陆提供了有利条件。另外，他的雷达官韦泽曼中尉报告，昨晚雷达屏幕上出现了强烈的运动信号，非常可疑。韦泽曼认为："可能是舰船的大规模集结。"由于受到干扰，雷达随后失去了信号。然后呢？

天气预报员让亨内克海军少将放宽心："海面波涛汹涌，能见度很差，风力5~6级，雨势会越来越大，我们甚至不会遭到敌人的例行空袭。"

另一份报告强调了预测的天气是多么恶劣，报告中称，原本要前往布雷斯特的德国舰队没有起航。

海军少将不放心地问道："明天呢，明天的天气怎么样？"

气象专家答道："预计接下来几天不会有什么变化。"

亨内克笑了，他推断道："也就是说，登陆行动需要的潮汐、月相、整体天

---

① 译注：5号支撑点更准确的称谓是WN 104。

气情况，符合这些条件的下一个日期，要到6月份下半月了。"

位于勒芒的德国第7集团军司令部，多尔曼大将问他的参谋长："今天会出事吗？"

彭塞尔少将已经向驻巴黎的海军部门核实过情况，于是对集团军司令转述了气象专家令人放心的解释，可他又怀疑地补充道："前提是我们相信这些气象员！"

多尔曼大将可能没听见彭塞尔最后这句话。"他们不会来"的保证让他深感宽慰，这样一来，德国军队就能获得更多时间，他暗自盘算：敌人今晚不来的话，我们又能争取到几周。部队需要更多时间布设更多滩头障碍、修筑掩体、前调海岸炮兵。900千米长的法国海岸是通往欧洲的门户，确保此处的安全，仍有许多工作要完成。

不正确的推论导致伦德施泰特对盟军的入侵得出深具灾难性的错误结论。6月5日，艾森豪威尔的舰队已驶向诺曼底，伦德施泰特还在书面态势评估里写道："没有迹象表明敌人即将发动入侵。"

多尔曼将军对他的勤务官说道："那么，我们明天上午召集指挥官开会，之后在雷恩进行图上演习。采取一切必要措施。每位师长可以带上两名团长，我希望他们明天上午10点赶到雷恩。"

第7集团军参谋长彭塞尔是个谨慎的总参军官。尽管气象专家做出信誓旦旦的预测，可是，一想到第7集团军整道防线上最重要的兵团指挥官悉数离开，他就心神不宁。于是，他给各师师长发了份电传电报，要求他们拂晓前不要动身赶赴雷恩，这是因为，如果敌人出乎意料地登陆，肯定会在清晨实施。对方来不来，拂晓前就清楚了。可这项建议对距离勒芒较远的几位师长没起到作用。各条道路遭到猛烈轰炸，不早点动身的话，他们无法在上午10点前到达雷恩。例如，冯·施利本将军第709师师部设在瓦罗涅附近，离雷恩190千米；法莱将军第91空降师，师部位于奥特堡，距离雷恩也近不到哪里去。因此，施利本获得第84军军部批准后，6月5日下午就动身赶往雷恩。法莱少将天黑后出发，他对师作战参谋说道："这么恶劣的天气，没什么可担心的。"

B集团军群司令隆美尔元帅，是法国北部整条海岸防线的军事指挥官，他也受到坏天气的误导。出于工作和休息的双重目的，隆美尔于6月5日上午晚些时候离开司令部，也就是罗什富科公爵家族有千年历史的拉罗什居永城堡，驱车返回德国。他打算在黑尔林根稍事停留，看望妻子——6月6日是妻子的生日，然后前往贝希特斯加登谒见希特勒。这场会晤非常重要，因为隆美尔希望进一步加强海岸防线。他打算敦请希特勒，为诺曼底增派2个装甲师和1个火箭炮旅。隆美尔在日记里写道："最迫切的问题是通过私下交谈说服元首。"

隆美尔对他这片海岸的防御状况忧心忡忡。如果用于海岸防线的援兵和预备队无法开抵，那么，把登陆之敌赶下大海的机会就微乎其微。隆美尔需要更多精锐师，他要的是经受过战火考验的兵团。而他手头那些师，大多是由年迈的预备役军人、苏军战俘编成的东方营、患胃病和耳疾的人员组成的作战营，至于海岸炮台，有些炮组人员的年纪实在太大，他们能在敌军海空力量的狂轰滥炸下存活，此后以近战击退敌人的大规模登陆企图吗？

例如，德国第709步兵师的士兵，平均年龄36岁。而准备开赴英国的美军突击师，士兵平均年龄只有25岁。德军部署在入侵地段的海军炮台，平均年龄高达45岁，操作火炮的炮组人员，甚至有56岁的士兵。这些数字很能说明问题。不过，坚不可摧的大西洋壁垒，混凝土、钢铁、火炮、地雷构成的护盾，能弥补德军的缺陷吗？海岸上不是构筑了配有威力强大的舰炮和深具威胁、数不胜数的掩体吗？从布雷斯特到奥斯坦德的滩头，不是布满了危险而又致命的障碍物吗？

可惜，实情并非如此。1944年夏季，大西洋壁垒只存在于加来海峡，其他地方不过是一连串间隔很宽的支撑点而已，某些支撑点还没完工。部署在正确位置，配有足够火炮的重型炮台寥寥无几。大多数炮台配备的是缴获的武器，由于口径的关系，再加上缺乏火控系统，很难与逼近的舰只交战。

隆美尔最担心的是德国空军。他在非洲的经历，以及德军在萨莱诺和安齐奥这些意大利滩头进行的战斗，教会他敌人的空中优势究竟意味着什么。阿莱曼交战告诉他，战斗轰炸机完全能压制整个装甲师。无论是天纵奇才的保守派传统战略家伦德施泰特元帅，还是西线装甲集群司令盖尔·冯·施韦彭堡装甲兵上将，都没有这方面的经验。

隆美尔有！他从以往惨痛的经历得出结论，敌人占有空中优势的情况下，大股兵团不付出高昂的代价，根本别想在交战中运动。隆美尔出任B集团军群司令，负责守卫法国北部海岸后，根据亲身经历发展出他的防御理念。

尽管隆美尔坚信盟军会在加来海峡实施主要登陆，但他必须为敌人有可能发起的牵制性进攻做好准备。他的基本理念很简单：海滩就是主防线。与盟军登陆部队的交战必须在海岸、滩头进行，以免己方兵团沿漫长、代价高昂的接敌路线开赴战场。

隆美尔指出："敌人登陆之际，就是他们最虚弱的时刻。许多人惊魂未定，可能还晕船，地形陌生，没有足够的重武器。我必须在这一刻打败他们。"

隆美尔的策略，要求在这一刻投入所有兵力兵器，可能的话，敌人仍在海上时就施以打击。他没有采用常规的纵深防御，而是在海岸附近部署线性防御。重武器、火炮、战术预备队，应当悉数投入海岸交战。他甚至要求几个装甲师把坦克半埋在靠近前线的地方，这样就可以在海岸防御战打响后及时介入战斗。

这是积极防御，而消极防御是他发明的海滩障碍物，也是他源自非洲战局的旧战术。当初在阿莱曼前方，隆美尔构筑了"魔鬼的花园"，一个个巨大的封锁区遍布危险的障碍物：深达三层的地雷，绊发线引爆的炸弹，看上去无害的木桩连接着大捆炸药。为守卫法国海岸，抵御盟军登陆舰队，隆美尔部署了同样类型的障碍物，但更加细致，规模也更大。

针对涨潮时没入海水下的海滩地段，他发明了带有地雷和锯齿状钢尖的角锥，登陆艇撞上的话，肯定会搁浅。他还弄来成千上万个所谓的"捷克刺猬"，遍布在海滩上，这些钢梁障碍物是捷克的库存旧货。

隆美尔还发明了结构复杂的胡桃夹子地雷，这种地雷连接在木桩上，登陆艇的压力足以引爆它。另外还有"滚柱支架"，实际上就是带有触发雷管的迫击炮弹。

在后方地带，隆美尔把长长的木桩插入草地、林间空地、田地，以此抵御敌人的空降，这些木桩的名字非常贴切——隆美尔芦笋！

隆美尔的创造性无穷无尽。某些老派指挥官对这些新玩意儿不感兴趣，为消除他们的消极抵制，隆美尔下达命令："停止一切训练，把所有时间用于构筑海滩障碍。"他还补充道："敌人的入侵，成败会在海滩和登陆的最初24

小时内见分晓！"

伦德施泰特元帅和施韦彭堡男爵将军则持不同观点。他们想在远离海滩的内陆与敌人决战，因而希望把装甲力量和战术预备队留在法国腹地，待敌军朝内陆挺进，就以大规模钳形机动围歼对方，这种打法符合传统的战略学说。总的说来，隆美尔的观点是"不让他们上岸"，而伦德施泰特和施韦彭堡主张"让他们来吧"！

针对两种矛盾的观点，希特勒居中调停，否决了施韦彭堡的方案，但也没有彻底满足隆美尔的要求。隆美尔没能获得几个装甲师的调度权。虽说这些师不像伦德施泰特和施韦彭堡希望的那样部署在遥远的后方，但也没有按照隆美尔的要求，尽可能靠近海岸。

几个装甲师何时投入，投入何处，希特勒一如既往地保留了最终决定权。装甲师堪称现代战争至关重要的机动兵器，他把这股力量部署在距离前线600千米的地方①，这个决定最终结出了苦果。

要是德军装甲师部署在海岸附近，会不会给盟军登陆首日的态势发展造成不同的结果，时至今日，军事专家仍对这个问题争论不休。伦德施泰特防御方案的支持者指出，如果把装甲师部署在海岸地区，会被盟军猛烈的舰炮粉碎，无疑会招致一场灾难。不过，装甲部队指挥官对这种站不住脚的观点提出质疑。他们指出，装甲师沿各条道路列队行进期间，确实会遭到炮兵重创，但精心伪装的装甲师散布在广阔的地区，敌人想击中单辆坦克，彻底粉碎装甲兵团的作战效力，凭炮击是做不到的。打击海岸防线上的炮兵掩体和炮兵阵地比较容易，因为炮口的闪烁会轻而易举地暴露火炮的位置，可对付散开的坦克不同，重型舰炮必须以毁灭性火力覆盖大片地区，这就意味着消耗大量弹药，完全不切实际。

伦德施泰特从来没有以舰炮为理由，反对隆美尔靠前部署装甲师，而是遵照战略原则，坚决抵制隆美尔的观点。

6月5日上午，隆美尔赶往黑尔林根的途中，一直在考虑这些问题。他和

---

① 译注：原文如此，疑有误。

集团军群作训处长商讨了说服希特勒改变防御策略的办法，特别是如何劝说元首加强驻扎在法国的德国师，必要的话，就削弱挪威、法国南部、海峡群岛驻军，腾出援兵。

隆美尔知道，要求一个师（例如施利本将军的第709师）据守65千米宽的防线，"海滩就是主防线"的策略是无法奏效的。由于各支撑点间的缺口宽达3~5千米，德军无力阻止敌人登陆，更谈不上把对方赶下大海了。以往的经历多次证明，一个师最多只能守卫10千米宽的正面防线。因此，隆美尔认为唯一的解决之道是：必须削弱欧洲防线某些地段，借此腾出兵力。他觉得腓特烈大帝的格言依然有效：想守住一切的人，最终什么也守不住！

隆美尔打算见到希特勒后说出内心想法，元首大本营的副官长施蒙特将军已经安排了6月6日下午的会晤。①

另一方的天气预报员

海峡另一侧的英国，进攻日期已定，忧心忡忡的盟军将领也问他们的气象专家："届时天气情况如何？"

预测天气，盟军气象专家可以使用庞大、有序的天气预报系统，这是他们的德国同行望尘莫及的。德国设在格陵兰岛、扬马延岛、斯匹次卑尔根岛、罗弗敦群岛的气象站，早已被盟军消灭或占领，充当临时气象站的货轮，也被英国信号情报部门定位后击沉。位于中立水域的船只，发出的报告受到电子干扰。因此，德军统帅部无法对天气做出可靠而又广泛的远期分析。对预测盟国海军的行动来说，这是个巨大的障碍。

艾森豪威尔将军决定于6月5日登陆卡尔瓦多斯海岸。先遣海军支队已经出

---

① 译注：据B集团军群作战日志记载，隆美尔在6月4日就离开了司令部，而不是6月5日。也就是说，6月4日、5日、6日他都不在前线。盟军入侵当天，除了施蒙特，整个元首大本营没人知道隆美尔不在法国，而是脱离指挥岗位回了德国。值得注意的是，这不是隆美尔第一次擅离职守，当初在北非也有过这种情况。

发，一艘艘船只载着无人码头技术复杂的设施，正驶向法国海岸。可随后的天气突然恶化，监测整个北大西洋地区的美国气象站报告，风暴、降雨、大浪、低云会覆盖格陵兰到百慕大，安哥拉到北爱尔兰的整片地区。美国海空军气象专家和英国气象中心，每小时汇报一次不断恶化的天气情况。超过5000艘舰船、1000艘登陆艇、各军兵种200万男女官兵（美国人、英国人、加拿大人、法国人、波兰人）已做好起航准备，他们要跨过波涛汹涌的海面，奔向希特勒欧洲壁垒的法国海岸。

由于天气的关系，艾森豪威尔在6月4日（周日）凌晨4点15分叫停了一切行动，把进攻推延到6月6日（周二）夜间。

先遣海军支队收到停止行动的命令，这支特殊的登陆舰队，编有搭载人工港口设施的运输船和扫雷艇，距离卡尔瓦多斯海岸仅剩35海里，在最后一刻掉头返航。150艘舰船和登陆艇组成的另一支护航舰队，根本没收到命令，因而继续这场危险的航行。几艘驱逐舰奉命追赶舰队，可没能找到对方。最后，盟军飞机在诺曼底外海拦下舰队。

要是没能拦下先遣舰队，这股力量的临时性登陆，肯定会促使德军防线全面动员，特别是德军西线总司令，盟军的主要登陆行动很可能以一场灾难为开始，也许会导致整个进攻彻底失败。艾森豪威尔运气不错，这是他赢得胜利的另一个重要因素。

艾森豪威尔的确交了好运，德军空中侦察力量不足，没有发现对方已经把小型登陆艇运到距离海岸8~11英里（13~18千米）处。要是德国海空力量发现这种状况，事态有多危险不难想象，可他们没发现！

那么，整体天气情况会好转吗？这是盟军一艘艘战舰的舰桥上，以及陆空军各个指挥部里最迫切的问题。原因很简单，如果登陆舰队在6月6日无法起航，那么，由于潮汐的缘故，他们可能就得把行动推迟好几个星期。气象专家对接下来几天的预测，争执得很激烈，但艾森豪威尔的首席气象专家斯塔格上尉和耶莱斯上校，预计周二夜间的天气会出现短暂好转，这样一来，盟军在规定海滩实施登陆看似困难，但完全可行。他们无法保证周三还是好天气，不过，两人的基本看法较为乐观。于是，艾森豪威尔将军于6月5日（周一）下达了明确的命令：攻击定于6月6日！他考虑再三，正确地评估了军队在不太有利的天气情况下登陆，有可能受到的意外影响。

艾森豪威尔给5333艘舰船和第一拨登陆部队下达了出发令，大致在同一时刻，伦德施泰特元帅在战时日记里写道，"没有迹象表明敌人即将登陆"。隆美尔元帅驱车赶往黑尔林根，给妻子过生日去了。德军一些师长和团长前往雷恩，出席会议，参加图上演习。

乔克·哈斯韦尔恰如其分地写道："斯塔格上尉和耶莱斯上校做出准确的预测，要是德国人有同样的渠道获得这些气象资料，那么，隆美尔不会前往黑尔林根，伦德施泰特也不会误判进攻即将发生的迹象，以及敌人发给抵抗组织的密码电报……"也许有人会补充一句：他们肯定会让整条海岸防线进入警戒状态。可是，德军毫无戒备，过去几周的好天气，一次次假警报把他们折腾得够呛，根本没想过这个问题。

保罗·魏尔伦的诗句

海峡另一侧，大批盟军安保人员守护着具有决定性的日期，这个决定日简称D日。而德国阿布维尔的人批特工正忙于解开秘密，他们成功了！

D日，从英国起飞的第一批战机赶去轰炸诺曼底海岸的目标前，驻扎在法国的德军总司令部就获知进攻已然开始。实际上，真相就摆在桌面上，可惜，德国人没有加以利用。

这不是传说，也不是电影剧本。这个匪夷所思的事件，就出现在关于诺曼底登陆的美国官方史中，相关证据可以在德国第15集团军战时日志里找到。叛国和间谍艺术闯入一张精心编织的大网，揭开了惊天的秘密。盟军6月6日的入侵，本来不会把德军参谋人员、各支撑点指挥官、普通士兵弄得猝不及防，可是，这起事件发生了！我们接下来就讲个引人入胜的故事。

盟军最高统帅部在法国有个"枝繁叶茂"的秘密组织，专门从事情报收集和破坏工作。一个个经验丰富的部门领导指挥各分支机构，例如"动物联盟"，这是个运作顺畅的情报组织，成员以动物的名称为化名，利用无线电或信鸽传递情报。除了间谍，还有破坏分子。这些机构有时候紧密合作，但出于安全的考虑，大多数时候是互不联系的。法国境内遍布破坏组织，他们按地区划分，有区长、支队领导和数千名成员，任务是实施各种扰乱行动，破坏德军加强防御，但最重要的是为盟军入侵当天实施大规模爆破做好准备。

　　10克糖也就是三小块，可要是丢入混凝土搅拌机的水里，足以破坏100千克水泥的附着力。这是因为，水泥的基础材料钙，如果与糖而不是碳酸结合，会形成更容易溶解的糖酸钙。所以，一名抵抗组织成员操作混凝土搅拌机的话，就可以把糖掺入干拌料或贮存的材料里，用这么一点点糖就能破坏用于重要工事的水泥混合料，例如炮台防护墙或掩体顶部的中央部分。这样一来，一发炮弹的冲击力足以粉碎水泥墙。但这不过是此类诡秘勾当的一种伎俩。伦敦的SOE（特别行动处）是这些破坏组织的总部，为入侵日制定了一项特别方案，也就是"绿色计划"。他们打算在进攻前几小时，炸毁法国571座火车站和道岔，让30条主干线突然无法通行，从而阻止作战地区内的敌军调动。另外还有"乌龟计划"，目标是切断电话、电报线，炸毁十字路口、桥梁、高架桥。

　　很明显，此类行动的主要问题是如何传达命令，以便各个破坏组织执行。毕竟，SOE不能提前几天把极度机密的入侵日期告知法国各地区大批分支机构领导人。另外，进攻日期可能会在最后一刻更改——实际发生的情况正是如此。

　　所以，SOE萌生了以无线电下达命令的念头。各破坏组织负责人早已接到指示，每个月1日、2日、15日、16日密切留意BBC电台的法语广播，听取一段加密信息。这句暗语摘自保罗·魏尔伦的诗篇《秋之歌》。

　　要是听到《秋之歌》第一句，就意味着广播里稍后会读出以下内容：Les sanglots longs des violons de l'automne（秋风萧瑟，琴声呜咽，余音长）。这是盟军即将发动入侵的警报。然后，破坏组织负责人必须继续聆听广播里读出的后半部分，也就是展开行动的B信息。如果听到"Blessent mon coeur d'une langueur monotone"（单调无力，令人悲戚，心忧伤），就说明盟军会在接下来48小时内发动入侵。所有破坏组织领导人，收到同样以密码发送的"绿色"和"乌龟"命令后，当日午夜前执行破坏行动。

这是个构思巧妙、精心设计的方案。但德国情报机构（保安处）破解了秘密，呈送给阿布维尔负责人卡纳里斯海军上将。《秋之歌》可以说是文学史上最具军事意义的诗篇。这场秘密行动，本来有可能对即将到来的战役产生决定性作用，结果曝了光，是盟军在冷战的阴暗历史中致命的失误之一，从两个方面看的确如此。我们接下来谈谈具体经过。

保安处发现了端倪，卡纳里斯视若珍宝，他牢牢记住《秋之歌》第一段：

> 秋风萧瑟，琴声呜咽，余音长；
>
> 单调无力，令人悲戚，心忧伤。

许多人的命运系于这两行诗句。卡纳里斯海军上将派侦听站负责人处理此事，还告诉他们，这首诗里藏着一个天大的秘密。[①]

因此，不仅法国抵抗组织各机构负责人、突击队队长、SOE积极的破坏分子仔细收听BBC电台播出的《秋之歌》，扎尔穆特大将设在图尔宽的第15集团军司令部，信号中心的专家也在等待信息。他们知道正确的文字，所以没被无数假情报欺骗或愚弄，就这样等待着。这份耐心最终得到回报。

第15集团军驻扎在塞纳河与马斯河之间，6月5日的作战日志里记录下五条内容。第一条指出，信号中心于6月1日、2日、3日听见《秋之歌》第一句，"秋风萧瑟，琴声呜咽，余音长"。第二条是当晚9点15分记下的："听到《秋之歌》第二句，'单调无力，令人悲戚，心忧伤'。"

当晚9点20分、10点、10点15分记下的第三、第四、第五条作战日志，表明记录者激动不已。几条作战日志指出，这份耸人听闻的情报，这个天大的秘密，被立即报告给第15集团军司令、西线总司令、各军军部、第16高射炮师、驻比利时和法国的军事指挥官，还发给B集团军群和拉斯滕堡的国防军最高统帅部。最迟于

---

① 译注：卡纳里斯在1944年2月下台前，就发出了关于魏尔伦《秋之歌》藏有秘密的警告，但德军监听部门只收到过第一句，一直没有收到第二句，故而放松了警惕。只有第15集团军牢牢记住卡纳里斯的提醒，但第7集团军和第84军没接到警报，因为发警报不归第15集团军管，而是B集团军群的职责。

6月5日晚10点15分，OKW、冯·伦德施泰特元帅、驻巴黎的海军集群司令部、隆美尔集团军群都已确认，这份情报表明敌人即将发动入侵。

此时，交战双方还没有开枪动炮。盟军轰炸机刚刚从英国的机场起飞，搭载伞兵的运输机正滑向跑道。飞行员和伞兵确信敌人不知道他们的秘密。可是，对方已揭开谜底。

不过，盟军官兵用不着担心，谜底揭开与否无关紧要。德国情报部门付诸的大量努力白费了，德军最高统帅部糟蹋了第一场胜利。冯·扎尔穆特大将立即命令第15集团军进入戒备状态，可他的集团军不在盟军登陆地区。除此之外，德国人什么也没做！B集团军群没给辖内第7集团军发出警报，致使该集团军几小时后稀里糊涂地沦为战争史上最强大的进攻的受害者。

面对盟军第一拨海空登陆，德国第84军首当其冲，被打得措手不及。诺曼底地区海军指挥官亨内克少将，他那些至关重要的海岸炮台和雷达站，事先没收到任何警报。没人立即把隆美尔从黑尔林根召回，整整14个小时，B集团军群群龙无首，没人指挥、调度辖内各个兵团。情报处长施陶布瓦塞尔上校报告隆美尔，第15集团军收到了《秋之歌》的诗句，隆美尔命令他联系伦德施泰特的司令部。施陶布瓦塞尔奉命行事，可西线总司令部指示他，不要给集团军群辖内部队发出警报。施派德尔照办。因此，德军官兵没有进入阵地，而是跑到他们驻扎的各个城镇的咖啡馆，欢庆生日或给家里写信。集团军群参谋长施派德尔将军独自留在司令部。[①]

元首大本营的约德尔将军也有责任，他认为伦德施泰特元帅肯定会发出警报。可这位西线总司令什么也没做，因为他根本不信这些情报。美国出版的《诺曼底战役权威战史》，引用了伦德施泰特司令部一名成员的说法："艾森豪威尔将军不可能在BBC广播电台里宣布发动入侵！"

他们全然不信那些情报，就凭魏尔伦的几行诗句？太可笑了！

---

① 译注：施陶布瓦塞尔战后接受审讯时交代，他没有联系隆美尔，而是报告了施派德尔，施派德尔命令他请示西线总司令部。另外，施派德尔显然也不是"独自"，而是在城堡里招待他的连襟霍斯特和著名哲学家恩斯特·云格尔，密谋与英美停战的事宜。

B集团军群司令部为什么会在战争的心理方面抱有高高在上的不屑感，没及时给辖内兵团发出警报，具体原因不明。[1]

因此，德国军事情报部门取得的胜利没能结出果实。6月5日夜间到6月6日，派驻法国的德国军队无忧无虑，忙于日常工作，许多人干着自己想干的事。

大股轰炸机编队逼近

瑟堡，德军报务员和军官坐在海军指挥官的地下指挥所里，从事着每晚的例行工作。亨内克的小别墅就在地下掩体上方，勤务官贡纳尔·布卢默少尉不时下来，走进战情室询问："有什么情况吗？"

但瑟堡这里没什么新情况，布卢默每次都放心地沿楼梯返回。亨内克海军少将和司令部军官坐在硕大的房间里，白天，透过一扇扇窗户，能看见赏心悦目的海景。现在，厚厚的窗帘已拉上，勤务兵摆好桌子，准备了简餐，亨内克少将有客人。军队福利机构派来劳军的乐队演出完毕，亨内克邀请这些杰出的艺术家和几名部下去他那里做客。

两名年轻的女士也在场：健壮的海军司令部辅助人员乌尔苏拉·布罗伊蒂加姆，她和布卢默少尉负责撰写作战日志；海军少校维斯特的妻了，她是个钢琴家，也是前线劳军演出团成员。

维斯特夫人看见亨内克的餐厅里摆放着钢琴，走过去试了试，发现这部钢琴的音色调得很好。于是，她坐下来弹了几个小节，舒曼的"蝴蝶"突然在屋内飞舞开来，犹如梦回已逝时光那样，时间凝滞了。

当然，时间并没有真的停滞。勤务兵走到布卢默身旁，请他去接电话。少尉回来后，弯腰凑到亨内克耳边说道："海军少将先生，沿海地区各座城镇和道路

---

[1] 译注：普遍的看法是，施派德尔战后成为反纳粹的正义人士，还在北约身居高位，一方面乐意默许"暗中破坏"的说法，另一方面又不愿落下"卖国、背叛"的恶名，因此，他一次次更改自己的说法，前后矛盾，基本无法采信。B集团军群无所作为的真正原因一直不明确，施派德尔"叛国"的说法也没有确凿证据。

遭到异常猛烈的空袭。另外有报告称，轰炸机大举进攻卡尔瓦多斯海岸上空。"

亨内克点点头。这种情况需要认真对待，他没了聆听舒曼的"蝴蝶"的闲心。海军少将看看挂钟，此时差不多是晚上11点30分。"轰炸机大举进攻！"他不停地消化着这个消息。

敌军轰炸机真是肆意妄为，可谁来阻止他们呢？巴黎方面白天刚刚通知亨内克，号称"空中数学家"、杰出的联队长普里勒率领的第26战斗机联队，第2大队调往法国南部休整补充，第1、第3大队转场到兰斯和梅斯。因此，防空任务落在第2"里希特霍芬"战斗机联队肩头。但伦德施泰特元帅一再对麾下将领保证："最迟到入侵第三天，你们就会得到1000架战机支援！"伦德施泰特引用了元首的郑重承诺："我保证，最迟到×日过后第三天，我们就能打破英美军队的空中优势。"

作战日志记载，空军元帅施佩勒指挥的航空队，从理论上说，6月5日有496架战机，实际上，可投入战斗的只有319架：88架轰炸机，172架战斗机，59架侦察机。

戈林曾说过："我不会让我那些战斗机部队坐等敌人入侵法国，我需要他们保卫帝国。"因此，他抽调战斗机力量，打击进犯德国领空的盟军轰炸机，导致驻扎在西线的第2航空军根本没有飞机可用。按照预定方案，德军战机会在盟军入侵当日，从德国国内转场到交战地区各座机场。

餐桌上的亨内克少将坐立不安，终于起身下楼，走入掩体坑道，这条坑道只完成了一半，但已经是一座出色而又安全的地下指挥所。战地医院设在坑道右侧，战情室、地图室、控制站排列在左侧。一部直线电话连接海岸各炮台，另一部电话直通东普鲁士拉斯滕堡的元首大本营。

值勤官把海岸炮台观测所的报告递给亨内克，这些炮台部署在塞纳湾到诺曼底群岛的作战区域。

"听见大股轰炸机编队逼近的声音！"

"轻型侦察机入侵大片空域！"

"敌人朝我军防线后方投放了目标识别器！"

就连部署在凯特乌灯塔的小型观测哨，也报告了探路者飞机和运输机的入侵。

"看来今晚要出事，"亨内克喃喃自语，不安感油然而起。

"布卢默，去上面取消聚会。替我向维特斯夫人道歉，不过，我认为咱们现在不得不听一种不同的音乐了。"

聚会结束了，来宾驱车返回各自的住处。

懵然无知，猜疑不定，6月5日、6日的夜晚就在这种奇怪的气氛中度过。

★

隆美尔回家给妻子过生日去了，当天欢庆生日的不止他一个。

第902装甲掷弹兵教导团的两名军官，一同在维布赖的宿舍里欢度生日。该团隶属弗里茨·拜尔莱因中将的装甲教导师，作为OKW预备队，装甲教导师驻扎在图尔与勒芒之间的诺让勒罗特鲁地区。他们俩一个出生于6月5日，另一个出生于6月6日。眼下的机会很好，从早到晚没什么事情，勃艮第葡萄酒的滋味很棒，生日聚会一直持续到深夜。

拜尔莱因的装甲师是个装备精良的兵团，有260辆坦克和800辆履带式装甲车，是德国国防军唯一一个彻底实现装甲化的装甲师。精心挑选的军士，个个训练有素，全师官兵的平均年龄为21.5岁。装甲教导师某次兵棋推演后，评估期间，装甲兵总监古德里安大将对拜尔莱因说道："仅凭这个师，我们就能把英美军队赶下大海。"古德里安强调了"赶下大海"，并着重补充道："因为您的目标不是海岸，而是大海。"

第902团两名军官和朋友欢庆生日，借着勃艮第美酒的酒兴，他们打开加来军方电台，这是英国对德军官兵的宣传广播。新闻播报间隙，总会穿插热门歌曲。可是，博姆巴赫少尉徒劳地调着旋钮。加来广播电台显然没时间娱乐。他们又调到BBC电台，还是没有音乐。电台里传来呆板的声音，读出一份份密电，这无疑是发给法国地下抵抗组织的。播音员用华丽的密语读出莫名其妙的句子——"约翰爱玛丽""不要害怕颜色""木已成舟""红甜菜磨碎了""西红柿必须采摘了""苏伊士很热""鳄鱼口渴了"。播音员随后告诉法国平民，遭遇轰炸的话该如何自保。他们建议百姓，最好离开有德国兵驻扎，特别是德军指挥部所在的城镇，待在露天比较安全。广播里告诉他们"去乡下"。

快乐的生日聚会出现了一丝不安的气氛，众人对电台里反复强调的语句感到紧张："伙计，会出事吗？"

他们赶紧给团里和师里打电话，得到令人安心的回复："没发生任何情况，没有警报！"好吧，他们不再理会，"砰"地打开一瓶瓶香槟。

6月6日也是第22装甲团通信中士克劳斯·吕克的生日。这个团隶属重建的第21装甲师，原先的第21装甲师是非洲战场的精锐兵团，已覆灭在突尼斯。该师是距离诺曼底海岸最近的装甲兵团，可他们的装备不太好。驾驶员对配发的法制坦克大骂不已，这些坦克甚至没安装电台。炮兵营官兵，使用缴获的苏制反坦克炮从事训练。配备长、短身管75毫米主炮的四号坦克，运抵的速度很慢。

装甲掷弹兵团的状况也好不到哪里去。车辆少得可怜，可他们至少配发了"铁拳"反坦克火箭，还有迫击炮。但正如赫勒少尉常说的那样："最好的武器是经验丰富的上等兵、下士、中士。"赫勒曾跟随昔日的第21装甲师在非洲服役，现在指挥第192装甲掷弹兵团第8连的重武器排，驻扎在奥恩河西面，卡昂与海岸之间。

隆美尔非洲军的许多老部下，从惨败的非洲战场上捡了条命，逃脱了在突尼斯被俘的厄运，之后在第21装甲师服役。师里还有来自东线和经历过克里特岛战役的老兵，这是个经受过战斗考验的兵团。师长福伊希廷格尔少将起初把师部设在雷恩，后来迁到迪沃河畔圣皮埃尔。此处位于即将爆发战斗的海岸地区稍后方，在经验丰富的装甲兵看来，他们所处的位置很有利。

冯·奥佩尔恩–布罗尼科夫斯基上校的第22装甲团，团部设在法莱斯，辖内两个装甲营，沿图尔到勒芒一线散得很开。各个连队住在草地和苹果园里，简直就像梦境。许多人过得悠然自得，不时找点小乐子。可有些连队军纪森严，士兵不免对循规蹈矩的连长抱怨不已。驻扎在卡昂以南30千米的埃帕内的第4连就是这样，连长霍夫曼上尉打算今晚来一场长途巡逻。

二级下士海利希曾跟随传奇性的第361团在非洲鏖战，当初他没资格加入外籍军团，现在成了二级下士，这段经历让他在第1连如鱼得水。海利希的座右铭是："打起仗来，要想活下去就得玩命！"6月5日傍晚，他和好友布里滕一等兵，又一次骑自行车从韦尔松前往卡昂，这场郊游一点也不愉快。

当晚10点30分，通信中士吕克最后一次检查团里的电话中心，他也问了老生常谈的问题："有什么情况吗？"得到的回答与整条平静的防线汇报的情况如出一辙："没什么情况，通信中士先生，只有轰炸机编队逼近海岸的报告。"吕克祝他们晚安，返回上方旧城堡的住处。宿舍里摆着苹果白兰地，还有妻子祝他生日快乐的信件，他打算给自己庆生，所以特地把这些留到午夜。法莱斯教堂的钟楼敲响了12点，吕克啜了口卡尔瓦多斯白兰地，躺在旧沙发上拆开家书："亲爱的克劳斯……"

★

夜色笼罩着诺曼底，这是个没有星星的夜晚。弗里德里希·海因少校走出第84军设在圣洛的军部，来到小花园里。一连几个小时，他和军部文员忙着准备各种态势图，军长埃里希·马克斯炮兵上将想带他去雷恩，参加第7集团军的图上演习。德军指挥官这场图演的主题是"空降登陆"，由伞兵上将迈因德尔指挥。

空降登陆兵棋推演，真够讽刺的！按照计划，盟军一小时内就要发起货真价实的空降登陆，血腥的激战到来时，德军最重要的指挥官却不在他的岗位上。

海因望向深邃的维尔河河谷、广阔的平原、种满苹果树的一座座花园。第84军情报处长想起安克拉姆和那里的中学，当年他可是校长。就在这时，一架四引擎轰炸机从低空飞过维尔河，轰鸣声打断了他的思绪。附近的德军高射炮位设在中学的塔楼上，20毫米曳光弹窜入夜空。一发发炮弹袭向轰炸机，把敌机击落在河谷另一侧的山顶上。轰炸机撞向地面，腾起一团火焰。仿佛要强调眼下发生的事情，大教堂的钟声响了12下，午夜来临！

海因少校返回掩体。第84军参谋长弗里德里希·冯·克里根中校和作训处长哈索·菲比希少校也在。他们等在这里，是想给某人庆祝生日。第84军军长马克斯将军生于1891年6月6日，今年53岁。生日庆祝很短暂，因为马克斯不太热衷此类活动。这位杰出的老派将领早年与冯·施莱歇将军过从甚密，OKW不太喜欢他，他能留在军队里，全凭自己杰出的军事才干。

大教堂的钟声响起，军部的军官出现了，他们来祝贺军长的生日。他们站在那里喝了杯夏布利酒。然后，马克斯将军走回地图桌，移动时，他的假腿吱吱作响——他在东线丢了一条腿。

马克斯也接到第7集团军司令的命令，请他6日上午去雷恩参加图上演习。他想准备得充分点，于是吩咐情报处长："海因，请把地图拿来。"少校摊开一张张地图：敌人的情况，空中态势，己方炮兵阵地部署图，雷区和水淹地区。

马克斯思忖着英美空军昨日的大规模侦察，当晚10点起，有报告说大批敌机朝法国飞来。天气如此恶劣，对方的举动究竟有什么意图？这个问题关乎一个大秘密，而谜底已摆在圣日耳曼和拉罗什居永的办公桌上，可惜，部署在关键地区的德军，军长对此一无所知！

马克斯将军在圣洛苦思冥想盟军轰炸机入侵事件，亨内克海军少将在瑟堡读着刚刚收到的报告，扬克少尉在圣梅尔埃格利斯西面5号支撑点石屋里的木床上躺下，第22装甲团的通信中士吕克在法莱斯喝着卡尔瓦多斯白兰地，第902装甲掷弹兵教导团的军官恼怒地关掉BBC电台，而塞纳河、奥恩河、维尔河河口的一座座掩体里，《可爱的小女仆》欢快的歌调淹没了成群结队的蚊子发出的嗡嗡声，此时，美国第82空降师领队的飞机里亮起了绿灯。

詹姆斯·加文少将朝下方瞥了一眼，随即跳出飞机，身后的降落伞砰然打开，黑暗中，他什么也看不见。但他知道，自己身旁和身后，数千顶降落伞此刻在科唐坦半岛中央的上空打开了。8千米外的奥恩河东面，英国伞兵也在跳伞，他们落向地面时，滑翔机呼啸而过。一支军队正从夜空投入战争。

他们来了！

警报，伞兵登陆！

霍夫曼中校看了看手表，此时是午夜过后40分钟。6月6日来临还不到三刻钟，飞机已经在蒙特堡东面，第919掷弹兵团第3营营部上空轰鸣了一个小时。

随后又是一拨飞机，引擎的轰鸣越来越响。

霍夫曼走出掩体，空中的情形令他瞠目结舌。

六架大型飞机径直飞向他的指挥所。月亮刚刚探出头，所以他清楚地看见了敌机。"有人跳出飞机！"有那么一刻，霍夫曼觉得是一架飞机出了故障，机组人员正弃机逃生。可他马上反应过来：是伞降！一顶顶白色降落伞，下降时来回摆动，径直落向他的掩体。

"警报！敌人的伞兵！"

第3营营部人员以前所未有的速度穿好衣服。

"警报！警报！"

哨兵的步枪响了，他们瞄准空中的降落伞开枪射击。可月亮很快消失在云层里，夜色笼罩了摆动的降落伞下的伞兵。霍夫曼端起步枪，黑暗中射来美制冲锋枪第一串连发。

诺曼底战役就此打响。

第3营东南方80千米处，奥恩河对面的第919掷弹兵团团部更是枪声大作。德国哨兵正在贝努维尔附近的卡昂运河大桥东端站岗，一架飞机突然出现在他这座混凝土哨所50米外，一头扎向地面，把他吓了一跳。奇怪的是，他没听见引擎的轰鸣，几秒钟后传来撞击声和木板破裂的声音，随后又沉寂下来。

哨兵摘下肩头的步枪，顶上子弹，屏住呼吸仔细聆听。他起初以为是"一架坠毁的轰炸机"，因为海上传来的轰炸机轰鸣已经持续了一个多小时，他也听见卡昂传来的爆炸声，以及特罗阿恩地区高射炮的阵阵轰鸣。

站岗的威廉·富特内尔不由得想："这架敌机肯定中弹了！"随后，他眼前出现一道耀眼的闪烁，可他没听见白磷手榴弹的爆炸声。

桥梁入口处，哨所里的战友吓了一跳，赶紧趴到机枪后，打了个连发，其实他们什么也没看见。不过，他们听见"埃布尔，埃布尔"的喊叫声，他们不知道，这是英国第6空降师某战斗群A排的代号，这群伞兵搭乘的滑翔机，降落时坠毁在德国人眼皮下。指挥桥上哨兵的军士想给桥梁另一端的排长发出警报，他伸手去拿电话，但来不及了，两颗手榴弹从掩体射孔丢了进来。

突袭很顺利，约翰·霍华德的部下演练了很长时间，通过航拍照片和特工的报告，他们对这座桥梁的情况了如指掌，甚至在英国国内搭了一座细致的桥梁模型。数周来，或者说整个春季，他们掐着秒表，一次次演练突袭桥梁。

辛勤的努力获得了回报，特别是在突然性方面。

一个伞兵排切断了桥梁入口处的钢缆。保持寂静现在已经没有意义，手榴弹的爆炸声肯定惊动了桥梁另一端的守军。伴随着"埃布尔，埃布尔"的喊叫声，英国人冲过桥去。

他们听见另一架滑翔机着陆时发出的撞击声。

他们还听见B排的战斗口号"贝克，贝克"。

没过多久，C排的喊声传来："查理，查理！"

德军机枪火力扫向桥梁，几名英国伞兵倒下了，但大多数人冲过桥去。短暂的小规模交火随之而来，守卫桥梁的德军士兵悉数阵亡，贝努维尔附近的渡场落入英军手中。桥上的守军，只有二等兵韦伯捡了条命，他飞奔过村庄，找到当地的指挥官："英国伞兵占领了运河上的桥梁！"可他不知道，英国第5空降旅的伞兵也在朗维尔附近夺得奥恩河上的桥梁。第192装甲掷弹兵团第2营设在凯龙的营部，军用电话响了："立即出动，对贝努维尔登陆场的敌军伞兵发起反冲击！"

横跨瓦拉维尔—格朗盖公路的迪沃河桥上，伫立的哨兵凝望着夜色。守卫桥梁的任务归第744掷弹兵团第2营，但守军只有一个排。德军官兵对这座该死的桥梁无话可说。四周前，第3营没有通报就来了场夜间演习，还模拟进攻桥梁。桥上的哨兵不知道桥梁入口突然响起的枪声发射的是空包弹，以为是实战，立即以机枪还击。这场失误造成数人负伤，还有两人送了命。随后就是令人不快的调查，涉事各方吵得很厉害。6月5日、6日午夜过后不久，桥上的哨兵看见三个涂黑了脸的人从树林里跳出，立即想起几星期前发生的事情。他轻蔑地骂道："蠢货！"可随后发生的事情让他愣住了，但为时已晚，他来不及喊叫就倒在了伞兵的匕首下。对英国人来说，接下来的事情就很容易了。五分钟后，他们炸飞了桥梁。

罗贝奥默附近的迪沃河桥梁也发生了同样的事情。就连特罗阿恩附近至关重要的桥梁，也被罗斯维尔少校战斗群的工兵炸毁，从卡昂通往鲁昂和勒阿弗尔的主公路就此中断。

★

圣洛，第84军军部，凌晨1点11分，马克斯将军和军部人员仍在仔细研究各种地图，桌上的电话响起。马克斯拿起听筒，听了片刻，他站起身，朝参谋长点点头，示意他也该听听。电话另一端的是第716步兵师作战参谋，他的声音听上去激动不安："敌人在奥恩河河口东面空投了伞兵，他们的主要目标显然是迪沃河上的桥梁，以及奥恩河畔的渡场。我们正在采取反制措施。"这个消息犹如一道闪电击中了在场的军官，敌人入侵了？这股伞兵会不会仅仅是为法国抵抗组织提供强有力的支援？这个问题值得考虑。海因少校犹豫片刻，摇摇头："敌人的空投离我们的主防线很近，抵抗组织不敢这么做，这就是入侵！"马克斯将军点了点头。

众人讨论这起事件的利弊时，第709步兵师代理师长哈曼上校打来电话："敌伞兵出现在圣日耳曼德瓦尔勒维尔和圣玛丽迪蒙附近。另一群伞兵降落在卡朗唐—瓦洛涅主公路西面、梅德韦河两侧、圣梅尔埃格利斯附近的公路。第919掷弹兵团第3营营部俘虏了美国第101空降师几名伞兵。"

此时是凌晨1点45分，五分钟后的1点50分，巴黎布洛涅森林，一座大型多层建筑里的电话也响了起来。西线海军集群司令部的作战参谋韦格纳上尉，把手下军官召入战情室，平静地说道："我认为敌人的进攻开始了！"

参谋长霍夫曼海军少将来不及穿上军装，披着浴袍冲入战情室。信号中尉冯·维利森负责的几座雷达站，发来的报告明确无误："阴极射线管显示器上出现了许多目标。"

技术人员起初怀疑，大批目标是干扰造成的，根本没有这么多舰船。可他们很快就不再有任何疑问：肯定是一支庞大的舰队正在逼近！

霍夫曼一锤定音："只能是进攻舰队，立即报告西线总司令和元首大本营，进攻开始了！"

可是，巴黎和拉斯滕堡那些人将信将疑："他们在这种天气入侵？会不会是你们的操作员弄错了？"西线总司令的参谋长甚至语带讥讽地说道："你们发现的也许是海鸥！"他们还是不愿相信。但海军部门是相信的，立即通知各海岸电台和停泊在港口的舰只："敌人的进攻舰队来了！"

第84军军部也对此笃信不疑。马克斯将军指示作战参谋菲比希："拉响海岸警报！"将敌人进攻的代号立即发出。现在，一切应对措施进行得犹如钟表般准确，这是套行之有效、久经考验的机制。法国民用电话网出了故障，第84军以军用电话发出警报。各师参谋人员匆匆跑向他们的地图桌。

"警报！他们来了！"

各个团部，打瞌睡的哨兵骤然惊醒了。

"警报！"

军用电话把消息传达给步兵、炮兵营，他们再依次下达到据守海岸的各连各排、支撑点、抵抗枢纽。

绰号"链狗"的宪兵梳理了卡昂各所俱乐部："赶紧归队，敌人进攻了！"

盟军轰炸前，第22装甲团的二级下士海利希和他的朋友布里滕一等兵已离开卡昂，骑自行车抄小路返回韦尔松，穿过一道道树篱、一座座花园，总算及时归队，此时，第1连正在教堂前集合。

驻扎在埃帕内的第4连也把坦克开出隐蔽位置。二级下士魏因茨奉霍夫曼上尉的命令，带着五名部下执行夜间巡逻任务，回来时刚好看见自己的坦克驶上通往城外的街道。这股德军进入警戒状态的速度这么快，原因很有意思。第22装甲团第1营营长冯·戈特贝格上尉刚刚躺下，就听见电话响了一声。他很纳闷，不明白电话为何只响了一声，好奇心促使他拿起听筒。结果，他听见团长冯·奥佩尔恩-布罗尼科夫斯基与师长的交谈，福伊希廷格尔将军向奥佩尔恩传达了军部的警戒令。

戈特贝格立即起身，召集各连。就这样，第22装甲团第1营迅速做好了出发准备。然后，他们等待后续命令。

第2营不需要召集，菲尔齐格少校和他那些坦克正赶往预定位置，准备参加演习，按照计划，这场演习于6月6日上午在法莱斯东面举行，当然，他们没有携带实弹。一名传令兵赶来，把警戒令交给菲尔齐格。少校赶紧派几个连队返回驻地取弹药。然后，他们也在等待后续命令。

整个第22装甲团做好了出发后投入战斗的准备。团里的120辆坦克距离英国伞兵着陆区不远，英国人正忙着炸毁或攻克一座座桥梁，占领各个路口和具有战术重要性的位置。

"少尉，让我看看您的手。"

科唐坦半岛东部海岸的5号支撑点，也就是第709师前沿地区，阿图尔·扬克少尉怎么也睡不着。飞机持续的嗡嗡声让他心神不安，于是，他走出支撑点的石屋，望向遍布阴云的天空。他听见远处传来炸弹的爆炸声和高射炮射击声。没完没了的嗡嗡声来自云层上方。扬克打电话给邻近的2号支撑点，里特尔少尉马上接听电话，他也无法入睡，不由得说道："我觉得出事了！"

扬克答道："对我们应该没什么影响。"

里特尔说道："但愿上帝听您的。"

"我明天过去喝一杯，庆祝我说对了。"扬克说道，结束了交谈。他面带微笑思忖着，自己倒是很乐意喝上一杯。他当然没想到，铁丝网环绕的沙丘后面，第919掷弹兵团第3连他领导的那个排，几小时后会承担起历史的重任：此处是美国人打响欧洲战局，踏上法国领土的第一个地方。扬克再次侧耳聆听海面上的动静，喃喃地说道："退潮了！"敌人不会在退潮时登陆，这是隆美尔元帅亲口对他说的。

隆美尔在5月11日视察5号支撑点时不太高兴。他觉得第709师的防区不够牢靠，安装在外滩，抵御登陆艇的角锥和木桩不足，部署的"捷克刺猬"也不够。插入空地和田野，防范敌军空降的柱子，也就是所谓的"隆美尔芦笋"的数量也没达到他的要求。隆美尔的坏心情影响到师长冯·施利本和第919掷弹兵团团长凯尔中校，就连连长马茨中尉也感到不安。隆美尔通常会以自己的机智和口才，鼓舞守卫海岸的官兵，唤起他们的信心，激发他们的创造力，可这一次，他没有施展自己的才能。

隆美尔甚至没给众人分发香烟。排长扬克曾在东线获得过骑士铁十字勋章，伤愈后从补充训练部队调到西线，是在场军官中唯一没被元帅的威严吓住的人。他介绍了部队修筑的工事，还提醒这位元帅，每年的春汛会把"捷克刺猬"和装有地雷的角锥冲上海滩。纵深配置的铁丝网障碍呢？"我们已尽可能多地布设铁丝网了。"扬克说着，指指根据他在苏联前线获得的经验构筑的障碍物。可是，怒气未消的隆美尔突然说道："少尉，让我看看您的手！"23岁的扬克有些不知所措，可命令就是命令，于是，他脱掉灰色的麂皮手套，伸出双手。扬克的手上满是疤痕和老茧，他在东线学会一件事：军官应当和普通士兵一同布设铁丝网。他在西线也是这样做的，以身作则，激发部下的积极性，因为驻守法国的漫长岁月里，几乎没人唤醒德军部队修筑野战防御工事的热情。

扬克疤痕累累的双手，终于打消了隆美尔发泄怒火的冲动，他点点头说道："少尉，好样的！修筑工事期间，军官手上的血和战斗中洒下的热血同样宝贵！"军官手上的血……佩戴骑士铁十字勋章的扬克少尉，近期刚刚从东线调到这里，习惯性地答道："是！"不过，他对这个问题有自己的看法：元帅说得没错，可至少要让官兵得到如何修筑工事的正确指导！而许多年迈的预备役军官，军事经验来自第一次世界大战，仍主张修筑1917年的那种阵地。扬克对此恼怒不已，可他的担心超出了修筑防御工事的范畴。

扬克惊讶地得知，法国渔民获准使用穿过他这座支撑点的铺面道路出海捕鱼。他立即下达了禁令。后方地区的指挥官听说后大摇其头：新人总是草木皆兵，凭什么不让那些老实巴交的渔民出海捕鱼？扬克以夜间弹幕射击测试他的火炮，这场演练把整个团防区吓得够呛，又有人议论道："这个伊万（他们这样称呼扬克）简直是疯了，他大概迫不及待地要开战了！"

扬克对此付之一笑，继续率领部下演习、修筑防御工事。盟军的轰炸越来越频繁，他不由得想，自己和部下为这片出色的阵地付出了那么多汗水，要是遭到地毯式轰炸，这里会变成什么样子？他研究过轰炸给圣马丁德瓦雷维尔造成的破坏，第1261陆军海岸炮兵团第1连驻扎在那里。防御工事灰飞烟灭，整片阵地和部署的火炮化为齑粉。海因中士曾对扬克说过："要是他们能做到的话，这种前景就太妙了。"

自那以后，盟军夜间轰炸机的进攻越发猛烈，扬克他们越来越担心。

当然，这些军人不愿相信自己付诸的辛勤努力会以灾难告终。他们站在沙丘顶上查看己方的优势，觉得一切大有希望：威力强大的88炮、50毫米火炮、75毫米反坦克炮、机枪巢为一座座掩体提供了侧翼掩护，还有火焰喷射器和歌利亚①，

---

① 译注：微型遥控坦克。

就连第一次世界大战期间的FK16野战炮也散发出强大的杀气。

德军士兵纷纷说道："敌军舰只不会冒着要塞炮火驶来的。"扬克深表赞同："这种可能性不大。"他返回石屋，躺在行军床上，点上香烟，想起东线的往事。他很高兴调到法国，自己甚至能在隔壁房间淋浴，尽管所谓的淋浴仅仅是一个挂在屋顶、摇摇欲坠的喷壶。

电话响了，扬克起身拿起听筒。营部下达了警戒令，电话另一端的人告诉他："敌人空投了伞兵，你们的阵地后方可能也有敌伞兵。"

"警报！"

"所有人进入战斗岗位！支撑点周围派双岗！巡逻队出发，弄清楚究竟是怎么回事！"

海因中士指出："可能是法国抵抗组织的活动。"他从没遇到过全副武装的"抵抗战士"，可很多人都在谈论这些秘密军队。

扬克也有同感。他有很好的理由认为盟军今天不会发动大规模入侵：隆美尔元帅近期视察期间对他说过，"他们会在涨潮时到来！"很有道理，因为涨潮时，登陆艇可以直接驶到沙丘下，铁丝网正前方；而退潮时，进攻方必须跨过800米平坦的海滩。800米啊！还得面对机枪、反坦克炮、迫击炮袭来的火力！

不会的，他们只会在涨潮时到来！而此时正在退潮。另外，伞兵应该是率领进攻的先遣力量。不对，不可能是大规模登陆——等待后续命令时，扬克这样想。

半小时后，支撑点后方被潮水淹没的田地里，响起步枪和机枪射击声。是德军巡逻队，他们遇到二十来名美国伞兵，对方正设法穿过沼泽地。这帮可怜的家伙，站在深及腰部的水里，机枪火力扫来，几名伞兵倒下，其他人举手投降。巡逻队队长押着19名俘虏返回支撑点。"举高双手，面朝墙壁！"一等兵命令被俘的美国伞兵在石制营房墙壁旁站好，德国士兵随后搜查了他们，又把两名负伤的伞兵送入掩体里的急救室。

扬克赶紧打电话给营部："俘虏美军第506伞兵团第2营19名伞兵。"他刚要补充"对方隶属第101空降师"这句话，电话里响起噼啪声，线路断了。

这条地下通信线缆，是近期法国工人在德国工程师监督下铺设的，现在中断了。从此刻起，5号支撑点只能与左右两侧的支撑点保持联系了。

此时，医护中士霍夫曼正在照料一名身负重伤的黑人士兵。子弹射穿了他的下巴，可怜的小伙肯定遭了大罪。霍夫曼安慰地朝他点点头："您会没事的。"黑人士兵的眼中闪过惧意。霍夫曼打开急救箱，又看看旁边负了轻伤的美军少尉。少尉笑了，用流利的德语对他说道："您是个医护兵，怎么带着手枪？这可是（国际法）禁止的！"和扬克一样，霍夫曼也是东线老兵，在苏联前线，每个医护兵都佩带手枪，这东西远比红十字臂章更能提供保护。

霍夫曼马上反应过来，美国军官说得没错。他不快地嘟囔着："我带着手枪给您疗伤，说不定也是国际法禁止的。"扬克走入掩体，刚好听见最后这句话。

"霍夫曼，怎么回事？"

"他责怪我佩带着手枪。"

扬克看看他的美国同行："您说得对！"

他扭头对医护中士说道："霍夫曼，解除武装！"

霍夫曼解下挂着手枪的皮带，笑着说道："真希望炸弹知道我是个医护兵。"

炸弹是不知道的。没过多久，医护中士霍夫曼就阵亡了。

扬克命令清空沙丘后面的一座人员掩体，让俘虏进去，关上房门，门口派了个哨兵。

凌晨2点45分左右，霍夫曼找到扬克："美军伤兵心神不宁，不停地问现在几点了。他们还问，是不是该把他们疏散到后方。"看押俘房的哨兵也报告，被俘的美国伞兵，特别是两名军官，一再要求把他们送往后方。

扬克问道："他们怎么这么着急？"

哨兵笑着说道："少尉先生，我猜他们不喜欢咱们连，要么就是某些事情正在进行中。"

一个团跳入沼泽地

拂晓前，德国第84军弄清了情况，敌人的空降不是一场普普通通的行动，既不是突击队袭击，更不是虚张声势。

一份份报告表明，几个盟军师已经在第84军防区两翼登陆。他们确认，英国第6空降师位于奥恩河和迪沃河东面，第711和第716步兵师防区内；美国第82和第101空降师四个团降落在西面，第709步兵师防区。

盟军伞兵企图夺取德军防线后方，水淹地区至关重要的桥梁和道路，从而封锁海岸，让德军前线部队得不到补给，同时阻止德军前调战术预备队。他们在几个地点达成了目的。这不再是游戏，情况非常严重，对方实施的显然是一场大胆的战略行动，目的是为盟军即将在奥恩河河口与维尔河河口间发起的海上登陆提供侧翼掩护。

第84军军部的推断正确无误。×日已到来，战争史上最宏大的两栖行动，以有史以来最出色、最大胆、代价最高昂的空降登陆为先导。

9210架飞机（不包含轰炸机和侦察机）于1944年6月5日~6日夜间从英国起飞。一连两个半小时，庞大的机群越过伦敦向东飞去。

一颗颗炸弹袭向德军海岸防线，卡昂遭到狂轰滥炸，法国腹地的桥梁和公路，特别是机场，冰雹般的炸弹不停地落下。

庞大的滑翔机编队沿规定航线飞行。一切都经过准确设计、计算、练习，盟军的大多数行动按计划顺利进行，不过，他们预先的计算并不都是对的。

美国人投下两个空降师，1.7万名精锐伞兵，携带轻型野炮和反坦克武器，落在科唐坦半岛德军海岸防线后方。他们的任务是在德国第709步兵师海岸防线后方形成一个宽大的支撑点，确保人为洪泛区的渡口畅通，堵住德国第91空降师开赴美军登陆滩头的进军路线。另外，他们还要破坏通信线，封锁道路和桥梁，阻止德军海岸防线获得一切补给物资。可惜，这场庞大的空降行动运气不佳。

浓密的低云，导致运送几个伞兵先遣营的飞行员没找到准确的接近航线，滑翔机编队也严重分散，这是一场悲剧的开始。伞兵的目标是沿圣梅尔埃格利斯—蓬拉贝公路延伸的梅德韦河洪泛区的桥梁和高架路。一个小小的失误，早跳或晚跳半分钟，他们就会落入沼泽地或河里。实际发生的情况就是这样，整个第507伞兵团落入洪泛区。沼泽地的野草长得非常茂密，任何一名飞行员都会觉得自己位于郁郁葱葱的草地上方。可是，降落在此处的伞兵，带着重达70磅（约32千克）

的装备沉入水里。从沼泽地脱身的伞兵寥寥无几。全团的重装备损失殆尽。伤者痛苦地淹死在水里，一架架滑翔机带着机上的人员和装备消失得无影无踪。

第82空降师36岁的师长詹姆斯·加文将军，率领部下跳入夜空。先前他看见运送他这批先遣部队的飞机一架架飞过海峡，知道7000名部下跟在身后。但在海峡群岛上空，他们遭遇高射炮火，随后就看见飞机与地面之间漂浮的低云，犹如一碗奶汤。

最后一刻，加文搭乘的飞机冲出云层，他看见下方闪闪发亮的河面，不由得松了口气：杜沃河！机舱里的绿灯亮了，这是跳伞的信号。加文深深地吸了口气，跳出机舱。可是，加文将军和他的飞行员，以及整个飞行编队彻底弄错了方向。第507伞兵团跳进了泛滥的梅德韦河地区的水里。

这些伞兵在沼泽里跋涉，有些人淹死在深深的沟渠里，其他人沿着河岸摸索着前进，寻找他们要夺取的桥梁。

他们只在一处取得胜利：加文的部下夺得圣梅尔埃格利斯小镇。德军一支高射炮训练部队驻扎在镇内，美国第505伞兵团几个孤零零的班降落在镇中心，双方短暂交火后，德军撤离。圣梅尔埃格利斯镇位于13号国道上，这条国道从瑟堡起，穿过卡朗唐直达巴黎，因此，交通线上至关重要的圣梅尔埃格利斯镇落入敌人手里。高射炮中尉的玩忽职守，日后让德军付出了惨痛的代价。这是美军空降行动赢得的首个重要战果。

与加文第82空降师相比，泰勒将军第101空降师的表现也好不到哪里去。"啸鹰"空降期间损失了30%的人员和70%的装备。"隆美尔芦笋"，也就是插入地面的木桩，给许多滑翔机"开膛破肚"。这些滑翔机着陆时撞毁，机头撞上花园或草地，冲入树篱或隘路。小股伞兵部队企图赶往他们的作战地域或海边，与德军巡逻队发生小规模交火，袭击村庄或德军指挥所，俘虏德国人或被德国人俘虏。

圣马尔库夫的青蛙

瑟堡半岛东部海岸，德军防御的决定性力量是部署在圣马尔库夫的海军重型炮台。德军高层把这座炮台视为大西洋壁垒海上防御的明珠。完工后，炮台会配备4门210毫米长身管火炮、6门75毫米高射炮、1门150毫米火炮。可惜，马德莱纳海滩外这道强大的障碍到6月6日还没有竣工。不过，面对敌人从海上而来的入侵，400名海军炮兵和他们的火炮仍是一股不容小觑的防御力量。

炮台安装在掩体里的第一门火炮，在4月19日试射过。开炮时发出雷鸣般的巨响，很远处都能听见。炮台的地基很牢固，这群官兵放心了。次日，战火落在炮台上。每天傍晚，从英国而来的轰炸机出现在夕阳下，猛烈轰炸炮台。他们每天都给炮台周围遍布弹坑的地面添加新的弹坑。圣马尔库夫的400名海军官兵，调自不同的部队，大多数人的年龄超过38岁，面对狂轰滥炸，他们渐渐培养起团队精神。尽管敌人不断空袭，可这群海军士兵扩大了阵地，埋下一根根"隆美尔芦笋"，布设铁丝网，修筑掩体，还在沙丘上埋设地雷，铺种海滩草。阳光普照、海风吹拂的海岸景观下，他们忙碌着，一波波海浪冲上滩头，犹如为他们加油的歌声。

"快点，快点！"是高级军士的口头禅。尽管他一再催促，可内陆没有运来足够的水泥和火炮，他们甚至没有充裕的弹药，更别说掩体出入口、观察孔、射孔需要的装甲护盾了。这里也没有移动式装甲炮塔和先进的火控系统。几乎每晚都能听见身材高大的一等兵赫尔曼·尼森喃喃自语："等我们完工，他们再进攻就好了。"可他不知道，对面的英国本土，盟军仅仅在等待一个条件：合适的月相和潮汐。然后，他们就会发动进攻。

换班的炮台人员朝圣马尔库夫小镇和克里斯贝克村的宿舍走去。这是自4月19日以来的惯例，因为阵地上的掩体，只能为已经安装的两门火炮和几门高射炮炮组人员提供掩护。

为寻求隐蔽，哨兵躲在掩体的死角。远处传来轻柔的嗡嗡声，卡尔·泽洛夫斯用右手遮住烟斗，深深地吸了口烟。他朝夜空吐出烟雾，此时是11点，再过一个小时就要换岗了。可从西面传来的嗡嗡声是怎么回事？敌机这次从另一个方向来吗？那就去他的吧！夜晚已悄无声息地到来。

"空袭警报！"他们还是来了！嗡嗡声现在变成飓风般的声响，圣马尔库夫当晚遭到前所未有的猛烈空袭，100多架敌机发起攻击。盟军作战日志披露，他们

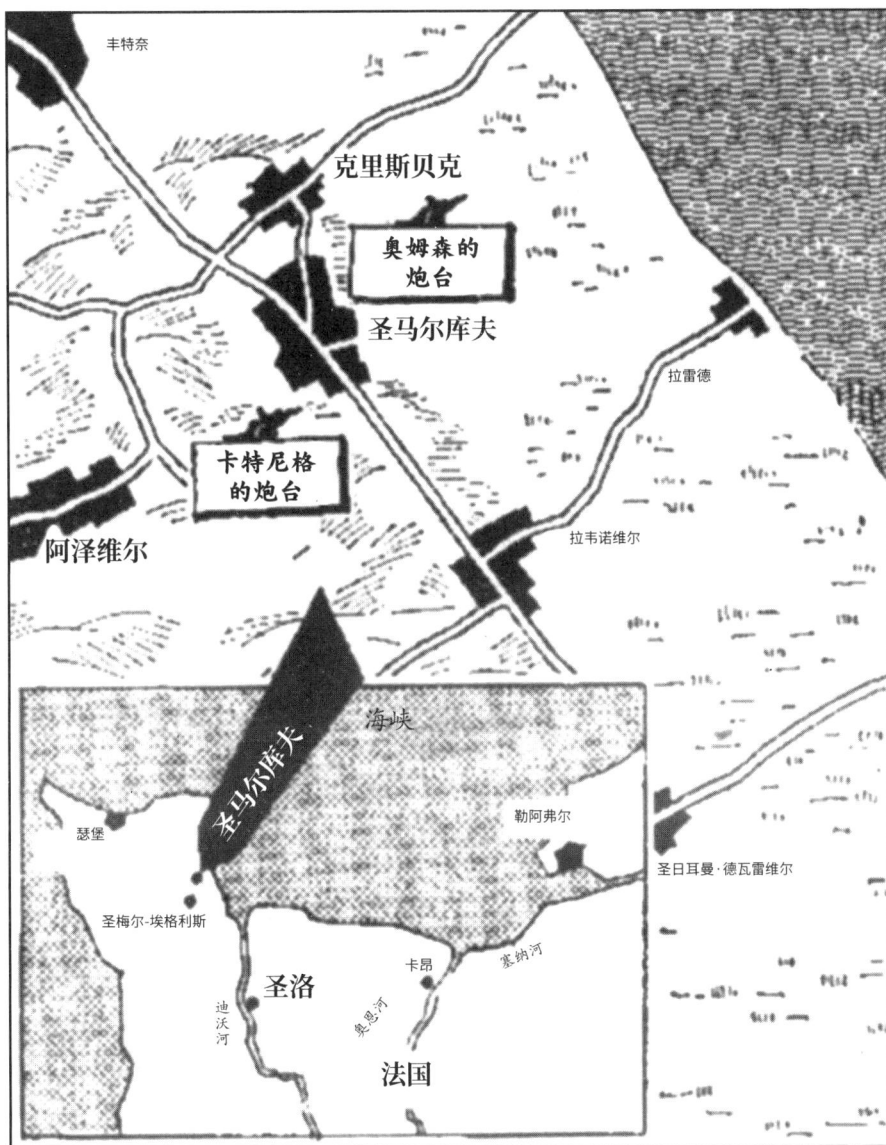

▲ 阿泽维尔和圣马尔库夫都位于科唐坦半岛第一场交战的中心。

丰特奈

克里斯贝克

奥姆森的
炮台

圣马尔库夫

拉雷德

卡特尼格
的炮台

阿泽维尔

拉韦诺维尔

圣马尔库夫

海峡

瑟堡

勒阿弗尔

圣梅尔-埃格利斯

圣日耳曼·德瓦雷维尔

卡昂

塞纳河

圣洛

迪沃河

奥恩河

法国

朝炮台投掷了600吨炸弹。600吨！

这场烈焰风暴持续了35分钟，6门高射炮悉数损毁，周边地带被炸得支离破碎。

午夜过后不久，来自圣马尔库夫城堡的传令兵冲入奥姆森的指挥所，情绪激动，脸色苍白："中尉先生，一颗炸弹直接命中城堡，炸毁了宿舍，好多人埋在里面。废墟还在燃烧，死伤的人不少。"

奥姆森震惊不已：那里也遭到轰炸！他赶紧对炮台军官说道："格里格中尉，召集所有可用人手，带上镐头和铁铲。动作快点，不能损失一个弟兄！"

格里格中尉一点没耽搁，带领部下，拎着镐头和铁锹冲入夜幕。可他们没能走太远。炮台这里，海军士兵忙着修理两门受损的高射炮，竭力让手头寥寥无几的武器恢复战斗状况。然后，格里格的部下回来了。

"怎么回事？"

格里格朝奥姆森跑去："中尉先生，我们遭遇火力打击，我觉得是敌人的伞兵。"

"伞兵？"奥姆森将信将疑，"组织巡逻队，格里格中尉您来率领，带上2名军士和20名士兵，配好冲锋枪和手榴弹。"

就这样，1944年6月6日这个具有历史意义的星期二，血腥的第一个小时降临在圣马尔库夫。黑暗中，德军巡逻队小心翼翼地摸索着前进，四下一片寂静。沼泽地不时响起青蛙的叫声，随后传来更多青蛙的回应。二等兵阿尔贝特·米勒附近，一只青蛙卖力地叫嚷起来。格里格中尉暗自思忖：真奇怪，以前这里没这么多青蛙啊！

巡逻队散开，右侧发出动静。格里格听见有人喊道："不许动！"扭打和呻吟声传来。格里格冲了过去，低声问道："出什么事了？"一名部下压低嗓音："有个美国兵。"美国兵倒在地上，赫尔曼和米勒逮住了他。这个美国兵先前用发声器弄出蛙叫声，显然是发给战友的识别信号。他听见德国人来了，刚想逃离，米勒抢起冲锋枪砸向他的钢盔。他跪在美国兵身旁，从对方手里夺过发声器，按了按，"咔嗒！"米勒又按了一下，"咔嗒！"沼泽里的某个地方传来一声回复。太好了，他们可以用这玩意儿诱捕其他伞兵。于是，米勒他们继续按压发声器，朝发出回复声的方向爬去，就这样把美国伞兵一个个逮出沼泽。很快，这里再也没有"青蛙"的叫声了。

巡逻队在凌晨1点30分左右返回，没有伤亡，每人都逮住一只"青蛙"，总共20名俘虏，战果丰硕。格里格中尉笑了。他们把20名美国俘虏关在空掩体里。

这些俘虏是美军第502伞兵团五个运输单位的成员，德军巡逻队逮住了美军连长和整个连部直属班。另外有100名伞兵已设法穿过沼泽，或是降落在村子中央，正打算组织起来袭击德军炮台。

据俘虏交代，他们这个战斗群的任务是打垮、占领第1261炮兵团第1连的炮兵阵地，埃尔本中尉率领的炮兵连，驻扎在圣马丁德瓦雷维尔附近，位于5号支撑点西面的后方7千米处。不知道是失误还是就近，他们袭击了圣马尔库夫。第919掷弹兵团第2营的勤务官率领仓促拼凑的8人突击队，迫使美国人撤出圣马尔库夫村，离开公路，退回无法通行的沼泽地。

奥姆森和几名军官，看见部下从美国人手里缴获的装备，不由得啧啧称奇：小型电台、手电筒形状的对讲机、衬衫纽扣里的指南针、微小的新约圣经、印有地图的丝巾。最让他们感兴趣的是地图，就连几天前刚刚安装了"隆美尔芦笋"的后方地带也标得清清楚楚。不过，还有更厉害的：奥姆森没计算过炮台几个机枪阵地的坐标，可美国人利用航拍照片，准确地测算出坐标，还标注在伞兵的丝巾地图上。接下来会发生什么，奥姆森和他的部下产生了不祥的预感。

★

临近支撑点位于内陆4千米的阿泽维尔，据守支撑点的是第945陆军海岸炮兵团第9连，4门122毫米火炮部署在筑垒炮位上，此处一切正常，没什么动静。

防空哨拉响空袭警报时，指挥炮兵连和支撑点的卡特尼格中尉正在掩体里写信。他冲出掩体，看见一群群运输机抛出大批伞兵，瞠目结舌。

"所有武器开火！"

卡特尼格朝指挥所跑去。就在这时，一名从天而降的伞兵实实在在地落在他面前。卡特尼格拔出手枪，走向落在地上的伞衣。刚刚落地的伞兵一怔，马上举起双手。

被俘的美国军官一脸郁闷，没有交代任何情况，于是，卡特尼格把他关进一座人员掩体。支撑点周围的铁丝网外面，爆发了激烈的枪声。

卡特尼格无法用直线电话联系师部，不得不通过设在圣马尔库夫的观测所转呈报告。

在此期间，友邻炮台的汉斯约格·哈贝尔少尉带着几名部下赶来。他的炮台设在野外，敌伞兵刚好降落在露营地，美国人打垮了他的部下。哈贝尔讲述的经历，对驻守阿泽维尔的官兵起不到任何安抚作用。路易斯·许尔格上士明确无误地告诉部下："放心好了，他们冲不进来！"

梅尔维尔——代价惨重的错误

英国人在梅尔维尔遇到的情况，与圣马尔库夫的美国伞兵如出一辙。1943年12月初，师长理查德·盖尔召见特伦斯·奥特韦时，这名中校从来没听说过梅尔维尔村。可他很快熟悉了那片地区，就好像是在那里土生土长的一样。

梅尔维尔在奥恩河东面，离海岸2.5千米，第1716炮兵团在此处设了座炮台，还派130名士兵加强防御。根据法国境内的特工呈交的报告，盟军情报部门确信这座炮台配有几门150毫米火炮，给计划在乌伊斯特勒昂—利翁地区实施海上登陆的英国第3师构成严重威胁。为了在"海上登陆开始前消灭炮台"，盟军投入的力量相当强人。这项任务交给奥特韦中校率领的英国第6空降师第9营。战斗极为血腥，代价高昂，基本没起到什么作用，这种事在战争史上屡见不鲜。可时至今日，最新出版的英美著作仍大肆吹嘘，声称盟军大获全胜。所以，我们接下来聊聊这场战斗的实际情况。

英军的行动方案大致如下：奥特韦的加强营，750名官兵悉数投入，凌晨1点前不久在梅尔维尔与贡纳维尔之间跳伞，赶往指定集结地域，一小时后夺取敌军支撑点。各级指挥官反复商讨了突击的具体办法，就像牛仔对付印第安红番的现代版角逐。行动的顶点是，他们在外面发动进攻时，滑翔机把60名突击队员降落在炮台顶部。

空中侦察发现，5米宽、1.5米高的铁丝网环绕支撑点，前方有一片10米深的雷区，然后又是一道铁丝网。还不止这些，一道配备铁丝网、宽达100米的防坦克壕护卫着德军支撑点。不过，支撑点面朝大海的那一方没有装甲板掩护。

支撑点的防御，设有单兵胸墙和连贯的海滩堑壕。四座火炮掩体，只有最东面的4号炮台构置了近战防御。各种自动武器守卫着炮台。一门20毫米机关炮架在一座掩体的顶部，位于整座炮台中间，执行对空、对地防御任务。

盟军制定的方案，要求在海上登陆开始前消灭此处阵地。因此，奥特韦中校接到命令，最迟在清晨5点15分前攻克敌军支撑点。要是行动不成功的话，舰队5点15分就会炮击这处阵地。由此可见，梅尔维尔在他们看来是多么重要。

这座炮台设在十字路口的开阔地，很难布设有效的伪装。强大的防坦克壕，清清楚楚地给盟军的空中侦察指明了位置。通过航拍照片，他们对炮台的修建进展了如指掌。3月底的航拍照片表明，两座火炮掩体已完工，另外两座仍在修筑，于是，盟军发起预有准备、堪称奢侈的空袭。战果如何？他们投下1000多颗炸弹，只有50颗落入炮台区域，击中预定目标，也就是德军炮位的炸弹不超过2颗。

两颗炸弹没能侵透掩体顶部。这种情况明确无误地说明，对开阔地带的钢筋混凝土目标实施地毯式轰炸徒劳无益。

奥特韦中校29岁，他的伞兵营有35名军官和600名士兵，堪称精锐部队。精心挑选但缺乏实战经验的加拿大伞兵连提供加强，所以，整个突击队共计750人。

最近两个月，奥特韦的部下在英国反复演练突袭。他们搭了一座炮台模型，甚至还有奶牛。推土机帮他们复制了炮台周围各条乡村道路。这群伞兵不分日夜地训练，总是以同样的程序，一次次演练复杂的突袭过程。每个人都清楚自己的任务和行进路线：侦察班和配备探雷器的小组，负责标出穿过雷区和铁丝网的通道；工兵连的任务是肃清穿越障碍物的通道；伞兵营从外面发动进攻时，突击队乘坐三架滑翔机降落在支撑点，消灭敌人的火炮。另外，他们还组织了两支巡逻队，配备了会说德语的军士，任务是发出各种假命令，制造混乱。

和行动方案一样，伞兵营的装备也很惊人，配发了技术战争的各种产品：喷火器、反坦克炮、装有电台的吉普车、突击梯、集束手榴弹、特种炸药、救护车、话筒、扬声器等。

深夜12点30分到12点40分，109架兰开斯特重型轰炸机会轰炸炮台，在伞兵发动突袭前，打垮敌军防御，破坏对方布设的障碍物。这群轰炸机负责炸毁敌人布设的雷区，382吨炸弹，有些炸弹重达2吨，应该能摧毁对方的防御工事。另外，空袭还能为空降登陆提供掩护。伞兵营集结后，扫雷组就和"胶带小组"动身出发，肃清并标出穿过雷区的三条通道。侦察队队长的任务，是用电台向待着陆点的营长汇报情况。号声就是发起突袭的信号。突击队员的胸前用磷光画着骷髅和交叉的腿骨，以此作为识别标志。

突击队从空中实施登陆，要求分秒不差。计划是这样安排的：

凌晨3点24分，牵引机在炮台上方2000米高度释放载有突击队的滑翔机，同时发出灯光信号。

3点15分到3点30分，吹响"起床号"，迫击炮朝炮台位置发射照明弹，协助滑翔机着陆。

3点28分，发出集合信号，除了提供照明火力的迫击炮和牵制组，所有人停止射击。

3点30分，吹响"熄灯号"，迫击炮停火。第一架滑翔机着陆。引爆安装在障碍物上的炸药。突袭开始。

实际情况呢？午夜前不久，登陆和侦察队飞离英国，兰开斯特轰炸机在他们之前就已经起飞。可是，计划的第一部分出了岔子。轰炸机错过了德军炮台，把贡纳维尔村，而不是德国人的火炮和雷区夷为平地。伞兵侦察队跳伞时，轰炸机仍在投掷炸弹，差点把他们炸得粉身碎骨。

奥特韦中校和伞兵营主力不知道情况有变，仍坚信一切都不会出问题，毕竟他们付出了那么多努力，策划得极为周密。可是，他们随后突然意识到，忽略了一个至关重要的问题：德国人会还击！没错，德国人的88毫米高射炮开火了，许多飞行员不得不采取激烈的规避动作，机舱内一片混乱，全副武装的伞兵东倒西歪，给他们及时跳伞造成麻烦。有些飞机朝东面飞得太远，还有几架错过了空投区。一架携带特种重型装备的滑翔机，在海峡上空脱钩后坠毁。落在地面上的伞兵过于分散，最远的距离目标50千米！只有一小批伞兵降落在指定地点。

奥特韦中校平安降落，随后就徒劳地等待他的营。一个半小时后，大约150名伞兵凑到他身边。750人就剩这点儿，600人不见了！尽管如此，奥特韦还是决定发起攻击。这个决定体现出他的决心、勇敢、自律。当然,原定方案行不通了,奥特韦必须根据实际情况采取行动。他以现有兵力组成两个小组,每组15人,负责打开德军障碍物上的缺口,另外四个突击组,每组12人,执行突袭德军阵地的任务。

他们集结在玉米地边缘的沟渠里,距离德军炮兵支撑点500米。

此时是凌晨3点30分,不久前,炮台指挥所已收到师部炮兵指挥官下达的警戒令。炮兵连连长和炮台指挥官加强了哨兵力量。他们很快发现田野里有动静,警戒电话传遍阵地,炮台部署的一挺挺机枪嘶吼起来。

就在这时,运送突击队的滑翔机逼近目标。牵引机松开拖缆,发出灯光信号。几架滑翔机悄无声息地向下俯冲。一架滑翔机就在德军炮兵连上方30米,炮台支撑点的20毫米高射机关炮,从人员掩体屋顶开炮射击。曳光弹射入滑翔机机腹,浓烟滚滚涌出,这架硕大的飞机偏离,坠毁在远离支撑点的田野里。第二架滑翔机出现了。由于奥特韦没有迫击炮,无法发射照明弹,为滑翔机照亮炮台旁的地面,飞行员不得不把遭受轰炸后起火燃烧的梅尔维尔村作为着陆点,带着机上的伞兵在距离目标7千米外的地方着陆。第三架滑翔机不见踪影,已经紧急降落在海峡另一边的英国境内。

突袭夺取炮台的企图就此落空。奥特韦命令部下冲击支撑点。炸药在障碍物上炸开,几个突击组一边开火,一边冲向德军支撑点。

漫长的等待和没完没了的警报,也让梅尔维尔的德国守军变得懒散懈怠。炮台区主入口,布设的障碍物寥寥无几,一小群英国伞兵很快冲了进去。就在这时,二级下士温德加森和某陆军高射炮连一支巡逻队,驱车穿过支撑点入口。这门20毫米高射炮连从弗朗斯维尔赶往卡昂,刚好遇上英国伞兵空降,于是,连长决定前往梅尔维尔,温德加森和5名士兵组成巡逻队。守在支撑点入口处的英国兵让他们猝不及防,只好举手投降。医护兵库尔特·里希特很快就要忙碌起来。

温德加森和他的部下,同英国伤兵待在掩体里,清楚地听见支撑点的激战声。此时,他们的战友正与滑翔机运送、降落在支撑点外的英军突击队交火。德国炮兵竭力自保,利用支撑点的单兵胸墙,与英国伞兵展开血腥的近战。两座火炮掩体的钢制后门炸开了,英国人要做的就是往里面扔炸药。

半小时后，一切都结束了，奥特韦的部下赢得胜利。22名德军官兵被俘，英国人把这群个个带伤的俘虏押出阵地。支撑点其他人员，大约一百来人，在战斗中阵亡。奥特韦的150名部下，66人丧生。

这是场代价惨重的胜利。

和胜利一同到来的是个糟透的意外：梅尔维尔炮台根本没有150毫米火炮，只有75毫米野炮。这种火炮不会给英军的海上登陆造成严重威胁，甚至无法与海上目标交战。从炮台这里，也看不见英国人计划登陆的海滩。炮台配备的火炮，射程只有7千米，因而只能以间接火力打击海岸东部。这是个巨大的错误，误导了突袭梅尔维尔的策划者。所以，这场代价高昂的行动也是个错误，战争期间经常发生这种事。

德国人部署在梅尔维尔的火炮，根本无法朝陆地一侧开炮，除非先把火炮移出掩体。整座炮台的设计，是为了抵御敌坦克从海岸发起攻击。

另一个失误打乱了英国规划者的如意算盘。

攻克炮台后，奥特韦射出预先约定的信号弹，示意已占领炮台。可是，侦察机飞行员没有确认信号。于是，奥特韦率领部下撤离支撑点，以免遭到己方舰炮轰击。德军第736掷弹兵团一个战斗群随后发起反冲击，一举夺回支撑点。

德国人发现，英国伞兵兴奋之余，没有炸毁支撑点的火炮，也没有彻底破坏炮台设施。这些火炮虽说性能有限，但很快又投入使用。

次日（6月7日），德军掷弹兵坚守炮台，抵御英军一支特遣队，对方的任务是肃清整片地区。为守住炮台，德军掷弹兵英勇奋战，但寡不敌众。德国人再次发起反冲击，并投入突击炮，重新夺回了支撑点。到7月初，这座炮台已易手数次，双方反复争夺，鲜血浸透了阵地。战争中，一个严重的失误往往会招致十几个错误。

5号支撑点下达了开火令

天色破晓，科唐坦的树篱和卡尔瓦多斯的果园从夜色中出现了。不过，没有哪片树篱、花园、玉米地是安全的。

与己方部队走散的伞兵，躺在藏身处逗弄负鼠。混乱的德军预备队营组织的一个个巡逻队，在圣梅尔埃格利斯附近的伞兵空降区或奥恩河东面的朗维尔地区，守卫着玉米地和村庄出入口的阵地。

"开快点，"法莱将军对司机说道，"天快要亮了！"

巴图察特少校安慰道："将军先生，马上就到了。"他们驱车驶过库唐斯—佩里耶—埃蒂安维尔公路，火速返回师部。

6小时前，法莱将军和他的后勤参谋从皮科维尔附近的第91空降师师部出发，以便及时赶到、参加第7集团军在雷恩举行的图上演习。空中没完没了的轰炸机编队让法莱将军感到不安。听见轰炸机朝腹地的目标飞去，这位经验丰富的军校教官和前线指挥官充满了不祥的预感，探路者飞机投下的目标标识让他心生疑窦。

他对身旁的后勤参谋说道："巴图察特，这不是例行空袭！"他聆听着轰炸机群的轰鸣，这种轰鸣甚至淹没了汽车发动机的声响。

法莱当然不知道，利–马洛里麾下的第8航空队，正以3个战略轰炸机师，共计1083架B–17和B–24，在1347架战斗机掩护下，携带着3000吨炸弹，准备为盟军的入侵炸开通道。法莱不知道，也没法统计轰炸机的数量，可他怀疑某些不同寻常的事情正在发生，他还知道，面对敌人庞大的空中力量，德国空军只有320架飞机。

一想到德国空军可怜的几十架战斗机，法莱就恼火不已。

"掉头，"他命令司机，"返回师部！"

汽车驶过维莱讷省和芒什省的公路，朝皮科维尔北面的奥特堡疾驰。车上的乘客听见前方传来的战斗声和空中飞机的嗡嗡声。卡朗唐—巴约—卡昂地区和海岸地带肯定遭到猛烈轰炸，硝烟和爆炸笼罩了地平线。

汽车驶离主公路，城堡就在不远处。这时，机枪火力袭来，冲锋枪的嗒嗒声清晰可辨。法莱拔出手枪跳下汽车，巴图察特少校喊道："当心！"可惜，来不及了！

一名端着冲锋枪的士兵喊道："举起手来！"法莱将军举起瓦尔特手枪连开两枪。对方的冲锋枪响了，法莱和巴图察特倒在地上。6月6日清晨，法莱成为诺曼底战役期间阵亡的第一位德国将军。这位第91空降师师长甚至没有下达哪怕是一道命令。[1]

★

5号支撑点，扬克少尉也聆听着轰炸机的轰鸣。他的指挥所不是掩体，而是在沙滩上挖的坑洞，防坦克墙后铺了木板和草皮。海面上泛起朦朦胧胧的灰雾。海因中士沿着战壕走了过来。

"少尉先生，我有种不好的预感。我们是不是该让所有人进入战斗岗位？"

扬克问道："为什么要进入战斗岗位？就算敌人发动入侵，肯定先对我们实施轰炸和炮击。尽可能让部下安然无恙才是正事！"

海因点了点头。

扬克命令道："不管怎么说，给大家分发特殊口粮吧！让部下吃好总是没错的，仓库里的东西至少够咱们吃上一星期。"

又一拨双引擎轰炸机，排成规范的编队，轰鸣着从海上飞来。扬克喃喃道："敌机从支撑点北面逼近……"话音未落，他震惊地看见第一拨轰炸机掉转方向，越过海滩，径直扑向5号支撑点。

敌机几秒钟就到了。扬克蹲在避弹坑里，举着望远镜追踪硕大的敌机，在那里！

一个个弹仓打开了，仿佛有一只看不见的手在操纵。然后，一批炸弹从机腹落下，朝地面坠去时奇怪地摇晃着。空中响起高亢的呼啸声。

扬克丢下望远镜，一头趴倒在地，把脸埋入沙子里。

电闪雷鸣！闪烁、硝烟、炸药的臭味。扬克判断："炸弹落在柏油路这一侧。"又一拨轰炸机逼近，更猛烈的爆炸随之而来。

---

① 译注：伏击法莱将军的是美国第82空降师的马尔科姆·布兰嫩少尉，他的回忆与本书的记述不太一样。据布兰嫩说，他跳到路中央命令车辆停下，但司机反而加大油门冲了过去，法兰嫩隐蔽在墙后的部下站起身开火，车辆中弹失控，一头撞上石墙，司机飞了出去，竟然毫发无损。但甩出车外的另一名军官身负重伤，朝落在地上的卢格手枪爬去，看见端着冲锋枪的布兰嫩走近，这名军官用德语和英语哀求："别杀我，别杀我！"说着，继续朝手枪爬去。布兰嫩回忆道："我是人，不是冷血杀手，可他要是拿到手枪，我和我的部下就要倒霉了，于是我扣动了扳机。"约阿希姆·巴图察特少校额头中弹，当即毙命，"前额喷出的鲜血足有6英尺（约1.8米）高，就像喷泉。"另一名伞兵朝车内望去，看见一名德国将军死在座位上。从这段叙述可以看出，法莱将军可能是死于这群伞兵先前的乱枪之中。

— 46 —

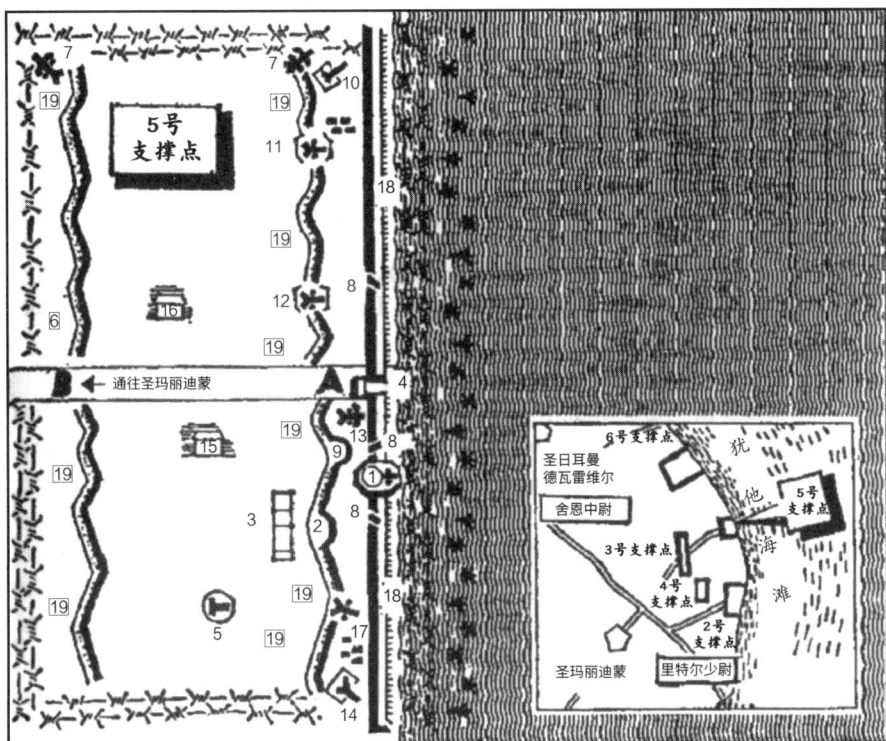

▲ 图为400米长、300米深的5号支撑点。退潮时的海滩宽达800米，涨潮时的海水一直淹到铁丝网处。水下障碍物包括"捷克刺猬"和带有锯齿状钢尖的角锥。（A）指面向大海的阵地；（B）指面向内陆的阵地；1指部署在坦克炮塔里的法制机枪；2指配备炮队镜的指挥所；3指覆有伪装网的石制营房，配有军官宿舍、电话总机、餐厅、淋浴间；4指混凝土砌成的路障块；5指混凝土炮位里的80毫米迫击炮；6指强化掩体和急救站；7指重机枪；8指筑至阵地内的喷火器；9指喷火器控制所；10指50毫米坦克炮；11指75毫米FK16火炮；12指75毫米反坦克炮；13指88毫米高射炮；14指50毫米坦克炮；15指厨房；16指空军哨所；17指歌利亚；18指防坦克墙；19指筑至营房。铁丝网和地雷护卫着侧翼和阵地。

"这次落在柏油路那一侧！"

下一拨轰炸机投下的炸弹落在附近，呼啸声似乎直扑扬克藏身的避弹坑。声音越来越响，扬克惊恐不安，炸弹随后炸开。一只无形的巨手抓住他，把他推向避弹坑的墙壁，扬克倒在草皮上，一车沙子倾覆在他身上。

扬克脑中闪过一个念头："得赶紧出去！"他拼命扒开沙子，肩膀像着火似的火烧火燎，左臂失去知觉。又一拨轰炸机飞抵，扬克跳过沙丘，滚入一个浅浅的弹坑，昏头昏脑地得出结论：对方投掷的是恶名昭著的杀伤弹！这种炸弹在地面上方炸开，对付行军状态的部队或大范围阵地里的人员非常有效。扬克自言自语道："我得离开这个浅浅的弹坑，这里没法保命。"他跳起身，朝挡住柏油路的混凝土障碍物跑去，这道障碍与防坦克墙形成一个安全的角落。扬克翻身滚入海风在混凝土障碍物下方沙地吹出的凹坑，身体像被屋檐遮住那样得到掩护。爆炸声中，他听见烟花般的溅射和噼啪声。

扬克马上想到弹药库，看来，他的弹药库殉爆了。

突然，四周围平静下来。扬克从沙坑里站起身，朝支撑点跑去，那里依然笼罩在硝烟和尘埃下。

炸弹粉碎了他们辛苦数周挖掘的一切，轻松得就像破坏一座儿童游乐场。75毫米反坦克炮损毁，88炮报废，两座弹药库炸毁，散兵坑和机枪巢也埋入沙中。

幸运的是，支撑点里的人员伤亡很小，因为他们一直待在掩体内。炸弹击中掩体，但没能侵透。

补给军官的助手跑了过来，来自鲁尔地区的这位老人脸色苍白，大声喊道："少尉先生，什么都没了，仓库在燃烧，东西都毁了！"然后，他用严肃的语气说道："少尉先生，咱们投降吧！"

扬克年仅23岁，但东线作战的经历锻炼了他，他现在是个意志坚定、战斗经验丰富的指挥官。他注意到众人的恐慌，恐慌是军人最大的敌人，无论多么强大的支撑点，都会被自己的恐慌，然后被敌人的武器攻克。他是从俄国学到这一点的。

扬克说道："伙计，您真是疯了！要是我们在东线，每次遇到这种情况就投降的话，俄国人早就打到这里了。"他大声喊道，"所有人赶紧出来，挖掘工事！"

他对震惊而又沮丧的部下说道："弟兄们，咱们必须这么做！"大多数人第一次体会到战争的致命性。许多分配到海岸防御师的预备役人员年龄较大，一个个脸色惨白，眼中闪现出惧意。可他们还是遵照命令，动手挖掘起来。

扬克打电话给邻近的2号支撑点，接电话的是里特尔少尉。

"伙计，"里特尔说道，"看上去您那里完蛋了。"

"您那里的情况呢？"扬克问道。

里特尔答道："哦，我这里没事，他们显然盯上您的支撑点了。"

没错，他们盯上5号支撑点了！

"空袭警报！"的喊声打断了两名军官的交谈。

"隐蔽！"

又一拨飞机贴着海面呼啸而来。

"他们离海面只有几米。"

这群飞机到达海岸后拉升，随即转向侧面，嘶吼着扑向目标，简直就是场令人毛骨悚然的会战：火箭弹！敌机集中火力，打击角落处配备50毫米坦克炮的两座掩体。火箭弹雨点般袭向掩体，有些直接钻入掩体射孔。左侧的掩体炸飞了，显然是窜进射孔的火箭弹击中了掩体内堆放的弹药。烟雾和火焰笼罩了右侧的掩体。空袭结束后，两座火炮掩体只剩下一堆废墟和金属碎片，里面的人不是阵亡就是身负重伤。

此刻是凌晨4点。

支撑点呼叫医护兵的喊声此起彼伏，霍夫曼带着担架员匆匆跑过一个个沙丘。

★

这是从空中实施的现代炮击，这也是第二次世界大战期间的技术装备战。6月6日，盟国空军共出动10743架次，投下11912吨炸弹——11912吨死亡和破坏！几小时内，诺曼底德军防御设施挨的炸弹，重量相当于德国遭空袭最严重的城市汉堡于1943年全年落下的炸弹。哈默布鲁克、哈姆、罗滕布格索尔特区的汉堡市民，经历了一个个死亡之夜，4万人死于空袭，幸存者躲在防空洞里瑟瑟发抖，他们可能会对德军官兵于1944年6月6日清晨，在诺曼底海滩机枪阵地、战壕、掩体内的遭遇感同身受。

敌机投掷这么多炸弹，是为登陆部队炸开通道。装有特殊引信的炸弹在地面稍上方炸开，冲击力传播的范围很广，不仅能扫除周围的一切，还不会造成深深的弹坑。这很重要，因为大量深邃的弹坑会给携带重武器向前推进的登陆部队造成很大的麻烦。内陆某些城镇和村庄，盟军怀疑驻有德军预备队或指挥部，也遭到同样方式的轰炸。他们的目的是加剧德方的损失，同时利用损毁房屋的废墟，彻底封锁穿过城镇的各条道路。

盟军在圣洛和佩里耶取得预期效果，特别是卡昂这座历史悠久、麦浪里的城市，轰炸造成的破坏深具毁灭性。德军的补给火车再也无法穿过卡昂开赴海边。海因少校赶往前线侦察期间，见到这座满目疮痍的城市。沃塞勒郊区有几座跨过奥恩河的桥梁，还有一条侧设运河，已沦为烈焰熊熊的废墟。德国步兵只能从火焰和倒塌的建筑物留下的缝隙爬出来。透过烟雾，圣斯蒂芬和圣三一教堂庄严的尖塔隐约可见，这些修道院是征服者威廉在11世纪建造的。威廉葬在圣斯蒂芬教堂，一块简朴的石碑让人想起这位著名人物，1066年，他以619艘诺曼人的船只征服了英格兰。10月14日，他在著名的黑斯廷斯战役中击败英格兰军队，交战持续了一整天，英格兰国王哈罗德和他的兄弟阵亡。威廉成为英格兰国王，获得"征服者"的绰号。878年后，英国人和他们的盟友美国人，带着毁天灭地的力量来到他的墓地。一颗颗炸弹落下，震颤着圣斯蒂芬教堂的地基。这座城市灰飞烟灭，这是为黑斯廷斯战役迟来的复仇。

盟军的轰炸，为乘坐5000艘运输船和登陆艇的入侵大军铺平道路，充分表明美国在物质方面彻底占有优势。他们希望尽可能确保首批登陆部队平安踏上法国领土，建立初期滩头阵地。为此，他们投入庞大的空中力量，企图彻底粉碎德军海岸防御，消灭他们的掩体和火炮，炸毁铁丝网，不让隆美尔的海岸防御师在这场烈焰风暴下存活。经过这番狂轰滥炸，冲上海滩的盟军士兵应该不会遭遇像样的抵抗了。

艾森豪威尔的格言是"安全第一"，意思是尽可能保全英美官兵的性命。这种策略，是以致命物质的惊人支出对付敌人，以此减少己方官兵的伤亡。"安全第一"也是现代技术装备战的座右铭，整个诺曼底战役期间，盟军一直采用这种打法。

轰炸机空袭造成的硝烟稍稍散去，雨点般的炸弹刚刚停息，他们来了！

6艘战列舰、23艘巡洋舰、122艘驱逐舰、360艘鱼雷艇、几百艘护卫舰、炮舰、巡逻艇组成的庞大舰队，出现在他们选定的5个支撑点前方。海军史上最强大的舰队，掩护着人类迄今为止见过的最庞大的船队：6480艘运输船、登陆艇、特种船只。各种著作记录下海岸守军目睹的状况：突击艇、防空舰、炮舰、登陆艇。一艘艘舰艇上的火炮开火了，炮弹掠过登陆舰队。密不可透的弹幕，封锁了沿海防线获得补给和增援的途径。

维尔河与奥恩河之间的海滩，还有德国兵存活吗？还有把弹链塞入机枪、端起步枪射击、投掷手榴弹的人手吗？还真有，遍布弹坑的海滩上，守军开火还击了。

★

凌晨4点15分。

"敌舰逼近！"一艘美国驱逐舰冲向海岸，舰艏卷起高高的海浪。

海因中士跑了过来，朝扬克喊道："少尉先生，是否批准我以FK16开炮？"扬克点了点头。

"开炮！"这门老旧的77毫米野炮发出轰鸣。

射程不够。

轰隆！

还是够不着目标。

驱逐舰掉转方向，舷侧暴露在外，舰炮打了三轮短促的齐射。第一轮炮弹落在沙丘后方，第二轮射程不够，炮弹落入海里。但第三轮炮弹正中目标，把FK16炸得粉碎，炮组人员毙命。

现在只剩下轻微受损的88毫米高射炮，几名炮手疯狂地操纵着火炮。

一架炮兵观测机飞过支撑点，很快又兜了回来，然后就消失了。

后果随之而来：一门门重型舰炮发起猛烈的舰队炮击。看似永无止境的浩劫开始了，大口径炮弹雨点般落向支撑点，夷平了战壕，炸碎了铁丝网，引爆了雷区。沙丘震松的沙子淹没了几座掩体，电话中心所在的石制营房沦为废墟。炮弹还直接命中火焰喷射器控制所。这场烈焰风暴把许多人炸得魂飞魄散。

他们捂着耳朵，喊叫着，咒骂着，或是绝望地蜷缩在沙坑里，哨兵也不再换岗。

突然，有人情绪激动地喊道："船只！"

扬克的眼睛紧贴炮队镜，眼前的情景似乎不可思议：敌军的登陆舰队，大大小小的船只，甲板上腾起阻塞气球的无数船只。眼见为实，一切怀疑化为乌有，敌人从海上来了！尽管天气恶劣，可他们还是来了，而且是在退潮的时候。钢铁制成的"捷克刺猬"、附有地雷的角锥、拴着炮弹的木桩、另一些危险的水下障碍物，一切暴露在外。整片海滩露出水面的地段宽达800米。

扬克不由得想："隆美尔猜错了！"对方在退潮时发动入侵，他们必须穿越800米宽的平坦射界。可是，在守军几乎没有任何武器开火射击的情况下，平坦的射界有什么用！扬克几乎要怒吼起来。

"必须实施弹幕射击！"扬克派传令兵传递消息。舍恩中尉率领第13连和第1261炮兵团一个122毫米炮兵连，驻扎在5号支撑点后方3千米的圣马丁德瓦雷维尔，看见扬克发出的信号（两发绿色信号弹），就会以弹幕覆盖海滩。

海面上，一艘艘登陆艇驶离入侵舰队。透过望远镜，对方的动向看得清清楚楚。

扬克举起信号枪，射出两发绿色信号弹。他们等待着，可弹幕没有袭来。

他们当然不知道，传令兵没能到达舍恩的指挥所。一架战斗轰炸机追逐着这名传令兵，速度远远快于他的摩托车，像打兔子那样干掉了他。

★

清晨5点20分。

宽大的陆战队渡轮上安装了多管火箭炮，一发发拖着尾焰的火箭弹射向支撑点。炮艇向前驶去，以一轮轮齐射轰击海滩。

第一批登陆艇到达海滩后停了下来，艇上的人员无疑是战斗工兵，他们跳下登陆艇，脱掉救生衣，朝海滩暴露在外的障碍物冲去。显然，他们打算引爆致命的爆炸物，为很快会在涨潮时到来的船队肃清通道。

扬克思忖着：双方相距500米。以他在东线的经验看，应该让敌人再靠近些，最好是100米，这样一来，进攻方几乎不可能得逞。可是，他看见一拨拨登陆部队不断逼近，终于改了主意，不能再等了！

"开火！"他朝左右两侧喊道，命令传达到各道战壕和阵地。

一等兵弗里德里希带着他的机枪，坐在一辆半埋的雷诺坦克的炮塔下，这辆过时的战车是从法国人手里缴获的。他戴着眼镜，镜片厚得犹如放大镜。可每个战友都知道弗里德里希的准头。他的连发很短促，敌军士兵刚看见脚下沙土四溅，子弹就击中了他们。部署在左侧的重机枪也开火了，迫使敌军工兵趴在沙滩上。机枪火力击中第二波登陆部队的先遣队，把他们射倒在登陆艇旁。

德军迫击炮也射出一发发80毫米炮弹。

可那是什么？一头头奇特的怪物在海里爬行，两栖坦克！硕大的橡胶浮袋让这些坦克看上去活像诡异的巨人。两栖坦克驶上海滩，隆隆越过开阔的滩头，朝防坦克壕冲去。88炮能对付它们吗？就在这时，88炮长长的炮管转动起来，"放！"火炮的轰鸣掠过一座座沙丘，5号支撑点的官兵觉得这是世上最美妙的音乐，88炮不愧是二战期间所有火炮的王者。为首的敌坦克中弹，炮弹没有直接命中，但把坦克撞到一旁，再也动弹不得。

伙计，这就对了，就这样打！开炮！开炮！开炮！

可是，88炮没再射出炮弹，刚才那一炮，彻底破坏了先前的轰炸中已受损的火炮。

第二波坦克驶上海滩，集中火力轰击识别出的德军阵地。一发炮弹直接命中支撑点右侧的机枪，很快，迫击炮也被炸毁。现在只剩弗里德里希埋伏在雷诺坦克炮塔里的机枪仍在开火，他把登上海滩的敌步兵压制在水位线。

敌人很快逮住他。炮弹击中雷诺坦克的炮塔，发出的巨响就像教堂的钟声那样震耳欲聋。弹片击毁了弗里德里希的机枪，刺穿了他的腿。不过，这名一等兵的运气很好，是整个支撑点寥寥无几的幸存者之一。

"上帝和整个世界把我们抛弃了吗？"扬克对身旁的传令兵喊道，"我们的飞机在哪里？我们的炮兵又在哪里？第901炮兵团在圣玛丽迪蒙教堂塔楼上的观测员睡着了吗？"

炮兵观测员没睡，但盟军的战斗轰炸机早就把他从教堂塔楼下赶走了，而他本该指引的炮兵连，也被一场地毯式轰炸粉碎。

扬克对海因中士说道："我们就剩这玩意儿了！"

他指的是歌利亚。德军官兵把这款微型遥控坦克称为"袖珍神奇武器"。这种小而危险的炸药运送车，腹部载有91千克炸药，活动半径600米，可以遥控引爆，对付桥梁、集结的部队、障碍物很有效。崎岖不平的地面上，歌利亚像乌龟那样，摇摇晃晃地逼近目标，很难及时发现。对炮兵来说，这个目标太小了。唯一的问题是，歌利亚的转向装置过于脆弱。

扬克下令投入歌利亚。伴随急促、不太流畅的动作，几辆微型坦克出发了。控制箱前的操作员力图掉转歌利亚的方向，让它们冲向敌坦克，可转向装置失灵了。炮弹和炸弹的剧烈冲击波，损坏了歌利亚脆弱的继电器。操作员无法引导微型坦克逼近目标，它们停在外滩一动不动。不过，还是有一辆歌利亚给敌人造成了严重损失。

舰炮发出阵阵轰鸣，这种连续而又猛烈的炮火，完全是第一次世界大战的打法。徐进弹幕在海滩上一米米前移。德军士兵趴在地上，等待着最终结局。哪怕最坚强的战士，永远也忘不了这几分钟的经历。他觉得上帝和整个世界遗弃了自己，孤身一人，充满恐惧的孤独感油然而起，此刻，他已经把战争诅咒了上千遍。可这种经历没人能理解，除非对方也曾把脸埋进土里，也曾听见末日骑士在上空驰骋，也曾咒骂过死神，因为对方没给自己留下哪怕是短暂祈祷的时间。

圣梅尔埃格利斯，决定性转折点

任何人隔着空间或时间的距离，从远处观看地狱般的战场，只能见到赢得胜利或招致失败的全景。

1944年6月6日上午9点，德国第6伞兵团团长弗里德里希·冯·德尔·海特中校，就是"只见森林不见树木"的人。一大早，他从团部赶往5号支撑点后方的小镇圣科姆迪蒙。远在卡朗唐都能听见5号支撑点传来的激战声。海特爬上教堂钟楼，举起望远镜，觉得自己见到的是幻象：一支庞大的入侵舰队停在犹他海滩外，几百只系留气球提供掩护。他看见威力强大的战列舰，以及巡洋舰和驱逐舰，也看见舰炮发射时的闪烁，还看见无数小船在大型舰船与海岸间穿梭，不禁想：“简直就像万湖美丽的夏日。”

烟雾和尘埃彻底遮蔽了一小片海岸地段，就像拉上了窗帘，沙子形成的喷泉高高地窜入空中。什么也看不见。可是，这道窗帘后，美国人正在入侵。要是海特中校有水手辛巴达的魔法望远镜，就能看见阿图尔·扬克少尉趴在半埋的散兵坑里，一等兵弗里德里希守在坦克炮塔内，海因中士待在迫击炮旁，第919掷弹兵团第3连其他士兵守卫着5号支撑点的一座座沙丘，整个入侵舰队的火力集中于此，在这里，历史以死亡和毁灭叩响大门，开启了战争的新篇章：德国的失败和美国的胜利。

当然，海特中校从圣科姆迪蒙小镇的教堂塔楼是看不见这一切的，可他知道，硝烟弥漫的海滩，是最危险的地段，整个舰队的火力都瞄向那里。

海特把团部迁到圣科姆迪蒙，还前调了他的伞兵团。

第6伞兵团位于科唐坦半岛最窄处，也就是莱赛—蒙卡斯特—卡朗唐地区。他们在半岛南部的前门构成一道安全屏障。这片防区有20千米宽，15千米深，对一个孤零零的团来说，未免太大了。

午夜后不久，部署在东北面最远处的德军战斗群，看见盟军伞兵空投在圣科姆迪蒙、博普特、卡朗唐之间，至少是连级兵力。先遣营派出几个战斗群和巡逻队，开入空投区。德国伞兵截获了美国人要求提供重武器、弹药、援兵的明码电报，表明美国伞兵发现自己陷入了绝望的境地。拂晓前，德国伞兵俘获第一批美军士兵。海特驱车赶往卡朗唐，打算亲自审问战俘，他想弄到真实的情报，搞清敌人的意图。

海特在清晨6点到达卡朗唐，很快得知这些俘虏隶属第101空降师第501团。他马上反应过来，美国人投入这支精锐兵团，绝不是一场孤立的行动。这帮人看上去怪模怪样，连体军装上或写着诸如“巴黎见”这类战斗口号，或是在背后用铅笔画着真人大小的美女像。接受讯问时，大多数俘虏显得很自信，他们的衣兜里揣着最诱人、最奇特的东西——各种巧克力是少不了的，还有水果夹心糖、醇香的美国烟、体力恢复剂、净水片、茶包、糖果、块状浓缩肉汤、卫生纸和许多诱人的巴黎照片。

这些人受过训练，知道被俘后该怎么做。除了按照国际法交代自己的姓名、年龄、军衔，他们没透露其他信息。当然，大多数俘虏说了几句，有人紧张不安，有人气焰嚣张，有人冷笑不已，也有人态度平和。讯问没能得到关于敌军意图的具体情报，但寥寥无几的信息还是能拼凑出大体情况。

海特打给第709步兵师的电话接不通，只好联系第84军军部。

他告诉军作训处长菲比希少校："这就是进攻！"马克斯将军立即致电第7集团军司令部："这就是进攻！"

集团军高层大摇其头，还是不太相信。他们认为入侵肯定会发生在海峡最窄处，也就是加来海峡。

第6伞兵团组织了几个战斗群，每个战斗群编有一个配备75毫米反坦克炮的伞兵营，外加一个88炮连。几个战斗群隔得较远，再加上盟军持续的空袭，他们分头到达圣科姆迪蒙的时间相差一个多小时。几位营长已接到命令，麾下部队开抵就投入进攻。第1营攻往圣玛丽迪蒙—马德莱纳方向，即5号支撑点所在地区；第2营攻往蒂尔屈埃维尔，第795格鲁吉亚营的支撑点设在那里；第3营掩护侧翼。

两个伞兵营的进攻，起初取得不错的进展，随后就遭遇圣梅尔埃格利斯和圣玛丽迪蒙袭来的猛烈火力。他们能救援5号支撑点吗？

与此同时，第1058掷弹兵团和梅塞施密特突击营从北面投入，打击在圣梅尔埃格利斯附近着陆的敌军。第1057掷弹兵团从西面赶来，对付梅德韦河的空降登陆。

两个掷弹兵团隶属第91空降师，但很难确定究竟是谁下达了进攻的命令，是第84军，是第91空降师，还是第709步兵师？无论是谁下达了命令，这些进攻都来得太晚，而且，他们没得到炮兵支援，也没有反坦克炮和高射炮。这个致命的错误，强调了以下事实：美军登陆地区的两个德国师，在关键时刻没人领导。法莱将军遇袭身亡，施利本正从本该在雷恩举行的那场该死的图上演习返回。

美国伞兵已经在树篱和花园里挖掘了阵地，面对他们以迫击炮和自动武器射出的火力，德军部队无法逼近对方。

施利本中午前后到达师部，获知这些初步措施后，立即意识到危险的状况，赶紧派出两个重炮营和反坦克炮，希望以此弥补错误。

他们能拯救5号支撑点吗？

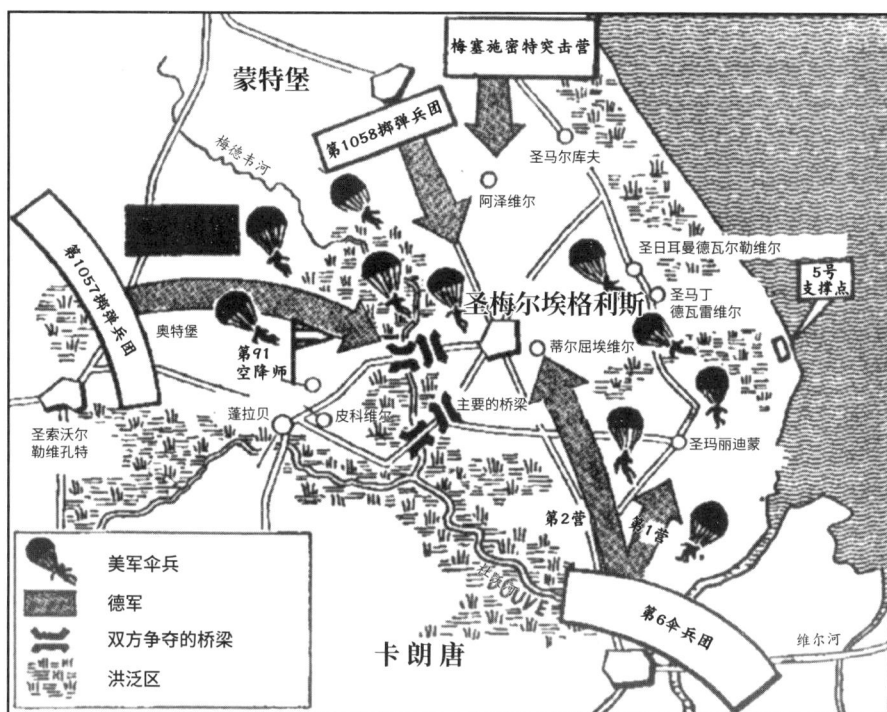

▲ 德军对犹他滩头的第一场反突击。

　　可怜的扬克徒劳地等待着。6月6日中午前后，他那座沙丘的散兵坑和战壕里，只剩寥寥几支步枪仍在射击。步枪子弹对坦克毫无意义，敌坦克就停在防坦克墙壁前，像在靶场操练那样，轰击德军支撑点。此时，美军步兵也到达防坦克墙，可他们不打算冒险翻越墙壁。

　　15~20人的一个美军班凑近停在海滩上的一辆歌利亚，嘲笑德国人的"神奇武器"。有人朝这辆微型坦克扔了颗手榴弹，没有命中。美国兵大笑起来。又有人试了试运气，还是没命中。然后，一个美国兵朝歌利亚爬去，打开前舱盖，往里面塞了枚手榴弹。可美国兵不知道，这辆微型坦克里装有200磅（约90.7千克）炸药。几秒钟后，整个班倒在海滩上，一个个被炸得支离破碎，肺叶撕裂。敌坦克重新以猛烈的炮火轰击支撑点。

扬克少尉脑中闪过一个念头："完了！"他随后觉得有人慢慢拉开了上方的黑色帷幕。炮弹击中散兵坑边缘时，他趴在半埋的散兵坑里，没听见爆炸，只看见一道闪烁。他觉得后背遭到重击，喷泉般的沙子倾泻到身上。看来要死在这里了！扬克不知道自己在沙子下埋了多久，有人拽他的腿，他才醒过来，自己还活着！他扒开沙子想爬出去。有人往外拽他，扬克终于重见天日，可以呼吸了。他吐掉嘴里的沙土，发现自己正盯着一顶美国兵的钢盔。扬克少尉的思维像一台技术测量仪那样迅速运转，军人的本能已在东线打上深深的烙印，促使他做出应对：赶紧逃开，不能当俘虏！

扬克看见丢在地上的冲锋枪，刚跳起身，就有人从背后踹了他一脚，一个平静的声音说道："德国佬，别紧张！"23岁的扬克少尉，上学时的英语成绩就不太好，听见这句话忍不住笑了。美国兵说的是"别紧张"，那好，就不让他们紧张了。他想着，掸掉军装上的沙子，然后，按照美国兵的命令，把手举过头顶，任由对方掏空了他的口袋。搜完身，美国兵命令道："走吧！"

扬克在海滩上遇到支撑点幸存的人员，这群可怜的俘虏待在防坦克墙另一侧。他刚要朝部下走去，"皮革领"，也就是大名鼎鼎的海军陆战队的一名中士拦住他。美军中士拉着他走到50米外，贪婪地盯着挂在扬克颈间的骑士铁十字勋章[1]。勋带已撕裂，和大多数军官一样，扬克用鞋带把勋章挂在衬衫领子下。

扬克觉得自己像在梦游。他看见特种船只把巨大的推土机运上海滩，隆隆驶来的坦克，前部装有硕大的铁框，上面挂着一根根铁球链，看上去像个巨大的旋转连枷，这些坦克穿过德军布设的雷区，肃清了通道。他还看见另一些带着大卷筒的坦克，卷筒上裹着粗糙的剑麻垫。坦克把剑麻垫铺在流沙上，从上面顺利驶过，就像吹牛大王明希豪森男爵说的那样，拽着辫子把自己从沼泽

---

[1] 译注：阿图尔·扬克曾率领第572掷弹兵团第5连，在东线尼科波尔附近夺回一座高地，于1944年4月20日获得骑士铁十字勋章，负伤后调到西线。保罗·卡雷尔在本书里首次记述了扬克的经历，此后，几乎所有关于诺曼底战役的著作都会提到他。扬克于1960年在丹麦去世。

地里拉了出来。

这群怪物在海滩上嘎嘎作响，可能要进攻北面的支撑点，也可能穿过防坦克墙上的缺口赶往柏油路，然后进军腹地，舍恩中尉和第13连应该能挡住他们。这种事说不准，马茨中尉和第3连预备队不就没挡住敌人吗？他们发起反冲击，结果，马茨和大多数部下倒在盟军舰炮的弹幕下。

扬克坐在防坦克墙上，现在来根烟该多好！突然，一名美国军官叫他："喂，少尉，过来！"他吓了一跳，赶紧站好。美国军官把他带到坦克后面，问道："你们有多少重武器，兵力有多少？"

扬克摇摇头。一名美军上尉从兜里掏出块丝巾，递到他面前，说道："你看，5号支撑点的一切，上面标得清清楚楚！"的确，从88炮到雷诺坦克炮塔，地图上标得一清二楚。

地图上方写着"犹他"两个字，扬克不由地问道："犹他不是美国的一座城市吗，你们从那里来的？"

"不是，"美国军官笑着说道，"不是！"扬克这才反应过来，犹他是这片海滩的代号。他是第一个知道这一点的德国人。犹他！

扬克看看地图："既然你们都知道了，还想从我这里了解些什么？"

"你就没什么要说的吗？"审讯者问道。

"我昨晚也俘虏了你们的人，和他们一样，我也没什么可说的。另外，我希望您能像我尊重他们那样，尊重我的态度。"

扬克刚才看见了他昨晚俘虏的两名美国军官，他们朝他挥手，还大声问好，但哨兵没让他们凑近。扬克看见他们跟陆战队中士交涉，可"皮革领"耸耸肩，没理会两名军官的要求。看来，就连伞兵也对海军陆战队员敬畏三分。

不管怎样，扬克知道自己有了证人，他们能证明他严格遵照战争法则行事，这让他放下心来。

美国军官恼火地嚷道："看来，你什么也不想说喽？"

扬克的态度一如既往："我没什么可说的。"

"去你妈的！"中士骂道，拽着扬克的胳膊，把他带回防坦克墙，让他坐在散兵坑里。就在这时，传来一声巨响，沙子、土块飞入空中，一发发炮弹随后袭来：德军炮兵朝海滩开炮了。开火的是第1261陆军海岸炮兵团第10连。就集中炮火的效力而言，一个连显然不够。但德军部署在此处的力量不足，混乱的指挥更是雪上加霜。海军指挥官负责引导火力打击海上目标，而陆军指挥官针对的是陆地目标，这种安排造成一连串错误。

第1261炮兵团团长特里佩尔上校的指挥所，设在金雀花高地上，他透过炮队镜，观察5号支撑点前方的登陆状况。特里佩尔命令配备170毫米火炮的第10连，炮击敌军登陆海滩。他在报告里指出："炮弹的飞行轨迹掠过团部，我们距离目标大约16~18千米，清楚地看见每发炮弹在目标区域造成的混乱。"的确，炮弹很难射失。

美国兵赶紧钻到坦克下，或趴在沙滩上的凹陷处。他们大喊大叫，发出一道道命令，似乎对自己再次遭到炮击深感意外。一发发炮弹命中美军集结的车辆。扬克惊恐地看见，自己的部下也中弹了，他们竟然在被俘后负伤或送命！扬克也再次负伤，弹片撕开了他的身躯，军装染红了一大块。强烈的恐惧感油然而生——腹部伤！除非在6小时内动手术，否则他在美军炸弹和舰炮轰击下的侥幸生还就白费了，他会死于这块该死的德国弹片。

扬克把手探入军装下，感觉到温热的鲜血。他小心翼翼地吸了口气，随后又深深吸了口气，有点疼，一股刺痛。不过，弹片好像没刺穿他的胃壁，可能是皮肉伤。他松了口气，解开军装纽扣，用绷带包扎伤口。看押他的美国兵爬出沙坑，趴到扬克身旁，把自己的绷带包塞在他的军装下，然后爬了回去。他点了根烟丢给扬克，扬克从沙地上捡起香烟，深深地吸了口浓郁芬芳的切斯特菲尔德香烟。要不是他一直躺在散兵坑里，早就没命了。捡了条命的愉悦感油然而生，直到哨兵喊道，"喂，德国佬！"这才把他猛地拉回到现实世界。

海军陆战队中士从沙坑里跳起身立正，扬克也站了起来，他看见一位将军出现在前方。来的是小西奥多·罗斯福准将。

一名军官告诉罗斯福将军，他们俘虏了一名德军少尉。将军的目光扫来，扬克举手敬礼，他没戴军帽，只好把指尖对准额头。罗斯福将军举起手，可他想了想，又放下胳膊，没有回礼。扬克看见将军下达了命令，一名军官赶紧跑向已搭设完毕的通信中心。半小时后，扬克获悉了这道命令：让德国人离开这里！接着，两艘船只驶近岸边来接他们。

没有哪个步兵愿意把脚弄湿，所以，警卫示意扬克涉水登上坦克登陆艇时，他脱掉自己的靴子和袜子。陆战队中士笑着说道："送你们去战俘营，战争结束了！"扬克思忖着这句话，对他来说，战争确实结束了。他看见自己的部下涉水登上另一艘登陆艇。美国人严格遵守相关规定，就连这种情况下，他们也把俘虏的军官和士兵分开。

登陆艇朝停在外海的驱逐舰驶去。扬克拎着靴子和袜子爬上舷梯，他想赶紧穿好靴袜，别像个海难漂流者那样出现在海军军官面前。可驱逐舰上的水兵毫不理会他对自己仪容的担心。有人在他身后踹了一脚，扬克向前跌倒，这群水兵哄堂大笑。突然，舰桥上一名军官怒吼起来，几名水兵赶紧扶起扬克，他再次弯腰捡起靴子，就这样，他光着脚，带着跌倒后再次流血的伤口，走到美国驱逐舰上的几名军官面前。他们朝他敬礼，毫无疑问，扬克佩戴的骑士铁十字勋章引起了众人关注。一名军官打着手势，把他请入军官食堂，就这样，阿图尔·扬克经历了生命中最重要的24小时，彻底结束自己的戎马生涯后，喝上了第一杯滚烫、香浓的咖啡，是用真正的咖啡豆磨制的。

驱逐舰向北驶去，犹他海滩和不复存在的5号支撑点消失在阴霾中。

★

但扬克脑海中的疑问挥之不去：这怎么可能？我们认为对方不会在这种天气发动进攻，可这帮家伙偏偏来了！他找不到答案。实际上，德国一方当时没人知道，盟军司令部就进攻日期的问题发生了激烈的争论。扬克不知道，当时的一切处于危急关头，他也不知道，所有一切，就连整个行动的成败都悬而未决。我们接下来谈谈当时的情况。

盟军起初把登陆日期定于1944年5月初，但艾森豪威尔和蒙哥马利就职后，认为计划中的登陆区太窄，投入的兵力也太少。特别是艾森豪威尔，他要求提供更大的运力，盟军不得不从世界各地搜罗船只，最终还是无法满足他的要求。因此，艾森豪威尔主张把进攻日期推迟一个月，这样就可以增加一个月的登陆艇产量。尽管丘吉尔强烈反对，但盟国高层最后还是同意推迟进攻日期。英国首相担心没法向莫斯科交代，这会引发政治方面的龃龉，因为他当初曾对斯大林郑重承诺，西方盟国会在5月初发动进攻。

6月份登陆的确切日期，必须根据潮汐而定。可问题是：他们该在涨潮还是退潮时登陆呢？

大批空中侦察照片告诉盟军司令部，自1944年初起，德国人就在法国海岸修筑了新的炮兵阵地，还布设了各种滩头障碍。隆美尔部署障碍物的意图很明显：如果登陆舰队在涨潮时到来，就看不见海水下的障碍物，许多登陆艇、运输船、炮艇、火箭艇、两栖坦克、平底驳船会撞上危险的障碍物，撞毁在混凝土角锥上，船体被T形钢梁撕开，或是被地雷和压力触发式炸药炸毁。整个登陆行动可能会以灾难而告终。因此，艾森豪威尔和蒙哥马利决定在退潮时登陆。对步兵来说，以坦克为掩护，跨过无遮掩的海滩向前推进是能做到的。另外，登陆方案设想的是，发起海上登陆前，猛烈的空中轰炸和海上炮击肯定已经粉碎德军防御阵地。初步登陆成功后，立即拆除滩头障碍，以便在涨潮期间继续把部队送上海滩。

至于海上登陆的时间表，舰队必须在夜色掩护下逼近海岸，但又需要一个小时的白昼时间，以便实施炮火准备和登陆机动。相反，预先降落在敌军后方关键地点、占领桥梁、封锁道路的伞兵部队，需要借助月光执行任务。按照这些必要的条件，他们计算出6月5号是个合适的日子，符合涨潮、退潮、有月光的理想条件。

英国和美国情报部门要了上千个诡计，把苦苦研究盟军何时在何处进攻的德国无线电专家诱入歧途。

盟军编造了一支幽灵军队，甚至给他们修建了假营房，配备了假舰船，首批部队登上法国海滩后，盟军情报部门继续制造假象，摆出大军集结在肯特郡，准备对法国其他地方发动进攻的姿态。德国人的空中侦察发现了这支幽灵军队，结果给德方对诺曼底登陆会不会仅仅是牵制行动，主要登陆会在加来海峡实施这个问题的考虑造成灾难性影响。

一切问题，包括最小的细节，都是深思熟虑、精心安排的结果，盟军掌握的技术力量无与伦比。他们充分利用了美国的经济实力，而美国的经济没有受到战争干扰，正在高速运作。因此，到6月5日拂晓，只有一个因素出乎盟军规划者的意料——天气。

天气之神似乎站在德国人一方。整个5月的天气一直很好。盟军司令部首席气象专家斯塔格上尉，起初对6月第一周的天气做出有利的预测。6月3日是星期天，艾森豪威尔致电美国陆军参谋长马歇尔将军："我们获得有利条件的机会看好。"可随后情况突变，气象委员会预报5日、6日、7日会出现强风、低空云层、降雨，能见度差。可只有这几天，在盟军所需要的时刻会发生退潮。

6月3日晚9点30分，登陆舰队位于偏远港口的一些舰船动身出发。英格兰南部几座大型港口，一万名将士已登上运输船。

该让他们出发吗，还是该把行动推迟24小时？这是天气强加给盟军的问题。这个问题深具决定性，军事方面的考虑固然重要，但更重要的是斯大林的感受，他一再呼吁盟军尽快开辟第二战线，西方盟国先前犹豫不决，已经让他产生深深的怀疑：盟国是不是故意拖延战争，意图消耗苏联的实力？

到6月4日凌晨4点30分，鉴于不利的天气预报，艾森豪威尔仍无法决定是否应当发动进攻。霸王行动的确悬而未决。盟军最高统帅部召开会议，天气预备没有好转的迹象。蒙哥马利将军主张继续行动，可鉴于当前的海况，盟国海军司令拉姆齐上将怀疑他的舰队能否平安穿越海峡，盟国空军司令特拉福德·利·马洛里上将宣称，空中力量难以充分发挥决定性作用。就剩最后两个小时了，之后，舰队主力就得起航，否则，6月5日的最后时限就要过去了。

长时间斟酌后，艾森豪威尔终于下定决心，把整个行动推迟24小时，立即召回已经出发的舰船。一支向南行驶的舰队正穿过爱尔兰海，接到命令立即掉转方向再次向北。一支扫雷艇舰队收到返航的命令时，距离诺曼底海滩已不到35海里。登陆艇组成的另一支舰队根本没收到命令，仍懵然无知地继续危险的航程。几艘驱逐舰奉命追赶，但没有找到对方。最后，几架飞机拦住舰队，此时，诺曼底海岸已近在咫尺。

现在怎么办？停止进攻没法解决问题，反而导致问题更加复杂。6月4日晚8点30分（德国时间），艾森豪威尔做出决定。与传说的不同，这个决定不是深思熟虑或个人英勇决心的结果，而是根据气象专家的意见做出的。他们通过庞大的气象观测系统发现，低压区之间有一小块高压区，正越过大西洋从西面逼近。他们认为，这块高压区会让6月5日和6日的天气好转。这就解释了盟军为何会继续入侵行动，而德军各指挥部始终认为，根据盛行的天气，敌人周一不可能发动入侵。

★

美国驱逐舰载着扬克少尉，穿过波涛汹涌的大西洋驶向英格兰海岸之际，诺曼底的决定性战场上，传令兵出现在德国第6伞兵团团长海特中校面前："第1营到达圣玛丽迪蒙！"这就是说，他们距离柏油路旁的5号支撑点只剩6千米了。离海岸仅6千米！海特的第2营，现在只要在蒂尔屈埃维尔附近改变方向，利用高架路穿过洪泛区，就能封闭美军登陆的犹他海滩。胜利在望！

可第2营无法改变方向，该营左翼遭到圣梅尔埃格利斯射来的猛烈火力打击。美国第507团的伞兵集结在镇内掘壕据守。德军高射炮部队过早弃守了这座小镇，现在，圣梅尔埃格利斯逐渐成为第一场交战的转折点。

马格上尉不得不设法消除侧翼威胁。于是，他率领部队掉转方向，不是转向海岸，而是转向圣梅尔埃格利斯。可是，第2营无法穿过镇子南面平坦的开阔地，攻入敌人盘踞的支撑点。夜晚到来，马格的伞兵营被迫就地据守。而第1营也无法在侧翼没获得确保的情况下，越过圣玛丽迪蒙继续前进。

该死的圣梅尔埃格利斯！由于这个小镇，第6伞兵团无法继续前进，一举攻往美军登陆地。第91空降师和第709步兵师几个突击营，也没能攻克这座至关重要的小镇。

海特的伞兵说道："明天夺取这座小镇！"冯·施利本将军把塞德尔中校两个重型摩托化炮兵营（第456、第457营）交给第1058掷弹兵团，团长拜冈对将军说道："我们明天肯定能获胜！"

指挥第7集团军直属突击营的梅塞施密特少校，在阿泽维尔镇外获悉许梅里希上尉正率领坦克歼击车赶来支援，不由得说道："我们明天就能解决问题！"

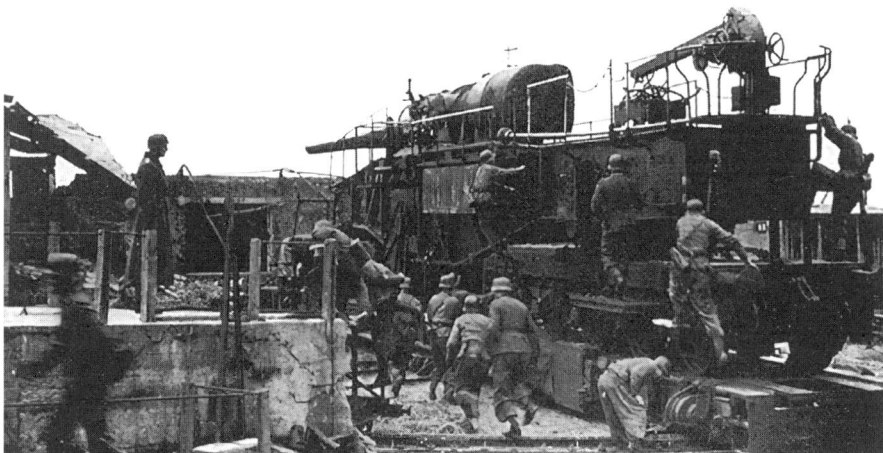

▲ 这些重型铁道炮部署在加来附近的格里内角，等待盟军发动进攻，这里是海峡最窄处。可盟军没有在此处登陆，艾森豪威尔选择了诺曼底。

▼ 海军炮兵指挥所展开夜间行军，对付来袭的敌轰炸机编队。他们正在计算轰炸机的航向和航速，把这些数据传达给各炮兵连。

▲ 降落在奥恩河和迪沃河的英国伞兵。

▼ "犹他"地区，德国伞兵部队与首批登陆的美国伞兵激战。

▲ 为控制进攻战线两翼，美国和英国空降师以木制滑翔机和降落伞的方式降落在德军战线后方。美军派了17000人从空中进入法国。有些师的损失高达60%。

▶ 英国第6空降师师长R.盖尔将军。

▲ 美国的A-20轻型轰炸机，是盟军进攻前实施大规模轰炸的组成部分，这场轰炸的打击重点是战线后方的十字路口、铁路设施、桥梁、工厂。

▲ ▶ 隆美尔设置的海滩障碍物。这片海滩布满附有地雷和锯齿状钢尖的角锥，涨潮时，这些障碍物淹没在水下，根本无从发现。但盟国空军趁退潮时拍摄了海滩的情况，如照片所示，他们经常对德国工兵展开低空攻击。

◀ 隆美尔不知疲倦地视察海岸防御工事。照片里是他在1943年底视察瑟堡的布罗米海岸炮台，从左到右：港口指挥官戈格斯，隆美尔元帅，亨内克海军少将，吕格海军少将，弗洛梅海军少校。

2

血腥奥马哈

希特勒认为是一场牵制性进攻

登陆地区上空见不到德国空军

犹他滩头，美国第7军正为每一寸地面浴血奋战，而美国第5军辖内第1步兵师，分配的登陆海滩在东面25千米处。那片海滩以内布拉斯加的城市奥马哈为代号，位于维耶维尔与科勒维尔这两座海滨小镇之间。

凌晨2点前不久，霍尔海军少将的旗舰"安康"号，载着登陆部队司令部到达锚地。"关闭引擎！"船锚投下，一艘艘驱逐舰犹如护卫羊群的牧羊犬，在舰队周围逡巡。一个个阻塞气球升起。海浪中，庞大的舰队上下起伏。命令下达给步兵、战斗工兵、特别突击队："准备登艇！"这些士兵跟跟跄跄地穿过甲板，神情焦虑地望向天空。要是德国人的飞机来了怎么办？毕竟，这么庞大的舰队停在海岸附近，成了绝佳的目标。德军飞行员只要投下炸弹，肯定能击中某个目标！

可是，德国空军没来。他们没出现的原因很简单：西线德国空军根本没有值得一提的打击力量，6月6日，他们在整个进攻正面只有319架飞机。登陆首日，艾森豪威尔的空军不仅获得空中优势，还享有制空权。英美航空队在英国部署了3467架重型轰炸机，1645架中型、轻型轰炸机和鱼雷机，5409架战斗机，2316架运输机。D日，这股力量出动了14674架次。

14674架次，真是个惊人的数字！盟军损失113架飞机，主要是德军高射炮击落的。

面对这股庞大的力量，德国空军的战机少得可怜。

盟军进攻前几周，德国空军第2战斗军军长容克将军，请求上级至少给他调拨两个战斗机联队，用于阻止敌人破坏交通和补给中心，可他的呼吁徒劳无获，德国空军司令部什么都没给。其实，他们已抽调不出任何力量。每架战斗机都得用于抵御敌人对德国氢化工厂的空袭，例如斯德丁附近珀利茨和哈雷附近洛伊纳那些工厂，以防汽油产量进一步下降。自5月以来，盟军对这些工厂的轰炸就没停过。

空军元帅施佩勒于6月6日掌握的319架飞机，只有100架战斗机，起不到太大作用。12架次轰炸机飞往盟军登陆滩头，其中10架次立即遭到拦截，被迫过早地投下炸弹。

6月6日拂晓暴露出以下事实，而且在随后的交战期间始终如此：德国空军实力虚弱，无法对付盟军掩护艾森豪威尔登陆行动的空中保护伞。双方空中力量对比达到50：1，德国空军寡不敌众。德军统帅部丧失了二战期间最重要的兵器。各条战线的过度要求，导致力有不逮的德国空军疲于奔命。他们在东线和南线忙着支援陆军的地面防御作战，还得把战斗机力量集中在帝国本土，从事代价高昂的空战，夜间应对皇家空军的轰炸机群，昼间抗击美国第8、第15航空队从英国和意大利飞来的轰炸机和战斗机。盟军控制了天空，入侵诺曼底的行动也会在空中决定。

德国战斗机每天出动多个架次，击落大批盟军飞机，还击沉一艘巡洋舰和六艘鱼雷艇，充分说明了德军飞行员的个人勇气和技术，但即使这样，仍无法改变德国人在诺曼底的防御缺乏空军和海军这两个重要军种的事实。

鱼雷艇出击

德国海军展开的行动，规模很小，却说明了最有可能发生的事情，还证明尽管盟军占有压倒性优势，但艾森豪威尔的行动暴露在怎样的危险下。

凌晨1点50分左右，驻扎在法国海岸的德国海军部队，收到西线海军集群司令部发出的警报。驻勒阿弗尔的第5鱼雷艇支队支队长海因里希·霍夫曼少校也接到急电。敌人海上舰队逼近的首批报告传来，他立即下达了命令："实施侦察巡逻！"凌晨3点30分，霍夫曼率领"T28"号、"美洲豹"号、"海鸥"号鱼雷艇出海。三艘鱼雷艇犹如鲨鱼般劈开汹涌的海浪，轰鸣着驶过海峡，凌晨4点30分，他们遇到一道人造雾堤。霍夫曼带着几艘鱼雷艇穿了过去，发现艾森豪威尔的入侵舰队就在前方。盟军舰船释放烟幕，以此防御德军海岸炮兵。

霍夫曼和两名艇长震惊不已：敌舰队庞大无比，目之所及都是舰船。

"美洲豹"号的艇员海因里希·弗勒姆克喘着气说道："这不可能，世界上不会有这么多船！"六艘战列舰护卫着庞大的船队，二十几艘驱逐舰在周围逡巡。"T28"号上的霍夫曼海军少校目瞪口呆地望着眼前的情景。不过，他还是发起了攻击，就好像这是场常规演练。

英国战列舰"厌战"号和"拉米利斯"号发现了德军鱼雷艇，立即开火。

几艘鱼雷艇沿之字形航线冲向盟军舰队，发射管射出18枚致命的鱼雷，动作敏捷的鱼雷艇掉转方向。英国战列舰上的瞭望员看见不断逼近的鱼雷，舵手娴熟地操舰，规避袭来的鱼雷。但一艘挪威驱逐舰没能避开鱼雷，舰身中部中弹爆炸。此时，霍夫曼的几艘鱼雷艇已消失在雾堤。

驻扎在瑟堡港的第5、第9快艇支队也出动了鱼雷艇。尽管这些迅猛的海上猎犬配有三台200马力的戴姆勒–奔驰柴油引擎，时速高达80千米，还配备了两具鱼雷发射管、高射炮和机枪，可面对护卫登陆舰队的浮动堡垒，根本无法取得太大战果。两支快艇支队后来逃到勒阿弗尔，在那里被盟军特种轰炸机编队的空袭炸毁。第5快艇支队支队长约翰森上尉死于冰雹般落下的炸弹，一个小时前他刚刚获得骑士铁十字勋章。

62号支撑点

二等兵海因·泽韦洛是来自策勒附近梅钦根的农民，他站在62号支撑点狭窄的战壕里，举着炮兵连连长的望远镜，察看科勒维尔一座座沙丘外黑黢黢、雾蒙蒙的海面。

一级下士克罗内坐在掩体入口旁，这里是第352炮兵团第1连的观测所。

克罗内问道："海因，看见什么了？"

"什么也没看见，没什么情况！那艘大船仍停在海上一动不动，但越来越多的小船正在靠近。我们部署在贝桑港的海军炮兵发射了信号弹，两发红色，两发绿色，显然想确认目标。可那些船只没有回应。我想，贝桑港的伙计肯定知道来的是敌人的船只了。"

透过掩体敞开的房门，克罗内把海因·泽韦洛说的内容大声汇报给弗雷尔金中尉。弗雷尔金坐在电话旁，等待上级下达命令，接到命令，他就把目标信息告知第1连，命令他们开火，他们有4门105毫米榴弹炮，部署在乌特维尔附近的后方阵地。

"他们磨磨蹭蹭的。"观测军官格拉斯少尉评论道。

炮兵连连长笑着说道："也许我们不在他们的名单上。"自凌晨1点30分起，他和他的部下就待在观测所。营长普卢斯卡特少校的紧急电话，把他们从乌特维尔舒适的营房叫醒，那座营房设在费尔南·勒格朗先生的农舍。皮中士指挥的支撑点已进入警戒状态，第726掷弹兵团的19名士兵据守支撑点。

一级下士克罗内喊道："云层上有轰炸机！"他们仔细聆听，没错，上方的空气发出震颤。地狱般的"爆炸舞蹈"随后到来。众人赶紧伏下头，但只有两颗炸弹落在支撑点，其他的都掉在阵地后方的田野里。皮中士和他的部下面面相觑，都松了口气。

弗雷尔金中尉打电话给发射阵地，电话另一端的是迈尔上士，接电话时，他总是自报家门"恩斯特·路德维希·迈尔"，以便与其他迈尔区分开："您那里情况怎样？"

迈尔报告道："整个炮兵连阵地没落下一颗炸弹！"

弗雷尔金看看格拉斯："火炮毫发无损，和这里的情况一样，炸弹没有命中。"

格拉斯的脸上绽露出笑容："可能他们真没想对付我们。"

要是格拉斯知道真相的话，就不会这么乐观了。他们刚才逃过一劫，不是对方大发慈悲，而是运气太好，随机发生的好运救了他们。

329架B-24轰炸机，本该以1.3万颗重磅炸弹粉碎6千米长的奥马哈海滩上的支撑点，消灭敌军发射阵地。由于低云，他们不得不根据仪表实施盲炸，飞行和投弹时间精确到秒。可是，第8航空队司令部最后一刻丧失了勇气，生怕误炸己方登陆部队，因而下令把投弹时间推迟几秒。就这么短短几秒，1.3万颗炸弹错失了目标。真是昂贵的几秒钟，艾森豪威尔将军随后要以大批美军官兵的性命为此付账。

海因·泽韦洛和克罗内刚刚点上香烟。

弗雷尔金在掩体里问道："有早饭吗？"听见连长的声音穿过敞开的掩体房门传来，泽韦洛从食物篮里拿了条军用面包，切了几块薄片，涂上厚厚的黄油。此时，四下里静得有些异样，海面上笼罩着一层薄雾。弗雷尔金走出掩体准备吃早饭，但他先举起望远镜察看情况。弗雷尔金说道："天哪，他们在那里！"他见到的情形，奥马哈海滩所有支撑点和防御哨所的官兵也看见了，所有人都发出惊恐的喊声："进攻舰队！"

弗雷尔金呆若木鸡地站在那里，喃喃地说道："不可能，这不可能！"他把望远镜塞给泽韦洛，一头冲入掩体。二等兵泽韦洛现在看见了让他的连长目瞪口呆的东西：进攻舰队！目力所及之处都是舰船。大大小小的舰只，带有炮塔、上层建筑、烟囱、天线、怪异的阻塞气球。整个舰队看上去就像拂晓乍现的神秘城市，沐浴在初升的阳光下，一座金光闪闪的城市。泽韦洛喊道："大批舰船逼近海岸，登陆艇驶向我们左侧的维耶维尔海滩。"

与此同时，空气再次震颤起来，但声音与先前不太一样，听上去就像教堂里的管风琴低沉的轰鸣。这股轰鸣隆隆向前，不断逼近：一艘艘军舰的大口径舰炮开炮射击，在登陆部队前方投下一道掩护弹幕。

几发炮弹落在62号支撑点后方，打击目标显然是那里新挖掘的掩体工事。泽韦洛喃喃地说道："继续射击，继续射击那里吧。"

负责指挥支撑点的排长皮中士跑了过来。他的脖子在流血："一块小弹片，不严重，"他没再继续这个话题，而是问道，"您没事吧？"

泽韦洛咧嘴而笑："到目前为止还好。"

皮中士的目光望向几艘大型运输船，这些船只驻锚在距离支撑点不远处的海面上。

"他们下水了！"他突然喊道，随即冲入自己的指挥所。

泽韦洛冷静地报告观测所："登陆部队正从大型运输船上下来。"

一级下士克罗内凑了过来，盯着那些船只："简直是疯了，难道他们想在我们的炮口下游上岸？"没错，登陆艇在波涛汹涌的海里行驶了200米，艇上的士兵跳入齐胸深的海水，朝岸上跋涉。62号支撑点没有开火。第916和第726掷弹兵团在维尔河河口与贝桑港之间据守第352师海岸防区，盟军的轰炸和炮击刚刚结束，团长戈特上校和科尔费斯上校发现电话线完好无损，立即打电话给各支撑点，下达了严格的命令："等敌人到达水位线再开火！"守在火炮和机枪后的德军官兵遵从了命令。第352步兵师在奥马哈海滩严阵以待。

62号支撑点的观测所，泽韦洛守在MG-42机枪后等待着。掩体内，弗雷尔金中尉坐在电话旁，给乌特维尔发射阵地的炮兵连军官下达了命令："全连瞄准多拉点，二号装药，触发引信，标尺48~50，基线方向加20。"他又平静地补充道："等待开火令！"蹲在机枪后面的泽韦洛看见左侧山坡上，支撑点守军带着三挺机枪守在战壕里，迫击炮阵地在他们前方。步兵守在沙丘前，观测所后方靠近指挥掩体的地方，也部署了两挺机枪，这是步兵最有效的武器。时机到了！从运输船上下来的美国兵已到达齐膝深的水域，距离400米。弗雷尔金对着电话话筒喊道："目标多拉，放！"

21岁的海因·泽韦洛不是自愿当兵的，他本是个农民，后是炮兵连连长的勤务兵，对"组织"①黄油、鸡蛋、苹果酒、卡尔瓦多斯白兰地很有天分。可现在，他不得不开枪，这是战争赋予他的新角色。于是，泽韦洛开火了，食指扣动扳机，枪口喷出第一个连发。子弹袭向水面，击中第一拨美国兵。机枪火力左右横飞。支撑点部署在左侧的几挺机枪也嘶吼起来。迫击炮砰然作响。乌特维尔的第1连射出的炮弹从上方呼啸而过，砸在海滩上。

① 译注："组织"是德国士兵的常用语，意思是就地搜罗各种食物。

血腥奥马哈

美军的登陆方案，把62号支撑点前方的海滩称为"F绿"，美军第16步兵团两个突击连奉命冲击这片海滩，获取立足点。他们从登陆艇跳入海里时，坚信德国人在海滩上不会留下完好的火炮，也不会有机枪朝他们开火，更不会有活着的德军掷弹兵端着步枪严阵以待。可是，海因·泽韦洛的MG-42机枪刘倒浅水处的第

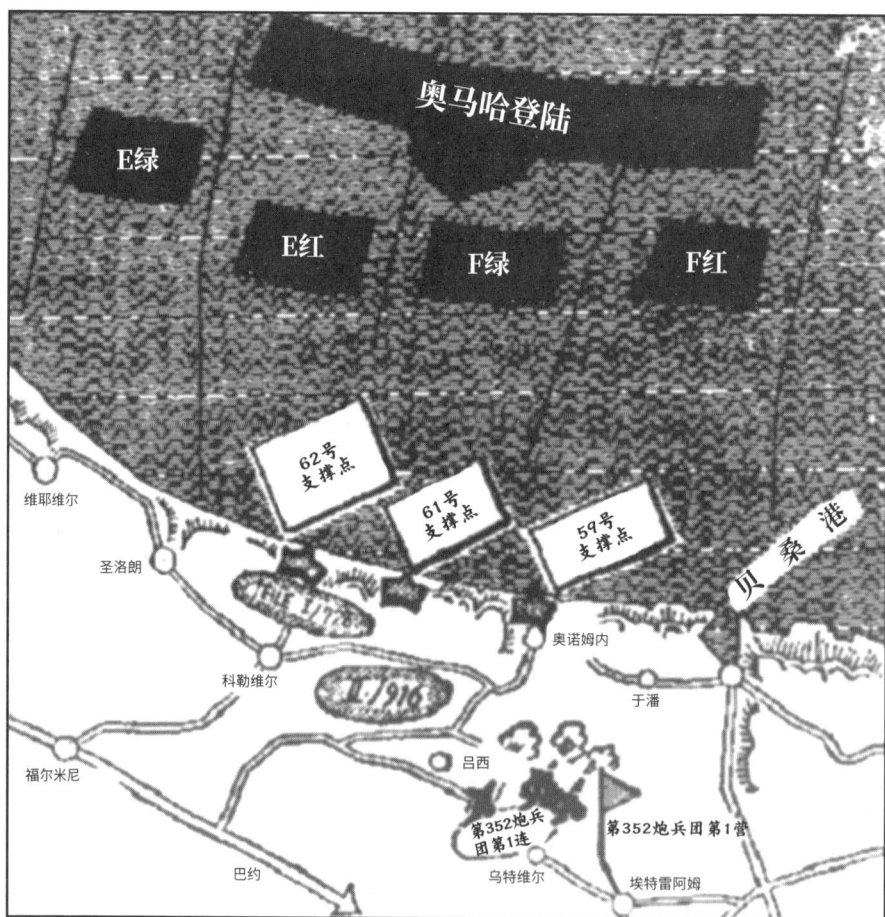

▲ E红和F绿登陆区，美国人把这片海滩称为"血腥奥马哈"。

一拨美军士兵，让美国人迅速取得胜利的希望破灭了。

此时是低潮，海水不再退却，但潮汐还没开始上涨。因此，阵亡者倒在浅浅的海水里，伤者爬到他们身后，借此遮挡袭来的机枪子弹。冒着猛烈的防御火力冲上干海滩的美军士兵，要么趴在沙地凹陷处隐蔽，要么爬到一条工地轻便铁路上的车皮后。弗雷尔金中尉从掩体上方的观测所，指挥部署在乌特维尔的105毫米榴弹炮轰击新目标。此时是早上8点，没有一个美国兵到达62号支撑点前方的沙丘脚下。美国人的地图上，把科勒维尔西面的维耶维尔海滩标为"D绿"，此处的情况与F绿如出一辙。美国第116步兵团几个突击营，本该在两栖坦克支援下夺取这片海滩。可是，两栖坦克没能征服波涛汹涌的大海，它们从母船下水的地方距离海岸太远了。一辆辆坦克沉入海里，只有两辆驶上海滩，又被德军火炮击毁。

美国人以坦克为步兵在满是石块的海滩和陡峭的沙丘斜坡开辟通道的计划失败了。可不管有没有计划，步兵已投入行动。他们浑身湿透，冻得瑟瑟发抖，紧紧挤在一起，乘坐逼仄的登陆艇逼近海滩。舰炮射出的炮弹从他们头上呼啸掠过。可一切似乎出了岔子：炮弹落在德军前沿阵地后方很远处。装有火箭发射器的炮艇，犯的错误更要命。德军炮火导致这些宽大的海军驳船无法靠近海滩，因此，他们从很远处发射火箭弹，碎片效应覆盖范围很大的火箭弹，没有落在德军阵地，反而在水位线前方炸开。结果，火箭炮艇无意间在己方步兵前方投下一道致命的弹幕。

第一拨大型登陆艇轰鸣着冲向海滩，船舷激起浪花。总共六艘，其中两艘被德军炮火击中后沉没，另外四艘到达第一座沙洲，冲上沙洲后，登陆艇放下斜板，美国步兵跳入齐胸深的海水，朝岸上跋涉。他们在那里也遭到德军机枪火力猛烈打击。

没有谁能比在这片地狱生还下来的美国步兵更好地描述当时发生的事情。第116步兵团第1营营史里写道：

> 敌人似乎正等待这一刻，所有船只都遭遇了机枪的交叉火力……跳下登陆艇的第一批人员跌入海里沉了下去。此刻已无法维持秩序。所有人只有一个念头，就是赶紧上岸，每个人都觉得唯一的办法是跳进海里，游离遭到猛烈打击的船只。可是，

他们身上的装备太重了，一个劲地往下沉，很快就在水里挣扎起来。有些人在水里中弹，非死即伤，还有人当时就淹死了……不过，也有些士兵平安穿过弹雨到达海滩，他们发现这里无遮无掩，根本无法立足，只好退回海里，躲在海水下，只露出脑袋。生还下来的人随着潮水不断向前，不时隐蔽在水下障碍物后，就这样，他们终于登上海滩。

登陆艇斜板放下后没过10分钟，A连就丧失了战斗力，所有军官和军士非死即伤，整个连队没人指挥，根本无法有效展开行动……冲击海滩不到20分钟，A连已不再是突击连，沦为一群竭力自保的散兵游勇。

F绿和E红海滩的情况，几乎与代号"D绿"的维耶维尔—圣洛朗地段一模一样。跟随在突击连身后的各个连队，遭遇了同样的命运。他们的登陆艇被炸毁，两栖坦克也被德军密集的反坦克火力击毁。侥幸登上海滩的人，蜷缩在仓促挖掘的沙坑里，或趴在阵亡战友的尸体后，一个个不知所措、惊恐万状。硝烟弥漫，机枪咯咯作响，"医护兵！医护兵！"的喊叫声此起彼伏，可医护兵也阵亡或负伤在滩头和海里。

即便个别坦克设法穿过外滩障碍物，也搁浅在海水与遍布地雷的砾石浅滩间狭长的沙滩上，因为德军防御火力压制住美国工兵，他们没法肃清雷区通道。

就这样，美国第1师几个突击团和战斗工兵部队，停在不到30米深的一片海滩上，无法前进一步。克赖斯将军第352师经验丰富的官兵，阻挡住美军至关重要的后续行动。敌人登陆时，第352步兵师正进行战斗警报演练，因而像演习那样打击美国人，这一点明确证明，上级部门没给其他沿海地带发出警报是多么愚蠢。

奥马哈海滩上的美国人，正按预定计划展开，这份计划要求一个个登陆波次夺取奥马哈海滩，无论付出怎样的代价也在所不惜。

大名鼎鼎的"游骑兵"突击队，力图夺取奥马哈西端峭壁上致命的发射阵地。他们使用了特种迫击炮，把带有抓钩和绳梯的缆绳射上峭壁和沙丘斜坡。他们还带来从伦敦消防局征用的伸缩梯，以此征服危险的悬崖。眼下的情形，就像中世纪围攻城堡的战事。德国守军割断绳索，推开突击梯，搬起石头砸向攀登者，用冲锋枪和手榴弹把对方赶下悬崖。简直是一场屠杀！

奥马哈地区6千米长，美军发起冲击四小时后，已有3000名死者和重伤者躺在这片沙滩和砾石地带。6千米内，每隔2米就有一名阵亡或负伤的士兵，形成一条可怕的长链。早上8点30分（德国时间），美国第5军呈交的战斗报告，描绘了一幅令人沮丧的画面："突击部队土崩瓦解，伤亡极为惨重。敌军火力阻挡住我方人员跨过海滩线，登陆部队挤在一片非常狭小的地区。工兵无法肃清穿越雷区的通道，也无法炸毁海滩上的障碍物。已识别出德军第716和第352步兵师①辖内部队。"

报告得出结论：敌人正坚守大西洋壁垒！

美国第1集团军司令奥马尔·布拉德利将军不安地看着报告。怎么会这样？德军防线上的兵力到底有多少，盟军怎么会弄到自欺欺人的程度？第116团战斗群干掉一个支撑点，却发现守军隶属德国第352步兵师，这是怎么回事？情报部门不是保证，奥恩河口与维尔河口间的整片地区只有一个德国师，也就是第716步兵师吗？他们的情报怎么这么不准确？是啊，这怎么可能！更要命的是，情报里关于德军防线其他地段的内容准确吗？

★

1944年5月，隆美尔元帅获准抽调颇具战斗力的汉诺威第352步兵师，该师师长是经验丰富的克赖斯将军。第352步兵师从远离海岸的圣洛地区，开入第716步兵师左侧防区，第716师先前在奥恩河口与维尔河口间独自守卫漫长的防线。里希特将军奉命把第726掷弹兵团第1、第3营留在原先的阵地上，团长科尔费斯上校率领两个营，接受第352步兵师指挥。隆美尔把第916掷弹兵团几个营部署在他们身后，还以海纳中校第914掷弹兵团辖内部队加强左翼。这些强化沿海防御的举措，瞒过了负责科勒维尔—维耶维尔地区的盟军特工人员。5月底，盟军特工发现德军新部队驻扎在维尔河口东面，指挥部设在利特里，这才意识到自己的疏忽铸下大错。他赶紧放出信鸽，把坏消息传回英国。可以肯定，他还放出了第二只信鸽。

---

① 译注：于1943年11月重建的第352步兵师，基干力量是第321步兵师残部，而第321步兵师于1943年间在东线中央地段鏖战，先后隶属第4、第9集团军，的确是"作战经验丰富"的兵团。

可是，"好运将军"这回站在德国人一方，他指导第716步兵师一个不知名的士兵如何使用霰弹枪。这名士兵击落了两只信鸽，差点赢得后来的战事。

近期披露的美国档案表明，盟军地面部队总司令蒙哥马利将军，登陆前收到了德国第352步兵师调动的情报，他把消息传达下去，可出于某些无法解释的原因，这份报告在传递链的某个地方断了。

不管怎样，6月6日上午9点，旗舰"奥古斯特"号上的奥马尔·布拉德利将军，不明白为什么没人告诉他，德国人在奥马哈海滩部署了一个经验丰富的师。他只知道，海滩上的形势极为严峻。当日中午，布拉德利打算取消行动，可是，德国人随后犯了好几个错误，这才决定了血腥奥马哈海滩的最终结局。

每场战争中，错误和好运都是最强大的将领。波斯人、希腊人、罗马人是这样，华伦斯坦和古斯塔夫·阿道夫也是这样。托尔斯泰在《战争与和平》一书里，把这个事实列为所有军事力量交锋中重要的因素之一。"好运将军"在入侵诺曼底的行动中也具有决定性话语权。

6月6日上午的元首大本营，普遍的观点依然是：盟军登陆诺曼底不过是一场牵制性进攻，他们即将在加来地区发动真正的入侵，因此，决不能为"牵制性进攻"抽调预备力量。德国西线总司令冯·伦德施泰特元帅也持这种观点，尽管第84军辖内各师经验丰富的前线指挥官和情报部门明确无误地指出：诺曼底登陆就是对方的主要入侵。

6月6日临近中午，西线总司令仍没拿定主意。他报告元首大本营："还是没有明确的迹象，我们无法确定这是牵制性进攻还是主要进攻。"还是没有明确的迹象！盟军情报部门的巧妙欺骗，导致德军指挥机构犯下根深蒂固的错误，他们坚信对方会入侵加来海峡，其他地方的一切登陆不过是初期的牵制性机动，这个观点成为希特勒、德军最高统帅部、西线高级将领的战略教条，瘫痪了德国国防军统帅部的作战大脑。

因此，第84军和经验丰富的军长马克斯将军呈交的可靠报告，海岸师和个别空军指挥部的侦察结果，特别是西线海军集群提交的明确报告，莫名其妙地受到忽略。西线海军集群，这个指挥机构负责部署在西线的海军力量。6月6日凌晨3点10分，他们把诺曼底地区辖内部队的报告转呈集团军群："数百艘舰船正沿向南的航线逼近！"报告宣称，第一拨大规模登陆会在三个多小时后的6点35分到来。

西线海军集群发现，尽管呈交了报告，可西线总司令仍对敌人大举登陆的问题将信将疑。于是，西线海军集群参谋长再次向伦德施泰特的参谋长布鲁门特里特将军报告，这次是通过电话。可是，消除牵制性登陆这个该死的错误观点实在太难了。

德军各师师长纷纷求援，但纯属徒劳。他们呼吁、请求、赌咒发誓，却一无所获。第84军军长没有获准调动第21装甲师，通常都很冷静的马克斯将军怒不可遏，吼道："简直是耻辱！"可伦德施泰特的态势报告让OKW继续相信，目前没出现大规模行动，因而不需要投入预备力量。

可惜，最有可能以出名的直觉和沙漠狡狐的鼻子嗅清形势的人，此时不在前线，他的评估本来很可能得到认可。这又是个难以理解的巧合。不准确的天气预报，让他离开了即将上演的大戏。在前线待了好几个月后，他返回符腾堡州的黑尔林根，花了几小时给妻子过生日，之后，他打算赶去谒见元首。12个小时后，他返回前线，但太晚了，已无法对至关重要的进攻开局阶段发挥决定性作用。[①]

"错误将军"为盟军进攻的头几个小时打败了隆美尔元帅。这位脾气暴躁、行事乖张的将军为布拉德利打开胜利之门。登陆部队在奥马哈海滩面临的危机到达顶点之际，布拉德利收到海军观察员几份不太准确，但相当乐观的报告。另外，美国第1步兵师师长许布纳将军也收到一份电报，这份电报鼓舞了绝望的集团军司令部。第5军副参谋长塔利上校在电报里写道：

> 登陆艇就像惊慌失措的牛群，在海面上磨磨蹭蹭，不敢靠岸。已驶上海岸的车辆和坦克无法前进。必须不惜一切代价消灭敌人的支撑点，否则我们会输掉这场行动！

这场行动的所有意图和目的已告失败。英勇的第916掷弹兵团团长，反应非常快。巴克豪斯少尉率领第5连发起反冲击，就连建筑工兵也投入战斗，一举击退

---

① 译注：B集团军群司令部人员显然知道隆美尔脱岗造成的恶果，为维护元帅的声誉，他们不约而同地在隆美尔离开司令部的时间上造假，就连保罗·卡雷尔也认为隆美尔是6月5日离开司令部的。

美军。寥寥几挺机枪挫败了对方迂回67号支撑点的企图。美军官兵被压制在海滩上，无法前进一步。

前线部队过早地向第84军军部呈交了战果报告，致使军部认为敌人已被击败，因而把预备队调离前线，开赴沿海其他地段，这股力量本来可以对美军发起最后的突击。真是个致命的决定！

而布拉德利将军却做出正确的决定，他命令舰队炮击海岸，不必顾及海滩上的己方部队。这种决心是时间因素决定的。现在，德军支撑点和炮兵阵地，沦为盟军380毫米、406毫米重型舰炮无情打击的目标。

戈特上校和他的参谋人员，坐在第916掷弹兵团团部掩体里沉默不语。伴随雷鸣般的巨响，一发发炮弹落在混凝土掩体周围。上校瞥了一眼手表的夜光表盘，此时是9点20分。没人说话。炮弹爆炸发出的一道道闪烁，间隔很短，穿过射孔，把掩体内的一切笼罩在诡异的光线下，一秒钟后又让位于朦胧的晨光。此时，没人说得清空中是阳光明媚还是阴云密布，黑烟、电闪雷鸣、刺鼻的硝烟彻底笼罩了整个天空和地平线。

"他们要把我们干掉了，"戈特说道，"还能联系上师部吗？"

通信中士转动电话摇把："上校先生，联系上了！"

戈特告诉师长克赖斯："将军先生，敌人的舰炮正在炸碎我方支撑点，我们弹药不足，急需补给！"电话那头没有回答，而是传来咔咔声，线路断了。

第352炮兵团第1连发射阵地上，二级下士佩塞尔站在1号炮旁，冷静地下达一道道命令。105毫米榴弹炮的轰鸣令人安心，可还能保持多久呢？

营里传来命令："节约炮弹！"

"好像我们不知道似的，"佩塞尔嘟囔着，"这帮蠢货，当初干吗要把我们的炮弹弄走？"盟军发动入侵两周前，德军各海岸炮兵连上交了半数弹药，运往后方更安全的弹药库。

现在，可用弹药越来越少。第352炮兵团团长奥克尔上校答应给第1连补充一卡车炮弹。"卡车已在途中！"没错，满载炮弹的卡车确实在途中。可是，离炮兵阵地不远处，舰炮射出的大口径炮弹击中卡车，伴随一道刺眼的闪烁，卡车和车上载运的弹药飞入半空。

62号支撑点的弗雷尔金中尉，用电话命令他的连以炮火齐射打击逼近的登陆艇波次，炮位上的军官回答道："对不起，中尉先生，营长命令，弹药短缺，只能单炮单发。"单炮单发如何能对付登陆的故军步兵？德军反进攻措施的另一个决定性错误显而易见：火炮的使用不够集中。

到中午，海因·泽韦洛的机枪已射出12000发子弹。下方海滩上满是尸体。从高处望去，他看见那些人的钢盔上写着个白色的数字1，是美国第1步兵师的标志。但支撑点的状况也不太好。舰炮的猛烈轰击，炸毁了迫击炮，夷平了战壕，炸死了德军步兵。现在，美国人的大型渡轮来了，载有坦克和配备机枪的吉普车。第一辆吉普车刚刚驶上海滩，格拉斯少尉就对趴在左侧的皮中士喊道："枪榴弹，快点！"皮中士把榴弹发射器递给少尉，这玩意儿装在枪口上，就把步枪变成了"步兵迫击炮"。格拉斯知道如何使用这款武器，战争爆发时，他是个军士，很熟悉步枪。

格拉斯射出枪榴弹，炸毁了吉普车。

又是一发枪榴弹，第一辆坦克停了下来，再也动弹不得。现在该以机枪火力扫射了。可是，第二辆坦克隆隆驶上海滩，主炮正在转动。伴随一声巨响，坦克射出的第一发炮弹钻入观测掩体射孔。62号支撑点的地面战打响了，他们与坦克的不对等较量没能持续太久。MG-42机枪中弹，碎片撞上泽韦洛的脸，机枪瞄具也炸飞了。这无所谓，他还有夜间使用的弹链，这种弹链，每隔五发子弹就有一发曳光弹，可以替代机枪瞄具，当然，曳光弹也把机枪的位置暴露给海上的驱逐舰。很快，几艘驱逐舰朝泽韦洛的位置射来一发发炮弹。

海滩上的坦克朝左右散开。西面的61号、59号支撑点已不再射击，第2、第3炮兵连的观测所设在那里。62号支撑点看不见左侧的情况，可那里似乎平静下来。62号支撑点的守军不知道，美国人已到达他们两侧的沙丘。弗雷尔金中尉给发射阵地发出最后一条消息："以炮火齐射轰击海滩，每颗炮弹都能命中目标。我们要撤离了！"可是，第1连没炮弹了，只有二级下士佩塞尔和阿尔彭的1号、2号炮还剩几发炮弹。（次日，佩塞尔用最后一发炮弹干掉爬上枞树的一名美军观测员，他们随后炸掉火炮，乘坐马拉炮车撤离。）

海滩后方，弗雷尔金命令他的部下以间歇式跳跃撤离。可是，冒着敌坦克和舰炮的猛烈火力，这场后撤让许多人送了命，其中包括弗雷尔金中尉、格拉斯少尉、皮中士。

美国人终于在奥马哈海滩站稳脚跟。

海因·泽韦洛和报务员捡了条命。他们设法穿过田野，沿着低洼的乡间土路后撤，终于逃到科勒维尔与海岸间的营部。医护兵给他们包扎了伤口，泽韦洛汇报了支撑点发生的情况。他听见营长说道："我们正等待坦克到来，然后以反冲击把美国佬赶下大海！"①

从海上而来的坦克

1942年夏季，隆美尔率领非洲装甲集团军攻往尼罗河期间，停在阿莱曼前方最后一道山脊前，全世界没人认为英军能守住开罗。英军司令部忙着焚烧文件，开往巴勒斯坦和约旦的难民列车人满为患。英军总司令奥金莱克打算把军队撤过尼罗河退入苏丹。隆美尔对胜利充满信心，他在柏林短暂停留期间，甚至拨冗出席了面向外国记者的新闻发布会。他在会议厅门前停下，握住门把笑着说道："我的手已攥住通往亚历山大的门把。"可是，尼罗河畔发生了某些具有决定性意义的事情。命运把伯纳德·蒙哥马利推上军事史舞台。实际上，丘吉尔不太待见他，但奥金莱克推荐的戈特将军突然罹难，英国首相这才把目光转向蒙哥马利。蒙哥马利平步青云，出任英国第8集团军司令，决心用新办法对付战争女神

_____

① 译注：泽韦洛的经历很有传奇性，此前他在东线服役，但从没经历过真正的战斗。调到西线后，他担任弗雷尔金中尉的勤务兵，任务是以机枪掩护中尉和炮兵观测所。就这样，从没开过一枪的农家子弟，6月6日射出1万多发子弹。泽韦洛被俘后，隐瞒了担任机枪手的经历，辗转美国、比利时、英国几座战俘营，由于他父亲年事已高，农场缺乏劳力，多次写信求救后，泽韦洛于1947年获释。1959年，保罗·卡雷尔在杂志上刊登了几篇文章，题为《他们来了！》，不知何故，文章里没有提及奥马哈海滩的激战。于是，泽韦洛联系了卡雷尔。卡雷尔震惊地获悉了泽韦洛的经历，帮助他联系其他战友的同时，把原先的文章扩充成本书。通过卡雷尔的介绍，泽韦洛找到幸存的战友，还结识了当年挨了他子弹的盟军士兵。1984年，美国ABC电视台制作诺曼底登陆40周年特别节目，特地采访了泽韦洛。主持人问他，当天射杀了多少人，泽韦洛起先不愿回答，主持人又问，会不会有1000人？节目快结束时，泽韦洛突然说道，这个数字很有可能，甚至可能是2000人！他就此得到"诺曼底之兽"的称号。2000年，泽韦洛的回忆录《62号支撑点》出版，他去世于2006年。

最青睐的指挥官隆美尔和他那支技艺娴熟的军队，所谓的新办法就是投入数千门火炮、数千架飞机、数十万发炮弹的技术装备战，面对这种打法，再大的勇气、再高超的即兴发挥、再狡猾的诡计也无济于事。反坦克炮、火炮、轰炸机、坦克构成的铜墙铁壁，在哈勒法山附近挡住德军的突击，在阿莱曼前方粉碎了非洲军。英国在非洲的胜利全凭物质优势，根本不像他们吹嘘的那样，是靠"蒙蒂的将才"赢得的。

蒙哥马利爵士知道，盟军进攻战线上，指挥防御的是隆美尔。他很清楚，只有采用阿莱曼的策略才能击败这个老对手，也就是发挥技术装备战的巨大威力。因此，蒙哥马利的作战理论是：必须以坦克和重型火炮充当第一拨入侵力量的先锋。

他打算以火炮和特种坦克对付地雷、沙丘、铁丝网环绕的支撑点，但运送技术兵器的运输船，受到隆美尔设置的水下障碍物威胁，因此，蒙哥马利不同意艾森豪威尔原本打算在涨潮时登陆的方案。就这样，他挫败了隆美尔的计划，就像他当初在阿莱曼做的那样。

德国人构筑的防御阵地，完全建立在"敌人涨潮时登陆"的前提下。没人想到对方居然会在退潮时到来，因为这要求登陆部队冲过800米平坦的海滩，完全暴露在火力网下。所以，他们部署在海岸防线上的武器，都用于控制外滩。当然，盟军退潮时登陆，会在深邃、无遮无掩的海滩上遭受严重伤亡，可为了实施技术装备战，蒙哥马利承受了风险。这是个危险的战术措施，谈不上任何"将才"。

蒙哥马利运气很好。由于登陆部队的巨大勇气，再加上坦克支援，尽管损失惨重，但首批部队还是踏上海滩。不过，蒙哥马利的算计也不是处处奏效。

按照蒙哥马利的计划，登普西将军率领的英国第2集团军，应该在卡尔瓦多斯海岸西部登陆，也就是卡昂北面的阿罗芒什与乌伊斯特勒昂之间，这片海岸宽达30千米。坦克编队负责突破德军防线，与奥恩河东面的空降部队会合，占领重要的交通中心卡昂和巴约。到进攻首日傍晚，英国军队应当深入沿海地区36千米。这份方案，最南端的关键要点是个小镇，我们在后文会一次次提到它的名字：维莱尔博卡日！

拂晓到来后，海岸线后方各个城镇在夜间轰炸造成的烟雾消散了，英国第2集团军开始在代号"金滩""朱诺""剑滩"的几处海滩登陆。

日出前40分钟，舰队实施舰炮轰击。轰炸机伴随朦胧的晨光而来，然后是战斗轰炸机和鱼雷机。战列舰震耳欲聋的炮火持续不停。英国人随后登陆，首先在金滩。不过，英军步兵和工兵没有在此处泅渡或涉水上岸。第一拨登陆力量是英国第8装甲旅。他们面对里希特将军的第716步兵师，该师守卫着34千米宽的海岸地带。

一等兵贝伦德森朝趴在重机枪后的射手吼道："开火！"机枪阵地半埋在沙子下，贝伦德森也负了伤。电话埋在沙地下某处，已无法传递任何命令。不过，既然炸弹炸断了所有通信线，就算电话机完好又有什么用呢？第716师各团、各营、各连失去了联系。

"开火！"机枪嘶吼起来。一串串子弹掠过沙滩。"稍高点！"机枪火力逮住一群跟在坦克旁冲锋的英军士兵。他们像伐倒的树木那样倒在地上，大声喊叫着趴在泥泞中。德军一门75毫米野炮也朝海滩射击，第一发炮弹落入海里，第二发炮弹命中一艘登陆艇。爆炸、火焰、烟雾随之而来。登陆艇失控，侧舷撞上海滩，一具具燃烧的躯体在沙滩上来回翻滚。

可是，德国人无法阻挡那些该死的坦克，它们从深水处径直驶来，像乌龟那样逼近海滩。有些坦克，前部挂着硕大的铁链和铁球。贝伦德森低声骂道："这些该死的东西！"清晨6点30分，第一辆坦克隆隆驶上海滩。

右侧的剑滩，中间的朱诺，左侧的金滩，情况如出一辙。蒙哥马利的登陆部队，在各处都遭遇了海滩上一个个弹坑袭来的火力。

依然完好的德军支撑点继续抵抗，但第716步兵师作为一股战斗力量，已被炸弹和炮弹的烈焰风暴粉碎，第736掷弹兵团和第726掷弹兵团第2营遭受的打击尤为严重。

盟军舰队的炮击摧毁了雷区，原本致命的障碍物已起不到太大作用。380毫米和406毫米舰炮射出的大口径炮弹，甚至能炸毁精心构筑的混凝土掩体。[①]

英国人在两处突破了德军海岸防线。第441东方营的俄国士兵脚底抹油，他们据守的支撑点土崩瓦解，阵地上只剩下德国军官、军士、少量士兵。这种情况充分证明了冯·施利本将军前一段时间在报告里说过的话："指望俄国人为德国而战，在法国抵御美国人，这种要求未免过高了。"

这就是蒙哥马利交好运的原因。

★

第8、第27装甲旅的坦克，加拿大第3师和英国第3师的士兵，穿过无人据守的缺口，冲过海滩，爬上沙丘，远远地离开海面。他们越过德军主防线，遇到仍在左侧或右侧负隅顽抗的德军支撑点，就干脆绕开。他们接到的命令是"继续前进"。前进，攻往主公路，攻往巴约和卡昂！当日的目标似乎近在咫尺。

蒙蒂的压路机隆隆向前，但在许多地段，德国人迅速而又娴熟地对英军侧翼展开反冲击，击毁敌坦克，挡住英军步兵的去路。英国人和加拿大人英勇奋战，但很明显，蒙哥马利没有就作战重点下达明确指令。他的命令含糊其词，几支关键部队的指挥官对此怒不可遏。

莱曼少校率领第726掷弹兵团第2营，犹如一道路障，挡在至关重要的圣克鲁瓦山前方。最后，加拿大装甲部队打垮了第2营营部，莱曼少校阵亡。营副官率领少数部下坚守掩体，天黑后才撤往德军防线。

第736掷弹兵团第2营据守泰勒维尔，竭力阻挡达成突破的英国第3师。营部陷入重围，很快又击退进攻方。下午3点48分，师部收到该营最后一份电报："营部爆发近战！"电台随后沉默下来。

里瓦贝拉位于英军登陆区最侧翼，第736掷弹兵团第3营，在第1716炮兵团第10连150毫米重型火炮支援下，朝海岸发起反冲击。他们一路前出到利翁，争夺镇

[①] 译注：伦德施泰特元帅战后做出幸灾乐祸的评价，认为隆美尔煞费苦心布设的滩头障碍没起到什么作用。值得玩味的是，隆美尔在非洲构筑的"魔鬼花园"也是类似下场，看来，他还是没能彻底了解盟军压倒性的技术优势。

教堂的战斗爆发开来。第3营遭切断，不得不杀开血路退却。他们耗尽了实力，再也无法取得进展。

第716步兵师师长里希特将军待在师部，无从得知哪些支撑点仍在抵抗。他没有收到任何消息，也没有传令兵赶来。

突然，电话铃响了，里希特一把抓过电话架上的听筒。话筒里传来的话，师部人员听得清清楚楚，是第736掷弹兵团团长克鲁格上校从海岸前方的一座掩体打来的："将军先生，敌人就在我的掩体顶上，他们要我投降，我这里无法实施抵抗，也联系不上辖内部队，我该怎么做？"

里希特将军艰难地咽了口唾沫。第21装甲师师长福伊希廷格尔、党卫队第25装甲掷弹兵团团长库尔特·迈尔、几名值班军官也在场，众人盯着这位师长。里希特带着刻意的冷静，几乎有些郑重其事地说道："上校先生，我没办法再给您下达任何命令，您得根据自己的判断行事了。"他又低声说道："再见了！"说罢，里希特挂断了电话。

溃坝

下午1点，圣洛的第84军军部，海因少校把三个登陆地段发来的报告交给马克斯将军，这位军长亲自撰写了呈送集团军群的报告。美军在圣梅尔埃格利斯前方登陆，他毫不怀疑事态的严重性，还把英军在巴约前方的登陆描述为"非常危险"。可提到中央地段的奥马哈海滩，马克斯指出："敌人在维耶维尔的登陆，实际上已被击退。"

他的心态这么乐观，是奥马哈发来的几份报告造成的。

两小时后，几支美军小股部队出现在德军主防线后方，一个个筋疲力尽。有些人被俘，但其他人朝内陆挺进了3~4千米，在各条重要的道路旁掘壕据守。

这是怎么回事？要知道，第352步兵师仍在坚守，戈特上校率领的第916团也在守卫各支撑点，还会同第352工兵营，多次击退前进中的敌人。那么，美国人是如何渗透到德军后方的？是什么导致天平从美国人在"血腥奥马哈"的惨败突然歪向另一侧?

几个深具决定性的事实,扭转了事态发展方向,也说明了德军最终失败的根本原因,无论德军官兵多么英勇,都无法扭转乾坤。

第一个事实是,美军重武器无穷无尽的猛烈火力。无论第914、第916掷弹兵团,以及投入第352步兵师防区作战的第726掷弹兵团两个营,在海滩上击毁多少坦克和反坦克炮,对方的重武器总是源源运抵。另一个事实是,美军的进攻力量耗之不尽,头几个连被德军防御火力打垮后,其他连队继续开抵。这并不是说美军指挥部肆意挥霍兵力,恰恰相反!但布拉德利将军打算强行突破,因而把一拨拨兵力投入德军火力下,采用了正面冲击敌军防御工事的打法。他当然不担心兵力不够,好几万人待在一艘艘运输船上,等着投入行动,对付德国人孤零零的一个团。德军在奥马哈海滩的防御,受到这两个事实持续影响。他们只有一个团,失去一座掩体就少了个支撑点,损失一挺机枪就再也得不到补充。

从长远看,时间和美国人耗之不尽的物质力量肯定会打垮德军防御,除非德国人及时投入新锐力量发起反突击,把海滩上疲惫不堪的美军赶下大海。有那么一刻,奥马哈海滩似乎很可能发生这种情况。面对死亡,登陆部队在德军密集的火力下趴了几个小时,既无法前进,也无法后撤。他们起初深感绝望,随后就听天由命了,这是美军士气最低落的时刻。敌人最虚弱的时候,就是发起反扑的良机。可惜,德国人没有抓住机会,而美国人挺过了最艰难的时刻。"E红"滩头,一名美军中尉突然站起身,对部下喊道:"你们想趴在这里等死吗?"说罢,他拎着炸药包冲向铁丝网,很快炸开个缺口。"冲啊!"他们向前冲去。美国人很快到达几座沙丘的顶部,从一个弹坑冲到下一个弹坑,从后方攻击德军支撑点。他们爬过一座仍在开火的德军掩体,扑倒在沙丘下。他们匍匐前进,清除地雷,排成单路纵队,穿过德军防御稀疏的主防线后方的雷区。阵亡者留在原地,仅先遣连就损失了47个人。伤员也留下,其他人从他们身边而过,知道这样就不会偏离肃清的通道。美国第1步兵师的官兵终于摆脱了奥马哈海滩的死亡陷阱,最终有300人达成渗透,他们推动美军战线慢慢向前移动。

当日下午,一股股渗透的美军士兵已深入德军后方。但大多数人不是被击退就是被俘,他们没有坦克,也没有重武器,因为德国第352师的掷弹兵仍控制着海滩沙丘间的通道，封锁了几条可供坦克通行的道路。达成渗透的美军士兵算不上严重威胁，至少现在还不是！德军很快就要发起反冲击，届时会把渗透之敌一网打尽。

英军登陆区的情况看上去严重得多，另外，敌坦克还在犹他海滩取得突破。尽管如此，最终谁能赢得胜利还很难说。

★

战争的一个经典原则是：敌人到达河对岸时处于虚弱状态，还没有做好防御准备，防御缺乏深度，这是发起反突击的绝佳良机。

对现代两栖作战来说，滩头就相当于旧时地面战的河流。

奥马哈海滩清楚地证明了这个事实，而其他登陆海滩也很能说明问题。一个个盟军连队，被晕船折腾得够呛，目睹阵亡者和徒劳无获的进攻也给他们的身心造成冲击，这一切使得他们的战斗力瘫痪。可是，德军的反突击在哪里？

自清晨起，第84军军长马克斯将军一直在给第7集团军、集团军群，甚至元首大本营的约德尔将军打电话。他一再恳求："我需要投入装甲部队发起反突击。"马克斯首先想到的是第21装甲师，这是隆美尔久经沙场的老部队，当初在北非扬名立万。该师作为OKW机动预备队，最靠近进攻前线。部署在他们身后的是德军第12装甲师，再往后就是拜尔莱因装备精良的装甲教导师。三个装甲师！如果按照古德里安"集中力量，不要分散"的格言，集中投入这股战斗力量，应该能把敌军登陆部队赶下大海。

可是，OKW对投入机动预备队的问题犹豫不决。元首大本营和巴黎的伦德施泰特元帅一样，不相信盟军登陆诺曼底就是真正的进攻。他们依然坚信这是场牵制性行动，纯属虚张声势，很长一段时间里，他们始终抱有这种错误的观点，给德军的防御造成灾难性后果。

实际上，敌人的部署已经提供了足够的信息。第84军商讨6月6日的夜间报告时，海因少校指出："我们确认了三个空降师，这是英国境内已知伞兵力量的四分之三。另外还有美国第1、第4师这些精锐兵团。他们牺牲最优秀的突击力量，仅仅是实施牵制性进攻，完全说不通。"他扭头对第三副官克雷奇默中尉说道：

— 90 —

"读读维格曼少校从卡昂地区发来的报告。报告里说，他们中午前后确认了英国第3师和加拿大第3师。我们现在知道，第50诺森布里亚师和第7装甲师也在那里。除了第51高地人师和第1装甲师，蒙哥马利当初在北非的整个第8集团军都来了！如果这不是入侵，那么，他们打算用这些兵团做什么呢？"海因的看法很有道理，说服了在场的参谋人员，第7集团军情报处长福韦尔克中校支持他的判断。就连西线总司令伦德施泰特的情报处长迈尔–德特林中校也赞同海因的观点："我完全同意您的分析。"可这又怎么样呢？伦德施泰特和希特勒、OKW一样，仍持怀疑态度，这就是敌人欺骗造成的恶果。

可是，德国人至少应该投入第21装甲师，该师为什么没有发动进攻？他们驻扎在卡昂以南30千米，是交战地区德军唯一的装甲师，即便听命于OKW，还是应当遵从"必须攻击渗透交战地区之敌"的军事规则，这种做法不需要获得批准。

要是卡昂地区有一位装甲指挥官，获得明确授权指挥所有装甲部队，毫无疑问，消灭奥马哈滩头和英军几座登陆场的机会非常大。这位指挥官应当大胆采取行动，就像隆美尔在非洲看似无望的处境下，多次展开进攻那样：集结装甲力量，率领他们冲向敌人，不停地驱赶、打击遭遇的敌军。可惜，德国人在诺曼底没有及时采用隆美尔昔日的打法。几个装甲师受到遥远指挥中心约束，零零碎碎地投入战斗。隆美尔很清楚这一点，可他现在是集团军群司令，庞大的官僚指挥机构不允许他充分发挥部队指挥官的技能。他的威力是在前线率领装甲部队，大胆而又快速地进攻，不理会保守的战略原则。眼前的情况，隆美尔快速而又大胆的装甲战术完全适用。趁敌人立足未稳发起攻击，一举打垮对方，机会就在眼前，可这位装甲战大师在哪里？

第21装甲师名义上是OKW预备队，但在敌军发动进攻的情况下，他们听命于第716步兵师，因为第716师肩负守卫海岸地区的重任，英军正是在该师防区登陆的。福伊希廷格尔将军发现自己不得不听从两方面的命令，这种处境毫不令人羡慕，结果可想而知。

里希特的记录中指出，6月6日凌晨1点20分，他打电话给第21装甲师师长，命令他以装甲师辖内最靠近的部队发动攻击，消灭空降之敌。

凌晨2点，里希特又给福伊希廷格尔下达了补充令：以整个装甲师进攻奥恩河东面的空降之敌，肃清该地区。

但福伊希廷格尔是炮兵出身，没有指挥装甲部队的经验，他觉得必须服从指挥链：第21装甲师隶属隆美尔B集团军群，集团军群不批准的话，就不能投入战斗。集团军群迟迟没有授权，宝贵的时间就这样浪费了，短短几个小时，第716步兵师几个营在海滩上耗尽了实力。第736掷弹兵团来自莱茵—威斯特伐利亚的步兵，在盟军冰雹般的炸弹下侥幸生还，结果被英国和加拿大军队的自行火炮、火焰喷射器、近战高手消灭殆尽。师属炮兵团被猛烈的舰炮火力粉碎，工兵营也覆灭了。尽管第21装甲师已做好出发准备，可几个装甲和装甲掷弹兵团一直停在出发阵地。第125装甲掷弹兵团团长冯·卢克中校指出，他和几名营长对师部迟迟不下达命令恼怒不已，他们本来可以利用敌人刚刚登陆后遇到的困难和产生的混乱，立即对敌人发起夜间攻击。德国人审问了俘虏的英国伞兵，获悉了空降部队的意图。可集团军还是犹豫不决，仍在等待施派德尔将军下达投入第21装甲师的命令，施派德尔是B集团军群的参谋长，隆美尔不在的情况下，他负责指挥整个集团军群。可是，施派德尔没有下达命令。

是否应该投入装甲预备队，特别是驻扎在海岸附近的第21装甲师，德军高层为此争论不休，不仅错失了良机，还造成严重延误。这种情况充分说明，盟军入侵首日，隆美尔不在前线的后果是多么严重，多么致命，还说明复杂的指挥系统，在多大程度上妨碍到德国人最初几小时迅速做出有效决策。经验丰富的战斗群指挥官冯·卢克曾明确指出这一点。他谈到没有立即投入装甲预备队发起反突击，没能贯彻隆美尔快速有效防御的基本理念造成的致命影响。除了第21装甲师，最重要的几个装甲兵团部署在后方120千米处，甚至更远的地方。但最要命的是，希特勒和OKW明确规定，他们保留是否投入装甲预备队的权力。因此，战场上需要做出的决定，交给了1000多千米外的元首大本营。

冯·卢克在书里写道："时间一分一秒地流逝。"第21装甲师辖内装甲和装甲掷弹兵团接到警报，却没有收到执行任务的命令。冯·卢克的副官在师部听到福伊希廷格尔与第7集团军司令部的电话交谈。福伊希廷格尔说道："将军先生，我刚刚从巴黎回来，看见军舰、补给船、登陆艇组成的庞大舰队就在瑟堡东面的海岸。我打算率领全师立即攻往奥恩河东面，尽快前出到海岸。"可是，第7集团军拒不批准他的请求。[①]

　　鉴于当时的情况，特别是隆美尔元帅下达过一道原则性指令，一旦敌人实施空降登陆，就以全部力量发起攻击，因此，第7集团军拒不批准第21装甲师投入战斗，实在有些匪夷所思。关于此事，冯·卢克引用了隆美尔的参谋长施派德尔将军在1979年写给第21装甲师师史作者的信件。施派德尔在信里写道："1944年6月6日凌晨1点到2点间，我打电话给福伊希廷格尔，可没能找到他……福伊希廷格尔接到过一旦发生空降登陆，立即发动进攻的总命令。"1979年11月15日，施派德尔明确无误地写道："第21装甲师接到过一旦敌人实施空降登陆就立即出动的命令。"冯·卢克读到这封信，不免大吃一惊，因为第21装甲师根本不知道这道命令。

　　冯·卢克写道："6月5日、6日夜间，我和我的副官，后来成为联邦国防军将军的利贝斯金德，从来没听说过以所有兵力，也就是我指挥的整个战斗群，立即发起进攻的总命令。师里其他部队也不知道这道命令，相反，我们遵守了严格的训令，也就是说，没得到B集团军群批准，不得实施哪怕是最小的行动。"

　　卢克在他的书里还谈到另一件惊人的事。他在1987年获知，原德国国防军总参上尉，第21装甲师作战参谋的副手，后来成为联邦国防军将军的瓦格曼，告诉一位历史学家，他收到过敌军空降登陆的第一批报告，立即命令第21装甲师进入戒备状态，福伊希廷格尔将军和他的作战参谋清晨在6点至7点间来到师部。"既然施派德尔知道'总命令'，他6月6日凌晨2点打来电话，为什么没下令'以奥恩河东面我师所有可用部队打击空降登陆之敌'呢？我们对此很费解。现在回想起来，我觉得不可原谅的是，关键时刻，他们让那些不了解整体情况的师长自行解决问题。"

　　不可原谅——这是对施派德尔莫名其妙的态度相当温和的评判，这种态度，与他在1979年10月写给第21装甲师师史作者的信件完全不同。施派德尔的做法，迄今为止仍是个未解之谜。

---

① 译注：除了施派德尔动机可疑的不作为，第21装甲师师长福伊希廷格尔的责任也很大，他不是个能服众的长官，而是靠政治忠诚升上来的。后以"6月5日、6日夜间擅自离岗"为由判处他死刑。

因此，直到6月6日清晨6点30分左右，盟军发起登陆6个小时后，经过各级指挥官一再敦促，打了无数个情绪激动的电话，第22装甲团团长冯·奥佩尔恩–布罗尼科夫斯基上校的四号坦克才行动起来。

★

一个个传令兵奔走于法莱斯和卡昂周围的村庄，几个装甲连已经在村里的集市和街道上等了好几个小时，精心伪装的坦克预热引擎，就等出发令了。

装甲兵钻入各自的战车，车长伫立在敞开的炮塔里。

"间隔30米，坦克出发！"

可是，又一个错误随后到来。

看看第716步兵师师长下达的头几道命令，就会发现，直到6月6日清晨，他仍觉得降落在奥恩河东面的英国伞兵构成非常严重的威胁。里希特将军认为，自己的主要职责是以麾下部队和他掌握的力量消除威胁。把德军预备队调离海岸，可能是英国第6空降师在6月6日凌晨做出的最大贡献。凌晨2点后不久，里希特将军命令第192装甲掷弹兵团第2营赶往贝努维尔大桥。这群装甲掷弹兵的任务是，会同第716师第1反坦克连和第989重炮营一个连，从英国伞兵手里夺回桥梁，渡过奥恩河，进入敌伞兵控制的区域。

行动迅速展开，劳赫中校第192装甲掷弹兵团进入戒备状态，2点过后几分钟，齐佩少校率领第2营动身出发。布拉茨中尉指挥的第8重武器连，从凯龙赶往贝努维尔方向，他们有3辆配备75毫米主炮的突击炮，一个装甲车排，车上装有20毫米高射炮，还有个迫击炮排，配备缴获的法国武器。传令兵阿特内德及时给第8连重型反坦克排送来警报，速度打破了以往的记录，他告诉排长赫勒少尉："比上次快了半分钟。"尽管他们付出这番努力，可到得还是太晚了。

第2营战斗群凌晨在3点30分左右遭遇第一批英军士兵，对方跨过贝努维尔桥梁向西推进。他们把这股英军赶回贝努维尔村，封锁了桥梁西面的接近地。德军装甲车没有冲过桥梁发起反冲击，相反，这些反坦克猎兵、装甲掷弹兵、战斗工兵守在人工林和村郊公园的防御阵地里，与顽强战斗的英国伞兵交火，很明显，对方决心不惜一切代价守住桥梁。

英国伞兵不断获得补给，还得到几门重型反坦克炮和野炮，甚至有几辆坦克冲过桥梁。古泽中士用75毫米反坦克炮把一辆英军坦克打得起火燃烧，但第二辆坦克冲入村里，为抵御德军掷弹兵的英国伞兵提供加强。清晨时，德军部队已位于贝努维尔村中心。

德军迫击炮排部署在公园后方，坦纳上士低声骂道："只要有20辆坦克，我们就能把这帮英国佬赶走。"古泽中士赞同地点点头，可他们的坦克在哪里？

福伊希廷格尔将军与第716师和84军反复争论后，终于决定投入装甲团，加强进攻力量，此时天色已亮。又磨蹭了几个小时，分散在各处的装甲连才接到出发令。各连队保持无线电静默，从这时起，所有命令派传令兵传递，这项措施从理论上说完全正确，可在特定情况下却是大错特错。

早上8点左右，冯·戈特贝格上尉率领第1营80辆坦克，沿几条道路赶往东北方。他们绕过笼罩在火焰和烟雾中的卡昂镇。霍夫曼上尉的第4连率先接触英军，二级下士科滕豪斯收到以下命令："全连接受冯·卢克战斗群指挥，该战斗群会同第125装甲掷弹兵团辖内部队和第716师工兵营，从南面发起进攻，消灭空降之敌。"命令非常明确。

菲齐格少校率领第22装甲团第2营40辆四号坦克，也朝东北方隆隆驶去。因此，蒙哥马利麾下一拨拨突击部队冲上海岸之际，德军最强大的战术预备队却忙着对付错误的敌人。6月6日夜间，菲齐格装甲营一直在赶路，准备参加师里的演习。菲齐格战后在西德从事牙医，清晰地回忆起当时发生的事情。

凌晨1点左右，我的营已进入法莱斯以东10千米的演习区。火焰染红了卡昂和海岸上方的天空。我们听见盟军轰炸持续不断的爆炸声，但我们对此见怪不怪，因为空袭是司空见惯的事。6月5日夜间没有收到特别警报，之前，我们几乎每天都收到一级到三级的各种警报。凌晨2点20分左右，一名摩托车传令兵从营部赶来，送来团里下达的命令："全营立即返回驻地，做好战斗准备。"

从凌晨4点起，全营整装待发，做好了投入战斗的准备。可什么情况也没有，电话已拆除，我们就这样等待着。6点左右，我派往团部的值班军官返回，带来盟军入侵的消息。上午9点前后，我们营终于收到立即出发，赶往东北方的书面命令。命令里写道："消灭奥恩河东面的空降之敌。"我派几名传令兵给各连传达命令，随后，长长的队列出发了。

考虑到空袭的危险，我们的战车保持100米间距。行军期间运气不错，敌人的战斗轰炸机起初没有发起攻击。我们没遭受任何损失就逼近了英军空降登陆区。

第22装甲团这些四号坦克，75毫米主炮没有朝奥恩河东面的英国伞兵射出一发炮弹，就接到新的命令："掉转方向！"

他们赶往东北方之际，OKW终于批准第84军动用第21装甲师。马克斯将军认为，用坦克对付英国伞兵毫无意义，因而命令该师朝海岸攻击前进，打击敌军入侵的重点，也就是蒙哥马利的登陆区。只有第4装甲连留在奥恩河东面继续进行战斗。

其他装甲力量掉转方向赶往卡昂，途中保持无线电静默，直到与敌人发生接触。

原先的前卫变成后卫，后卫成了前卫。因此，营长位于漫长行军队列的尾部，赫尔上尉的第5连行驶在最前方。

第2装甲营隆隆行进，全速驶过树篱，穿过一座座果园，一条条隘路。

团长冯·奥佩尔恩-布罗尼科夫斯基上校和团部人员，跟随第1装甲营匆匆赶赴前线，上校不停地催促："再快点！"一辆辆坦克爬过遭到猛烈轰炸的城镇，保持较大的间距，以防遭遇战斗轰炸机攻击。他们与第2营失去联系，当日下午终于到达卡昂北面的进攻出发线。6月6日下午，盟军登陆8小时后，磨磨蹭蹭的德军装甲部队总算要对英军登陆场发起首次反冲击了，他们至少晚了6个小时。

莱比塞小镇附近，菲齐格少校看见第1装甲营三个连做好了进攻准备。他毫不拖延地把自己的坦克部署在第1营左侧。此时，这些坦克还没有射出一发炮弹，也就是说，还得保持无线电静默。于是，菲齐格步行出发，赶去寻找戈特贝格的战斗指挥所。他找到戈特贝格，两位营长爬上附近一座高地，团部就设在那里。

他们看见第84军军长马克斯将军和他的勤务官也在山上，菲齐格笑着说道："真是座名副其实的将军山啊。"

马克斯对事态的发展深感担忧，因而从圣洛赶来，想亲眼看看前线的情况。

这位军长于下午2点30分前后到达，找到第22装甲团准备进攻的两个营。马克斯走到冯·奥佩尔恩–布罗尼科夫斯基上校身旁："奥佩尔恩，要是您不能把英国人赶下大海，我们就会输掉战争。"

奥佩尔恩–布罗尼科夫斯基上校深感不安，战争的胜负取决于他这98辆坦克？区区98辆坦克！他朝马克斯将军敬礼："我马上进攻！"

可是，马克斯驱车驶向第192装甲掷弹兵团第1营，跳上装甲车，加入了先遣支队。他们的战斗口号是"朝海岸挺进"。马克斯接过隆美尔的衣钵，而好运似乎总是对杰出的领导者展露笑容。

德军这场突击，恰好冲入英军登陆的朱诺与剑滩之间，他们还没有把两片登陆场连接起来。就这样，马克斯在英国第3师与加拿大第3师之间的分界线，一举切断了英军滩头阵地。第1装甲营辖内部队直奔海岸，6月6日晚8点，德军装甲掷弹兵到达海边的利翁村和吕克村附近，他们从战车里喊道："我们成功了！"这些士兵发现，第716步兵师最后几座支撑点仍在坚守。众人跳进坍塌的战壕和半埋的掩体，不由得说道："如果我方坦克现在赶来的话，没人能把我们赶走！"是啊，如果！

可是，德国人的坦克没这么走运。戈特贝格和菲齐格的几个装甲连，一头撞上英军设在剑滩前方的防御阵地。一发炮弹直接命中团部直属排的指挥坦克，当场击毁这辆战车。加拿大人的反坦克炮射来猛烈的炮火。

配备75毫米长身管主炮的四号坦克，暴露出一个严重的缺陷：尽管主炮相当厉害，侵彻力强大，可车上的光学瞄准具只有2.5千米左右，不足以对付出色的英制反坦克炮，这些反坦克炮部署在佩里耶尔与比埃维尔之间有利的阵地上。奥佩尔恩的坦克必须跨过一片隆起地带，只有树篱提供了些许掩护。敌军火炮和反坦克炮部署在高地上，居高临下地轰击德军坦克。一辆辆坦克接连中弹，几分钟内，德国人就在比埃维尔前方损失了5辆战车。很明显，他们无法在此处强行突破。

看看德军首场坦克战的态势图，就会发现事态的戏剧性和悲剧性：通往海岸的道路依然畅通，第192装甲掷弹兵团第1营已杀到海滩，在那里等待己方坦克到来。

奥恩河畔贝努维尔附近，第192装甲掷弹兵团第2营第8连当天下午也在坚守。

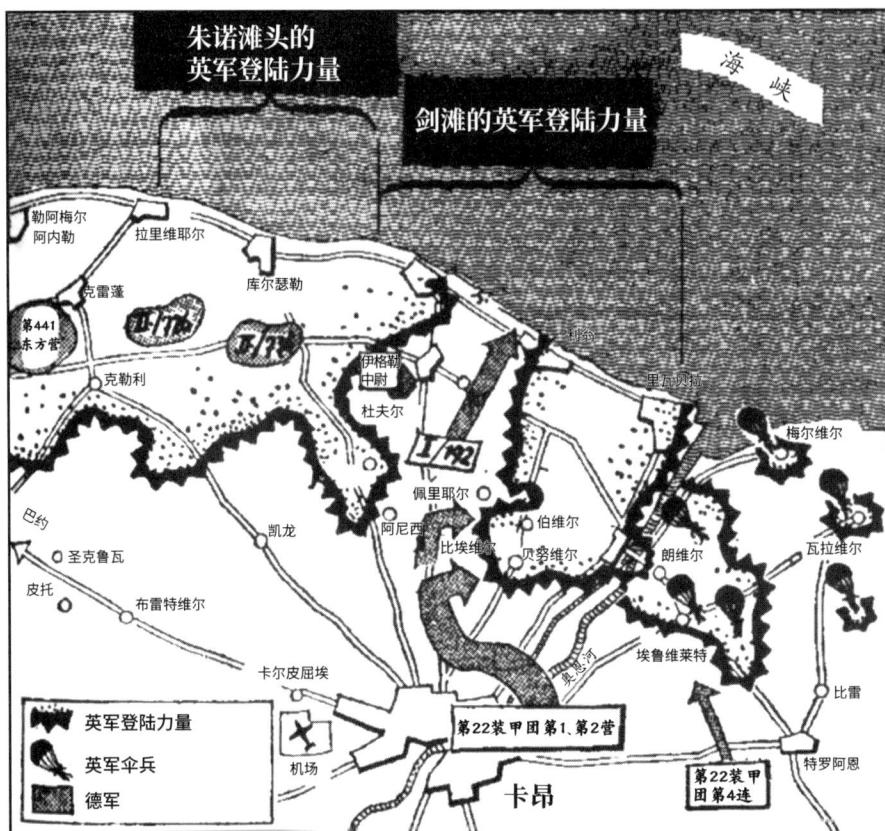

朱诺滩头的英军登陆力量

剑滩的英军登陆力量

海 峡

勒阿梅尔
阿内勒
克雷莲
第441东方营
拉里维耶尔
库尔瑟勒
克勒利
伊格勒中尉
杜夫尔
里瓦贝拉
梅尔维尔
巴约
圣克鲁瓦
皮托
凯龙
布雷特维尔
佩里耶尔
阿尼西
比埃维尔
伯维尔
贝努维尔
朗维尔
瓦拉维尔
卡尔皮屈埃
埃鲁维莱特
比雷
特罗阿恩
机场
第22装甲团第1、2营
第22装甲团第4连
卡昂

英军登陆力量
英军伞兵
德军

▲ 6月6日傍晚英军登陆区的戏剧性态势。虽然英国和加拿大军队在剑滩和朱诺滩头突破了德国人的海岸防御，但没能按计划会合，也没有到达当日的目标卡昂。德国第21装甲师出击，第192装甲掷弹兵团第1营前出到海岸，打开一条通道，但装甲力量没能跟上。第22装甲团辖内两个营不了解情况，转向东北方，一头撞上英国人和加拿大人设在佩里耶尔与比埃维尔附近的前进反坦克阵地。德军装甲力量攻往海滩的进军陷入停顿。

该团辖内其他营和连开入佩里耶尔地区，支援坦克进攻，但携带重武器的第8连已站稳脚跟，正在顽强坚守，等待己方坦克到来。

德国空军设在杜夫尔的支撑点，距离海岸2.5千米，位于英军朱诺滩头侧面，230名空军士兵和他们收容的少量步兵，在冷静的指挥官伊格勒中尉率领下，以3门反坦克炮、3门50毫米野炮、十几具火焰喷射器、20挺机枪坚守阵地。他们击退敌人一次次进攻，杜夫尔成了插入盟军侧面的利刺。伊格勒和他的部下坚守阵地达十天之久，这十天，他们一直在等待德军发起反突击。

可是，面对英国人和加拿大人在佩里耶尔与比埃维尔之间，以坦克和自行火炮构成的强大防线，第22装甲团无力达成突破。他们无法前进，由于步兵力量不足，他们也无法撤离这段战线，设法在其他地段重新进攻，因而被迫转入防御。冯·奥佩尔恩–布罗尼科夫斯基上校下达了命令："把坦克半埋起来，坚守阵地！"只有这样，他们才能击退英国第27装甲旅的猛烈冲击。

蒙哥马利意识到眼前的危险。他知道，必须拔掉德国人插入滩头的楔子，否则，情况会不可收拾。要是第192装甲掷弹兵团第1营从卡昂到海岸的走廊，成为德军的补给通道，对方的坦克和炮兵力量迅速涌入的话，很可能导致英军滩头阵地灰飞烟灭。

面对这种威胁，蒙哥马利毫不犹豫，立即召集滑翔机编队，把一个个英国伞兵团投入这条走廊。

战场上方完全没有德国空军，恶果终于显现出来。德国人没有实施空中侦察，更没有派战斗机掩护地面上的行军队列，因此，不可避免的事情发生了。

德军以孤零零一个装甲师投入反冲击，坦克力量太少，根本无法把第192装甲掷弹兵团在海岸和贝努维尔取得的战果发展成决定性胜利。没有援兵，弹药即将耗尽，德军装甲掷弹兵不得不冒着英国轰炸机和舰炮的猛烈火力，杀开一条血路后撤。

贝努维尔村前方，担任炮手的二等兵弗尔策克忙着把75毫米反坦克炮瞄准新目标。轰！一辆英军坦克中弹损毁。后撤令随后传来，此处阵地已无法坚守，第8连撤往第22装甲团的防线。

德军统帅部现在有没有意识到，必须付出巨大的努力，集中所有装甲预备力量，从而控制局面呢？他们是不是仍把盟军在奥恩河与维尔河之间的突击视为牵制性进攻，还在等待加来海峡附近"真正的入侵"呢？

◀ 照片里是一门克虏伯
105毫米榴弹炮。这门火
炮隶属弗雷尔金中尉的第
1连,该连从乌特维尔炮击
62号支撑点前方的海滩。

▲ ▼ 上图是美军士兵在英国海滩演练的情形,他们呐喊着冲出新式登陆艇,奔上海滩朝敌人而去。而下图展示的是"血腥奥马哈"的情景。

▲ 对德军海岸防御来说，令人不快的意外是盟军的浮动式火箭炮炮台。这些搭载火箭炮的船只驶近海滩，以一轮轮尖啸的火箭弹齐射打击海滩上的暗堡和土木工事。

▼ 盟军的密接支援战机也配备了火箭弹。这张照片表明，德国的封锁突破船在鲁瓦扬港遭到轰炸和扫射。右侧，战斗轰炸机发射的4枚火箭弹袭向目标。

▲ 一艘满载的美军登陆艇在靠近奥马哈海滩处遭到德军机枪火力打击。燃烧的船只冲向海滩时，船上一箱箱手榴弹殉爆。

▼ 这艘大型登陆艇也被猛烈的防御火力击中。一发发炮弹炸开，弹片在甲板上四散飞溅，艇员准备跳海逃生。片刻后，这艘登陆艇倾覆。

3

错失良机

装甲教导师的噩梦之旅

拜尔莱因将军的装甲教导师，作为OKW预备队，驻扎在巴黎西南方120千米处，同样听命于元首大本营。该师在深具决定性的头24小时发挥的作用非常典型。6月6日凌晨2点30分，诺让勒罗特鲁，装甲教导师师部的电话响了。约德尔指挥参谋部的副参谋长瓦尔利蒙特给拜尔莱因发来以下指令："装甲教导师进入戒备状态，做好开赴卡昂方向的准备，B集团军群会给您下达后续命令。"

德军最高统帅部对西线盟军的意图做出的评估错得离谱，说明这一点的是：瓦尔利蒙特下达这道指令几个小时前，OKW调走了装甲教导师最棒的装甲营，该营配备全新的黑豹坦克和威力强大的虎王坦克，奉命搭乘火车开赴东线。接到命令后，拜尔莱因自行其是，立即下令停止调动，该营还没有上车的部队返回驻地，已登车出发的部队也被召回。尽管如此，这个营用了五天才开抵前线，宝贵的五天！

装甲教导师辖内部队集结之际，拜尔莱因驱车赶往勒芒的第7集团军司令部，那里有个意外等着他。一整夜，OKW让装甲教导师待命，可多尔曼大将现在却要求该师在下午5点动身出发，就在大白天！拜尔莱因提出异议，这位经验丰富的师长曾在非洲战局期间担任隆美尔的参谋长，赶赴集团军司令部途中，他已注意到危险所在：空中，夏季的空中，满是敌人的战斗轰炸机，德国人把这东西称为可怕的"jabo"。拜尔莱因建议天黑后再出发，多尔曼不同意。他告诉拜尔莱因，装甲教导师必须在6月7日早上到达卡昂以南地区。拜尔莱因竭力说服集团军司令，他对到达时间做的估计并不准确，但无济于事。要是凌晨2点收到警报后，他就命令全师出发多好，可现在，得在光天化日下行军！

拜尔莱因争辩道，一是面临空袭威胁，二是各条道路被炸毁，平均行军速度最多8千米每小时。他们位于卡昂以南150千米左右，那么，到达交战地域要多久呢？6月8日前肯定到不了。可是，多尔曼固执己见，甚至提出更改接敌路线。拜尔莱因坚决反对这种做法，全师变更方向肯定会造成混乱。他驱车返回，命令装甲师出发。

拜尔莱因对麾下指挥官强调："沿各条道路或路旁行进，你们必须以尽可能小的损失尽快开抵前线。"随后，这个精锐装甲师隆隆向西，赶去支援第21装甲师。

拜尔莱因在1970年去世前，一谈起装甲教导师惨烈的行军，就变得愤怒而又激动，他的师还没投入战斗，就在行军途中遭受了严重损失。

以下是拜尔莱因本人的记述：

我和战术指挥组的两辆指挥车和两辆通信车，沿阿朗松—阿让唐—法莱斯公路行驶在中路纵队前方。第一架战斗轰炸机袭来，迫使我们隐蔽时，部队刚刚到达萨尔特河畔博蒙。我们毫发无损，队伍继续前进，但车辆的间隔拉得越来越大。我们唯一的通信手段是传令兵。因为集团军命令保持无线电静默，好像无线电静默能让遍布天空的战斗轰炸机和侦察机无法发现我们似的！相反，这道指令导致师部完全不清楚行军状况：各部是否顺利开进？是否发生堵塞或遭受损失？先遣支队已到达何处？我不得不接二连三地派出联络官，或亲自去寻找部队。

师里的部队把五条行军道路挤得满满当当。当然，敌人的空中侦察早已发现我们这场进军。他们的轰炸机出现在各条道路上空，狂轰滥炸我师前进地区的十字路口、村庄、城镇，还攻击我们长长的车队。当晚11点，我们穿过塞镇，绰号"圣诞树"的照明弹悬在空中，一颗颗炸弹落向起火燃烧的村庄。可我们还是顺利通过。

凌晨2点前后，我们接近阿让唐，火焰和爆炸把这座城市照得亮如白昼。一拨拨轰炸机投下冰雹般的炸弹，把这座小城炸得摇摇欲坠。我们到达南郊，再也无法更进一步。整个阿让唐沦为火海。我们发现自己落入名副其实的巫婆的大锅。后方道路也已堵住，我们困在燃烧的城市里，烟雾和尘埃严重影响能见度，火花溅落在我们的车辆上。空中依然布满飞机，投下的照明弹，把一座座房屋笼罩在耀眼的光芒下。呛人的烟雾迫使我们屏住呼吸。我们不得不步行寻找出路。几个工兵班在受损严重的奥恩河桥上忙碌。凌晨3点，我们成功逃离这座烈焰囚笼，穿过田野，朝弗莱尔方向而去。拂晓到来后，敌人的轰炸力度减弱了。穿过埃库谢—布里尤兹—弗莱尔地区的道路，路况还不错。凌晨4点，我们到达弗莱尔，此处也遭到猛烈轰炸。凌晨5点，我们抵达孔代叙努瓦罗，但不知道师里的行军纵队究竟在哪里。他们沿各条遭到猛烈轰炸的道路艰难前行，和阿让唐一样，入侵战线后方各个路口都遭到狂轰滥炸，对方显然想阻止我们把预备力量调往卡昂。

跟在拜尔莱因身边的是他不知疲倦的勤务官亚历山大·哈特德根，他也是北非战场的老兵，曾跟随托马将军经历过泰勒马姆普斯拉的鏖战。沙漠之狐隆美尔很了解，也很看重这名上尉。哈特德根描述了师部这场"死亡行军"次日的情况：

拜尔莱因将军、司机卡特霍伊斯二级下士和我彻夜行驶了一整晚，在卡昂以南50千米的孔代叙努瓦罗等待第901装甲掷弹兵教导团先遣支队。左等右等，不知道他们在哪里。于是，我们沿道路驱车返回。孔代叙努瓦罗小镇，已沦为一堆闷燃的废墟瓦砾，公路桥也被炸弹摧毁。自清晨5点起，敌人的战斗轰炸机重新出现在晴朗、湛蓝的晨空中。装甲教导师隶属党卫队第1装甲军。整个晚上，我们一直在寻找泽普·迪特里希的军部，以便了解他的意图，并接受命令。可我们直到6月7日下午晚些时候，才在蒂里阿库尔北面一片小树林找到党卫队第1装甲军军部。迪特里希命令拜尔莱因，派两个战斗群开赴卡昂—巴约铁路线上的诺尔雷和布鲁艾地区，务必在6月8日清晨前到达。党卫队第12"希特勒青年团"装甲师也已开往那里，届时，他们一同沿宽大战线发动进攻。

傍晚时，我们终于在蒂里阿库尔附近找到师先遣支队，装甲掷弹兵率先到达，坦克仍远远地落在后面。

拜尔莱因将军与几位团长商讨了态势，当晚10点左右，我们驱车赶往设在普鲁西的指挥所。这趟行程让我们看清了各个团经历的惨烈行军。几十部损毁的车辆停在路边，沦为燃烧或闷燃的钢铁残骸。科蒙与维莱尔博卡日之间，成了名副其实的死亡之路。路边停着烧毁的卡车、炸毁的战地厨房车和火炮牵引车，有些仍在闷燃，阵亡者倒在车辆旁。这种可怕的场面就是我们此次行程的背景，二级下士卡特霍伊斯狠狠踩下油门，我们只想赶紧离开这片地狱。

注意，敌机！

哈特德根上尉的报告继续写道：

诺曼底的夏夜很短暂。我们刚刚到达238高地，正沿道路疾驶之际，就看见三架战斗轰炸机出现在拂晓的空中。他们显然发现了我们，从低空沿着笔直的道路径直扑了过来。刺耳的刹车声响起，就像今天早些时候发生过十几次的情况那样，拜尔莱因将军跳出仍在行驶的汽车，扑入路边的沟渠。我看见一根混凝土排水管，赶紧冲了过去，一头扎进黑黢黢的管道，真是个天赐的隐蔽地。卡特霍伊斯也逃出汽车，敌机第一次通场时，机炮喷吐出炮弹，指挥车立马腾起火焰。下一架战斗轰炸机飞过沟渠，俯冲时朝我们开火射击。20毫米炮弹在我藏身的混凝土排水管前炸开。卡特霍伊斯朝拜尔莱因喊道："将军先生，离汽车远点！"随后就沉默下来。

没遭受过战斗轰炸机攻击的人，可以说并不真正了解入侵战。你无助地趴在沟渠、田地的犁沟里，或是隐蔽在树篱旁，紧贴着地面，然后，战斗轰炸机轰鸣着扑来，俯冲而下，你听见子弹或炮弹袭来的呼啸声，然后，你就完了！

这时候，你一心想钻进地里。那只铁鸟随后飞离，但它还会回来，两次、三次，直到他们觉得摧毁了一切，这帮家伙才会离开。在此之前，你能做的仅仅是趴在地上，就像面对行刑队，就算你侥幸生还，也不过是暂缓执行而已。接连十次这样的攻击，简直就是地狱的征兆。

我们的指挥车停在路上，成了堆冒着烟闷燃的残骸。二级下士卡特霍伊斯死在沟里。拜尔莱因奇迹般地捡了条命，几块弹片造成些小伤口。排水管救了我的命。

哈特德根上尉跪在二级下士卡特霍伊斯身旁，对拜尔莱因说道："没救了，将军先生。"拜尔莱因点点头，抹掉额头上伤口的血迹："咱们得给他盖点东西！"哈特德根望着卡特霍伊斯的面孔，回答道："没错！"可用什么盖上他呢？哈特德根想了想，脱掉棉套衫，盖住卡特霍伊斯的面孔和前胸。闷燃的指挥车还在冒烟。

哈特德根说道："咱们最好离车子远点。"两人跳进距离卡特霍伊斯的遗体50米的一条沟渠，他们的手仍在颤抖，双膝虚软无力。拜尔莱因问道："咱们怎么离开这里呢？"哈特德根决心步行赶往库尔万，他们当初把第902装甲掷弹兵教导团团部留在那里。不过，一辆桶式车很快驶来。第902团团长古特曼已看见敌机沿笔直、平坦的道路实施攻击，生怕出什么岔子，敌机刚刚飞离，他就派了辆桶式车赶来查看情况。就这样，装甲教导师师长再次实现了摩托化，尽管只是辆桶式车。

夜幕降临在公路上，恰到好处，足以防御敌人的战斗轰炸机。拜尔莱因动身赶往普鲁西，帅作战参谋考夫曼少校忧心忡忡，已经焦急地等待了24个小时。

在此期间，装甲教导师辖内几个营沿各条道路进入交战地区。汉斯·埃贝哈德·博姆巴赫少尉跟随第902装甲掷弹兵教导团第1营，冒着蒙蒙细雨赶往入侵前线时，肯定想到了他和朋友罗林格那场生日庆祝会。

6月6日下午5点，他们离开维布赖。傍晚和漆黑、多云的夜间，他们一直在赶路。但明媚灿烂的夏日随之而来，战斗轰炸机和太阳一同出现。

第1营首次遭遇严重伤亡，甚至没能开火还击。敌人的战斗轰炸机打死许多装甲运兵车里的人员。没等该营靠近前线，就面临覆灭的危险，为避免这种情况，除了躲入树林，等待夜晚到来，没有其他办法。6月8日的夜晚——果然不出拜尔莱因所料。

临近午夜，传令兵找到该营。他们至少获得些消息，传令兵告诉他们，古特曼上校和第902装甲掷弹兵教导团团部，就在维莱尔博卡日北面的蒂伊村东郊。

蒂伊村！博姆巴赫少尉在地图上寻找着。他当然不知道，这个名字很快会载入军事史。"啊，在这里，就在卡昂与巴约之间。"

博姆巴赫立即赶往团部，想弄清团里给第1营的命令。他驱车驶过燃烧的卡车、战地厨房车、指挥车，没太在意一辆指挥车的残骸，引擎盖上弯曲的指挥旗杆仍能看见，那是师长拜尔莱因的座车。博姆巴赫到达炸得满目疮痍的小镇维莱尔博卡日，此时，月亮冲破了多云的夜空。他遇到第716步兵师一群群筋疲力尽，正撤离前线的官兵，他们朝博姆巴赫喊道："英国佬的坦克就在我们后面！"后撤的部队总是散布此类耸人听闻的传言。博姆巴赫没理会他们，继续朝蒂伊村方向驶去。天色拂晓，他看看地图：瑞维尼。

司机突然喊道："战斗轰炸机！"他迅速换档，把车子开入路边一条沟渠。该死的铁鸟已俯冲而下，从他们上方掠过。这条沟渠救了博姆巴赫和他的司机。两人听见炸弹在他们刚刚经过的路口炸开，还听见敌机拉起后兜回，再次俯冲的声音。这一次，谁是倒霉的遇害者？德军掷弹兵根本没办法对付战斗轰炸机。空袭警报刚刚响起，一名经验丰富的高级军士，立即指挥师警卫连为首的装甲运兵车离开道路驶入开阔地，用车上两挺机枪朝袭来的喷火式战机开火。他打了个连发，惊讶地发现没什么效果，于是再次开火。敌机径直穿过机枪火力，曳光弹的轨迹看得清清楚楚，还是毫无效果。这也难怪，敌机的引擎和驾驶舱覆有装甲，完全能抵御轻武器火力。

因此，战斗轰炸机已成为打击步兵的致命武器。"敌机低空袭来"的警报是所有行军队列的噩梦。这些危险的铁鸟无处不在，没人能免遭他们的威胁，除非是雨天或夜间。

博姆巴赫少尉终于到达第902装甲掷弹兵教导团设在布鲁艾附近的团部，他看见空中又出现一架敌机，赶紧跳入1.5米深的防空壕。来的是炮兵观测机，一分钟后，对方的意图暴露无遗：大口径舰炮开始轰击布鲁艾地区，这里不仅有第902装甲掷弹兵教导团团部，先遣支队也在此处集结待命。整整一个小时，雨点般的炮弹把死亡和毁灭倾泻在第902团头上，他们甚至没机会射出一枪一弹。

装甲教导师的临时师部设在孔代叙努瓦罗北面的普鲁西，是一座小小的城堡，周围有些农舍，拜尔莱因将军对作战参谋考夫曼少校介绍了全师的情况和各部队的位置，还解释了自己下达的进攻令，这场进攻定于次日（6月8日）早上发起：朔尔策上校率领获得加强的第901装甲掷弹兵教导团，负责夺取诺尔雷地区，古特曼上校指挥获得加强的第902装甲掷弹兵教导团，开赴布鲁艾地区，尔后与德军第12装甲师和右侧的第21装甲师，一同朝海岸发起大举进攻。

大举进攻！这次一定要成功，不能像第21装甲师那样虎头蛇尾。装甲教导师和德军第12装甲师必须扭转德军抗击入侵的防御颓势。

混乱的命令

德军第12装甲师是个装备精良的兵团。这些装甲掷弹兵很年轻，平均年龄只有18~19岁，对自己的事业和手里的武器满怀信心。当然，他们对上级部门的扯皮一无所知，要是知道的话，肯定会气得发疯。这群年轻的装甲掷弹兵，很快要为领导者犯下的错误付出惨痛的代价。

德军第12装甲师被分配到集结地域，他们收到的头几道战斗指令，充分说明了德军高级指挥部门的意见分歧。

当年4月，该师从比利时调往诺曼底。他们本该驻扎在利雪周边，距离海岸30千米，那是一片出色的集结区。要是该师6月6日在那里就好了！可惜，西线装甲集群司令施韦彭堡将军要求他们再往南调动50千米。这个决定又一次反映出他与隆美尔的理念冲突：隆美尔想让预备队尽量靠近海岸，而施韦彭堡打算把预备队部署在后方，从而获得大举机动的回旋空间。施韦彭堡没考虑到盟军压倒性的空中优势，不过，欠考虑的不止他一个，实际上，驻扎在诺曼底地区的德军部队，都对敌人的空中力量震惊不已。

结果，维特的装甲师距离交战地区太远，师主力在6月6日根本来不及投入战斗。

赖歇特中将的第711步兵师，驻扎在奥恩河与塞纳河之间，第716步兵师右侧。6月6日凌晨3点，该师给维特发去电报："敌人在我师左翼后方实施空降登陆。"维特随后又收到一份奇怪的补充电报："敌人投下的是身着军装、填塞稻草的假人。"这是蒙哥马利想出的欺骗手段，他是玩弄这种把戏的高手。尽管维特的装甲师没接到战斗令，可他还是命令部队进入警戒状态，到凌晨4点，他们已做好出发准备，一辆辆坦克、一群群装甲掷弹兵整装待发，可什么情况也没发生！党卫队第25装甲掷弹兵团朝卡昂方向搜索前进。

早上7点，德军第1装甲军长迪特里希下达命令，把维特的装甲师交给驻扎在鲁昂的第81军军部指挥，还命令该师集结到利雪周边地区。各部队指挥官疑惑不解，干吗要去利雪？侦察表明，敌人在奥恩河两侧登陆，正朝卡昂而来！另外，缺乏预有准备的行军方案势必会浪费很多时间。可命令就是命令，而且德军第12装甲师没有联系B集团军群的直线电话，所以，维特无法向集团军群司令部阐述自己的担忧。

他立即拟制了新的行军令，派值班军官下达给各部队，德军第12装甲师上午10点~11点间动身出发。请注意，此时是6月6日，也就是说，他们还来得及朝海岸发起快速反冲击。就是在这时，第21装甲师第22装甲团奉命赶往奥恩河西岸。

下午3点左右，师长维特收到B集团军群下达的命令，第12装甲师的集结区不在利雪周围，改为卡昂以西地区，任务是支援第84军的反突击。维特破口大骂，他的几个团已出发，怎么召回？快到下午4点，德军第25装甲掷弹兵团才收到新的命令，他们已到达利雪以西地区。其他部队也在不同时间、不同地点接到了变更方向的命令。

德军第25装甲掷弹兵团不得不掉转方向，再跋涉70千米赶赴新集结区，这段距离两倍于他们先前行进的路程。结果，该团在6月6日没能投入战斗，一整天彻底浪费在途中。

更具讽刺意味的是，德军第12装甲师再次转隶德军第1装甲军，军部命令该师，于6月7日中午12点在德军第21装甲师左侧投入行动，向北攻击前进，把登陆之敌赶下大海。

这道命令晚了整整24小时，已无法协助第21装甲师在佩里耶尔附近的进攻取得决定性胜利。一个实力强大、准备就绪的装甲师实际上已投入行动，可是，他们所做的一切都白费了。24小时转瞬即逝，德国人错失了成功应对盟军海空登陆的良机。身处后方的指挥部门，阻止了任何一位获得授权的装甲部队战地指挥官都会立即采取的措施：6月6日清晨，盟军发起海上登陆后，立即命令第21装甲师投入所有力量，朝海岸攻击前进，尔后转身向西，不要理会敌人在后方实施的后续空降登陆。另外，还应该把第21装甲师转隶第1装甲军，确保该师获得必要的增援。

德军第12装甲师和装甲教导师也在德军第1装甲军辖内，要是按照早就拟制好的调动方案行事的话，本来可以在6月6日清晨6点前动身出发。维特装甲师在凌晨4点就做好了出发准备，而拜尔莱因，如我们所知，在6月6日凌晨2点30分接到瓦尔利蒙特将军亲自从元首大本营发来的警报。至少，德军第25装甲掷弹兵团在一个装甲营、一个炮兵营、一个重型高射炮连支援下，本来可以和装甲教导师同样强大的装甲战斗群，做好于6月6日清晨在卡昂附近发起反冲击的准备。敌人的战斗轰炸机无法破坏这场进攻，因为6月6日上午雾蒙蒙的，而且在下雨，德军突击部队本来可以不受干扰地朝前线快速挺进，傍晚的情况截然相反，那时候的天空已放晴。

除此之外，还有个问题：尽管没有战斗机，可德国人的高射炮在哪里？这个问题的答案，再次反映出德军高级指挥部门间的信息传递缺乏协调。

皮克特将军的第3高射炮军已接到命令，如果敌人登陆诺曼底海岸，就立即把防空力量调入滩头。该军辖内各炮兵连部署在索姆河畔，军部设在亚眠南部，编有3个团，约12个高炮营，无论用于进攻还是防御，都是一股强大的力量。

6月6日上午，皮克特将军没有收到敌人登陆的任何消息。他外出视察部队，下午返回军部，这才读到第一批报告，但这些报告指出，尚不清楚这是不是敌人真正的大规模入侵。尚不清楚！

皮克特驱车赶往巴黎。6月6日下午，他终于命令麾下部队开赴卡昂两侧地区。几个高炮连于6月8日和9日到达前线，还没射出一炮，就在途中遭到重创，伤亡200多人。尽管如此，他们还是在行军途中击落35架敌机。要是该军主力在6月6日傍晚开抵前线的话，情况可能会完全不同！

当然，"如果""要是"这种话说起来很容易，而且从事后诸葛亮的角度，远比1944年6月6日看得更清楚。但许多经验丰富的批评者支持这样一种观点：要是德国人在6月6日以指定力量迅速发起反突击，本来可以严重压缩英军登陆场，这样一来，德军的后续行动至少有机会粉碎一些滩头阵地，把盟军压制在海岸上。另一个因素让这种理论更加可信：尽管盟军的空中优势有可能破坏德军行军纵队和集结区，但敌我交织的激战中，空中力量无法充分发挥作用。

可是，事态发展截然不同，现在的问题是：守军在6月7日或8日能挽回他们6日丧失的机会吗？

阿登修道院

党卫队旅队长弗里茨·维特认为，他以装备精良的德军第12装甲师发动进攻，肯定能大获全胜。他为6月7日的行动下达的命令，算无遗策，目标清晰，充满乐观。命令概述了敌我态势，第三点指出："我师的任务是与第21装甲师携手发起进攻，把登陆之敌赶下大海。"这是道考虑周全、措辞准确的进攻准备令，下达给德军第25、第26装甲掷弹兵团、德军第12装甲团、德军第12装甲炮兵团、侦察营、工兵营、高射炮营。进攻定于6月7日下午4点。

进攻前，维特和福伊希廷格尔再次召开会议，协调两个师的行动。福伊希廷格尔和第22装甲团团长一同到来，冯·奥佩尔恩上校介绍了自己先前的经历。会议确定，两股力量的战线拉平后，第22装甲团投入进攻，和维特兵团共同向北攻击前进，直奔海边。

这场开局很有希望的进攻行动，结果如何？

获得加强的德军第25装甲掷弹兵团，先遣支队清晨时到达卡昂西端。这座城市仍在燃烧，废墟瓦砾堵塞了各条道路。伴随初升的太阳，敌人的战斗轰炸机不停地攻击各条接近路线。飞行员挑选的目标非常准确，集中力量打击德军油料车，因为一旦击毁油料车，德国人的坦克就无法行动了——没有油料，他们寸步难行。因此，德军第25装甲掷弹兵团团长，绰号"装甲迈尔"的库尔特·迈尔，拂晓起就派大众桶式车给他的战斗车辆运送油料，这些机动性较强的小型车辆可以从一处隐蔽地行驶到另一处隐蔽地。

迈尔把团部设在卡昂西端，随后赶往阿登修道院的前进指挥所。

他爬上修道院一座塔楼，以看清周围的情况。他举起望远镜，一幅不可思议的场面出现在眼前。前方，一直延伸到海边，仿佛是玩具搭成的一片陆地景观，树篱纵横交错，点缀着一座座果园。海岸上，盟军的卸载作业进行得如火如荼，一艘艘巨大的船只停在近海，简直就像和平时期的景象。无数阻塞气球拖着钢缆浮在空中，保护舰队和海滩免遭空袭，其实，这种防空措施大可不必！

迈尔还看见另一个情况：敌军装甲部队正在前方整装列队。他不由得想："接下来的交战肯定很激烈！"他朝身后的田野瞥了一眼，第12装甲师应该集结在那里。迈尔看见笔直的卡昂—法莱斯公路，路上没有作战部队，他们的坦克和半履带装甲车隐蔽在某处，不受战斗轰炸机干扰，正等待冲往前线。

迈尔又把望远镜转向前方，他愣住了：一辆敌坦克穿过果园，朝他这里驶来。敌坦克停了下来，离第2营的装甲掷弹兵最多只有200米，德军士兵携带反坦克炮，隐蔽在精心伪装的树篱后方。第2营保持着射击纪律，没有开炮。事实证明，这么做是对的，因为孤零零的敌坦克，显然是为敌军坦克编队提供侧翼掩护，这支编队离开小小的比龙村，隆隆驶上卡昂—巴约公路。他们的目标无疑是卡尔皮屈埃机场，驻扎在那里的德国空军部队没有抵抗就放弃了机场。英军坦克大摇大摆地在第2营阵地前方横向行进，侧翼彻底暴露给德军炮兵。这是每个装甲掷弹兵梦寐以求的情形，他们的反坦克炮处于绝对有利的条件下。

迈尔给几个装甲掷弹兵营下达了命令，还把命令传达给炮兵和装甲团第2营："等我发出命令再开火！"

下方的修道院花园里，德军第12装甲团团长，德军旗队长马克斯·温舍站在指挥车里，用车载电台把迈尔从教堂塔楼下达的命令传达给他的那些坦克。一个装甲连守在修道院里，另一个精心伪装的装甲连隐蔽在靠近道路的后坡上，毫无戒备的敌坦克编队正沿这条道路逼近。

英国人没想到会遭遇伏击，注意力完全集中在卡尔皮屈埃机场，那是他们的目标。迈尔继续观察情况，不时报告敌坦克编队的一举一动。此时，压力巨大，气氛紧张，温舍把情况传达给各车车长时压低了声音，好像道路上嘎嘎作响的钢铁巨兽能听见他的话似的。

迈尔迅速制订了计划，他决心充分利用眼前的良机，从部队有利的集结位置出击，消灭敌人以一个装甲团和一个步兵旅组成的进犯力量，尔后发起反冲击。此举与师里的计划时间表不合，可眼前的情况要求他必须采取行动。

传令兵把迈尔的决定告知第21装甲师。敌军装甲先遣部队已靠近卡昂—巴约公路。迈尔拿起军用电话，声音嘶哑地喊道："进攻！"温舍立即用电台发出命令："注意，各车出击！"这句话释放出地狱之舞，德国人的反坦克炮怒吼起来。

一辆辆坦克的履带嘎嘎作响。他们向前冲去，不时停车开炮。为首的敌坦克中弹损毁，第二辆坦克腾起火焰，车组人员弃车，跳入路边的水沟。加拿大第2装甲旅第27装甲团猝不及防，一辆辆坦克相继中弹。跟随坦克行动的步兵，是加拿大第9旅的高地人，他们企图撤回奥蒂耶村遂行防御。但迈尔第3营的装甲掷弹兵抢先到达。德军的进攻开始了。第一批加拿大俘虏高举双手，朝修道院花园走去。幸运女神这次会对德国人展露笑容吗？

加拿大人损失惨重，据他们的资料称，北新斯科舍高地人团先遣连彻底覆灭，其他连的伤亡也很大。装甲团折损28辆谢尔曼，战斗力损失了30%。

可是，迈尔的装甲掷弹兵现在遭遇敌军炮火。乘坐三轮摩托车侦察情况的迈尔惊恐地发现，前进中的第1营，右翼失去掩护，第21装甲师的坦克被敌人压制在埃普龙附近。雪上加霜的是，敌坦克部队开入敞开的侧翼，对第1营构成严重威胁。反坦克炮也许能缓解态势，但继续前进显然是做不到的。

左翼，敌人也集结起装甲编队。这股力量隶属加拿大第7装甲旅，他们进攻米埃河西面的卡昂—巴约公路，还构成突破德军第26装甲掷弹兵团集结区的威胁。盟军猛烈的空袭挡住了第26装甲掷弹兵团几个营，该团率先到达的仅仅是侦察连。遭受重创的第716师，以实力虚弱、极为分散的步兵部队守卫集结区，面对不断逼近的敌坦克，他们显然不是一股能实施有效防御的力量。这种情况下，迈尔别无选择，只得取消进攻，转入防御。他的装甲掷弹兵团，66人阵亡，193人负伤，还有3辆四号坦克遭到损毁。

形势突变，致使德军无法发展胜利。加拿大陆军总参谋部出版的著作，对迈尔装甲掷弹兵团的战斗意志不乏溢美之词："德军的猛烈进攻，打乱了我们的节奏，给我方造成严重损失。不过，他们没能发展胜利，也没能威胁到我们的登陆场。"

就这样，6月7日的交战在卡昂地区落下帷幕。德军指挥部的所有希望寄托于6月8日，也就是盟军进攻第三天，届时，第21装甲师、装甲教导师、第12装甲师会集中力量冲击英军登陆场，这座登陆场的深度已超过10千米。

与舰队交火

美军登陆犹他海滩的方案里，圣马尔库夫的210毫米重型炮台、附近阿泽维尔陆军海岸炮台的4门122毫米火炮占了一小章。美军突击队负责在入侵日中午前攻克两处阵地。但6月6日即将结束时，圣马尔库夫炮台仍在开火。炮弹不断袭向登陆海滩和距离海岸不远的圣马尔库夫群岛，美国第4师的补给物资堆放在那里。美军士兵大声咒骂，参谋人员担心不已，"必须干掉这座该死的炮台！"

这座"该死的炮台"打乱了美国人的计划时间表。

海军炮兵待在掩体里，因为睡眠不足而疲惫不已，硝烟熏黑了脸庞。刚刚过去的24小时简直就像一场梦。先是伞兵突袭，尔后是舰队入侵。他们不是昨天早上才看见这支舰队吗，怎么宛如隔世似的？

圣马尔库夫炮台的火控员鲍姆加滕上士永远不会忘记当时的情形——奥姆森中尉在清晨5点拿起电话，冷静地报告瑟堡海军指挥官亨内克少将："几百艘舰船出现在塞纳湾！请问，是我方船只吗？"他很快得到答复："不是，我们的舰只没有出海。您看见的一切舰船都是敌人的。批准开火！注意节约弹药！完毕。"

然后，他们的火炮轰鸣起来。

此时是清晨5点，能见度很好，完全可以实施准确瞄准。能见度很重要，因为炮台没有雷达，也没有现代火控设备。和昔日重炮时代一样，炮台射击只能依靠炮兵指挥官的剪形炮队镜，这种可折叠的望远镜带有刻度表。炮台最高级的设备是自制的测距时钟，通过弹着时间计算距离。就凭借这些装备，圣马尔库夫炮台面对着史上最庞大的进攻舰队。

奥姆森给三门火炮下达了命令："开炮！"

远处海面上的战列舰和巡洋舰似乎也听到了他的开火令，几乎是同时，敌舰第一轮齐射雷鸣般袭来，一发发炮弹落在炮台上。

美国舰队显然一直在等待，让一门门舰炮瞄准目标，射击诸元早就精心计算过。舰队没有开炮，直到他们清晰地发现目标。因此，圣马尔库夫炮台发出闪烁之际，"内华达"号战列舰和十几艘巡洋舰、驱逐舰也以所有舰炮开火。

可是，圣马尔库夫炮台调整了射程。第二轮齐射命中目标，直接击中一艘巡洋舰的烟囱与舰桥之间。浓烟滚滚而起，这艘战舰停了下来，舰艏和舰艉同时腾出水面，看来，炮弹炸断了它的中部。几艘驱逐舰赶去救援，径直驶入圣马尔库夫炮台的火力打击下。奥姆森喊道："打得好！继续开炮！"

其实，奥姆森的210毫米火炮击中的不是巡洋舰，而是一艘驱逐舰，但在这么远的距离上，认错舰种完全可以原谅。

不过，军舰上的炮手，准头也很好。早上8点过后不久，一发命中掩体前方的炮弹炸毁了炮台第一门火炮。奥姆森的部下自我安慰道："美国人损失了1艘巡洋舰，我们只损失了1门火炮，这笔交易划得来！"剩下的两门火炮继续开火，目标是一艘驱逐舰的舰艉。

"直接命中！"火控哨所发出欢呼。另一艘驱逐舰匆匆驶来救援姊妹舰，设法拖走受损的舰只。可这艘驱逐舰也被第1261陆军海岸炮兵团第4连的精准炮火击沉，舒尔茨中尉指挥的炮兵连，驻扎在附近的基讷维尔。炮兵团团长特里佩尔上校在金雀花高地上观看这场交战，他报告道："驱逐舰企图以之字形航线规避炮火，可还是被一发炮弹击中。一发炮弹显然命中了舰舵，因为它一直在转圈，最后停了下来，向左舷倾斜，后甲板下沉得越来越深。"

美国人在犹他海滩外海损失了三艘驱逐舰。

美国舰队总司令金海军上将，谈到这场入侵时写道："圣马尔库夫炮台给我们造成很大麻烦。我们不仅用'内华达'号战列舰对付它，还从奥马哈海滩调来'阿肯色'号、'得克萨斯'号战列舰。"

仅后两艘战列舰就有10门356毫米火炮、12门305毫米火炮、几十门127毫米火炮，简直就是座喷火的山脉，朝圣马尔库夫炮台播撒死亡和毁灭。

上午9点，不可避免的事情发生了。美国舰队集中炮火猛烈轰击，"内华达"号战列舰上一门356毫米巨炮射出的炮弹，直接穿过圣马尔库夫炮台二号炮的射孔。对美国人来说，这是幸运的一炮，而对二号炮则是一场灾难，后果很可怕。

"直接穿过射孔！"听上去不可思议，但打击海上目标的海军炮台，射孔和常规炮台不一样。他们配备的重型火炮，必须能水平转动180度，垂直转动60度，还可以升高或降低几米。因此，可供炮管执行这种操作的射孔，大小相当于一扇谷仓门，约为6×8米。可是，海军炮台的射孔不是有装甲护盾吗？确实有！可在哪里呢？计划为炮台提供的装甲护盾已经从巴特泽格贝格供应基地启运，但一直没有运抵。和炮台的现代化火控设备一样，这些射孔护盾丢在某处遭炸毁的火车站。

掩体里的两门火炮损毁后，圣马尔库夫炮台已无力打击海上目标。因此，奥姆森以最后一门210毫米火炮轰击登陆点。这门火炮距离犹他海滩1万米，那里的5号支撑点刚刚沦陷，海滩上满是美军坦克、卡车、士兵，对方正在集结，准备沿海岸向北进击。

金海军上将又一次见证了炮火的效力，他写道："……从上午11点起，敌人以准确的炮火不停地轰击海滩，我们的损失很大！"

★

"几点了？"奥姆森问道。

"7点，中尉先生。"鲍姆加滕答道。

卡特尼格中尉从阿泽维尔打来电话："一发炮弹直接命中掩体，炸毁了我的三号炮，还炸塌了3.5米厚的混凝土屋顶，把火炮和炮组人员埋在里面。"

奥姆森没时间介绍这里的状况，他听到支撑点里的机枪嘶吼起来，还听见报告："警报！敌人从克里斯贝克村方向发动进攻！"此时是早上7点07分。

美国人从圣日耳曼德瓦雷维尔附近的阵地发起冲击，一个营沿滨海公路直扑圣马尔库夫，第二个营在稍西面攻往阿泽维尔。他们冲入圣马尔库夫村。奥姆森已修好一门高射炮，这门火炮朝进攻中的美国步兵倾泻出猛烈的火力。美军步兵营损失惨重，但这些突击队员斗志顽强，他们冲出圣马尔库夫村，沿着栽满白杨

英国

阿姆斯特丹

希尔弗瑟姆

德意志帝国

伦敦

南安普顿 朴次茅斯
普利茅斯

加来

布赖顿
布洛涅

里尔

布鲁塞尔

比利时

15.A.

瑟堡

迪耶普

勒阿弗尔

索姆河

西线总司令部

兰斯

布雷斯特

34. AK.

拉罗什-居水

7. A

巴黎

圣日耳曼

圣洛

雷恩

勒芒

图尔

第15集团军

第7集团军

南特

卢瓦尔河

B集团军群

G集团军群

马恩河

塞纳河

西线装甲集群

瑞士

第1集团军

利摩口

维希

里昂

罗讷河

意大利

波尔多

1.A

加龙河

第19集团军

图卢兹

G集团军群

19. A

阿维尼翁

西班牙

马赛

= 师
= 装甲师
= 装甲掷弹兵师

▲ 西线德国军队1944年5月底的态势。从英国出发的盟军可以在法国、比利时、荷兰任何一处海滩登陆,因此,德军必须沿漫长的海岸线采取防范措施。西线总司令部在1944年5月掌握的兵力为58个师,180万人,包括陆军、武装党卫队、空军地面部队的95万人,辖10个装甲和装甲掷弹兵师,外加1370辆坦克。这是股强大的军力,要守卫的海岸线长达4607千米。48个德国步兵师,35个直接部署在沿海地带,另外13个师执行其他任务(集团军预备队,内陆防御)。德军最强大的力量驻守在加来海峡,由于盟军卓有成效的欺骗措施,德国最高统帅部认为对方会在加来海峡登陆,因而派第15集团军驻扎在那里,这个实力强大的集团军编有20个师。而长达300千米、盟军实际登陆的诺曼底海岸,德国只派驻了9个师。

的道路攻往炮台。

铁丝网和交通壕已被敌人雨点般的炸弹和炮弹夷为平地，侧翼几挺机枪不见了。炮台面对陆地的一方门户大开，完全没有保护。美国人以短距离冲刺不断逼近。

奥姆森下达了命令："警报！构置环形防御！"这是炮台的紧急信号。眼前的情况岌岌可危，德军炮兵困在几座掩体里。德国和美国步兵趴在通往克里斯贝克村的道路上，双方的距离，扔颗手榴弹就能够到。

海军炮兵大多是上了年纪的预备役人员，现在不得不像现役步兵连那样投入战斗。

所有军官和士官都已负伤。一发步枪子弹射穿了奥姆森中尉的手掌，这里没有军医，他从临近炮台赶往圣马尔库夫的途中阵亡了。两名海军医护兵尽力照料伤员，圣马尔库夫炮台的许多生还者，把自己的幸免于难归功于他们俩。

此时，美国人已逼近阿泽维尔炮台的火控掩体，这座掩体设在圣马尔库夫炮台防御圈内，因为从阿泽维尔没法观察到海岸的情形。

奥姆森从防空洞里看见，一个美军突击组爬上阿泽维尔炮台火控掩体。他知道美国人想干什么：把炸药塞入射孔，点燃导火索，把掩体变成烤箱。接下来，他这些掩体和掩体里的炮兵也会遭遇这种下场。

面对危急的状况，奥姆森做出危险的决定，他对身旁背着便携式电台的报务员说道："照我说的给阿泽维尔炮台发报：请求炮火轰击我这处阵地——奥姆森！"

报务员惊愕地盯着中尉，奥姆森催促道："照我说的，发吧！"他又解释道，"我们会遭受些损失，可这是挽救部下的唯一办法。"报务员发出电报。

阿泽维尔炮台也被敌人包围，但卡特尼格中尉收到了电报。他马上明白了奥姆森的意图，立即对一名经验丰富的上士说道："许尔格，咱们现在给这帮家伙的屁股后面点把火！"然后，他从自己陷入重围的炮位迅速开炮，以准确的炮火覆盖圣马尔库夫炮台。卡特尼格干得从容不迫，就像在靶场上实弹射击。

这场炮击效果惊人，美国人被打得晕头转向。落在阿泽维尔炮台火控掩体旁的一发炮弹，把爬上掩体的一个班扫荡一空。炮火从哪里射来的？美军步兵的第一反应是：我们遭到己方舰炮打击！这让他们愤怒不已。没人想死在己方炮火下，所以，他们随后的做法可以理解：惊慌失措的美国人放弃掩体匆匆逃离，甚至丢弃了武器装备。

这种戏剧性变化犹如一针强心剂，激励了坚守炮台的海军炮兵。他们捡起敌人丢弃的武器，甚至还弄到几门便携式轻型迫击炮，把自己装备得犹如一支步兵部队。更大的惊喜随之而来，盖斯勒中尉率领第919掷弹兵团第6连，杀开血路赶到炮台，加强了奥姆森的守军。

德国步兵和炮兵并肩追击美国人。他们熟悉地形，从侧翼打击逃窜之敌。美军团长意识到眼前的危险，赶紧派预备队连赶往左翼，可无济于事，德国人继续施加压力。美军的退却速度越来越快，后撤沦为溃逃，许多人丧生，奥姆森和盖斯勒的部下俘虏了90名美军士兵。美国人一路逃到多丹维尔，在那里与第22团预备队会合。

当天剩下的时间里，坚守圣马尔库夫炮台的德军官兵，领教到对方战斗轰炸机和舰炮的怒火，敌机一次次俯冲而下，舰炮不停地轰击炮台。他们对此付之一笑：我们教训了那些美国佬！他们不知道防线其他地段的情况，也不知道第1058团、第922团几个掷弹兵营，以及第7伞兵团和第7集团军突击营，困在圣梅尔埃格利斯和阿泽维尔前方，遭到美军舰炮火力压制，被驶入内陆的第一批美军坦克拦截。冯·施利本将军很清楚，以局部预备队发起反冲击，消灭敌军滩头阵地已不复可能。因此，他沿蒙特堡—圣梅尔埃格利斯公路、丰特奈—拉韦诺维尔公路转入防御，还组织几个战斗群压制敌军滩头阵地。当然，他希望装甲部队和战略预备队尽快赶来发起反突击。

夜幕降临在圣马尔库夫和阿泽维尔，覆盖了伤者和死者。但活着的人，那些还能工作的人，仍伫立在炮台阵地的废墟里，忙着修理各种武器。他们修好几挺机枪，还用完好的零件拼凑了一门210毫米火炮，这门火炮很快会开火。明天，也就是进攻第三天，德军装甲部队就会发起大规模反突击。这场反突击肯定会到来！

巴约传来最后的消息

6月8日，星期四，天主教徒欢庆圣体节。但诺曼底海岸的大钟寂静无声，激战仍在肆虐。这是充满勇气和做出许多重要决定的一天。

夜间，盟军轰炸机把蒂伊村夷为平地。他们企图切断德国人运往北面的一切补给。蒙哥马利的坦克不断施加压力，朝巴约攻击前进，企图前出到从瑟堡通往卡昂的大型国道。

临近中午，第84军军部的电话响了，军部总机请情报处长听电话。"长官，这里是巴约电话交换台，"电话那头传来个姑娘的声音，是个通信辅助人员，"少校先生，英军坦克正穿过士兵之家，他们进入镇中心了！"海因少校不知道该说什么，想了想还是问道："为什么是您告诉我这些？指挥部里没其他人了吗？"

"所有参谋人员都投入战斗了！英军装甲部队突破了我们的主防线，正在进攻巴约镇，这里只有我一个，"她顿了顿，又补充道，"英国人正驱车驶过外面的建筑，少校先生，您自己听听！"这位姑娘冷静地把话筒伸出窗外，身处圣洛的情报处长仔细聆听，敌坦克低沉的轰鸣和履带的嘎嘎声清晰可辨。毫无疑问，是敌坦克，肯定是英国第50师。

电话那头的姑娘说道："我现在得离开了！"海因少校顾不上客套，冲着电话喊叫起来："真该死，姑娘，您怎么脱身？""哦，我会穿过后花园溜走的，通话完毕！"伴随着咔嗒声，电话断了。

巴约失陷！听完这通生动的电话，没人再怀疑这一点。英国人与美军的奥马哈滩头取得联系，还夺得诺曼底地区首座大城市。他们切断了与海岸平行的主干道，现在可以转向重要的交通枢纽卡昂：按照蒙哥马利的计划，他原本打算入侵首日就迅速攻占该城。

海因刚要把坏消息汇报给参谋长冯·克里根中校，就听见掩体入口传来机枪扫射声和爆炸声。一辆载有德军和美军伤员的救护车，被战斗轰炸机击中，燃起熊熊大火。伤员惨叫不迭，其他人赶紧把他们拖出救护车，两个美国兵死了，其他人也被烧伤。军部门前混乱不堪，就在这时，第352师一名勤务官带着一名中士和第439东方营的两个俄国人跑了过来："情报处长在哪里？营长贝克尔少校给他送来两个行李袋，里面是缴获的美军文件。"

缴获的美军文件？怎么缴获的？中士简要地汇报了情况：今天早上，一艘满是弹孔的登陆艇，被海水冲上第439营位于热福斯丰特奈附近维尔河河口的防区。登陆艇里有六名阵亡的美国海军军官，其中一人是海滩勤务队队长，负责登陆海滩的特定地段，他倒在一个箱子上，箱子里装的显然是机密文件。"少校先生，就是这些，"中士晃晃袋子，把一堆潮湿、黏在一起的文件放在办公桌上。海因瞟了一眼，发现文件上满是代号、数字、时间表，毫无疑问，这是个重大收获！他赶紧安排几名翻译处理这些文件。没过半小时，特别勤务负责人约贝尔兴奋地冲入办公室："少校先生，我们掌握了美国第7军的完整作战方案！"情报处长海因简直不敢相信自己的耳朵，他将信将疑地看了看翻译出来的首页文件，震惊地喊道："哎呀，约贝尔！"他喘了口气，约贝尔说得没错，运气好得难以置信！

搁浅的登陆艇——美国第7军战略集结的秘密方案

这份作战方案非常详细，包括从D日起的每个阶段，以及美军针对科唐坦半岛的每日目标，都放在第84军军部的办公桌上。德军指挥部掌握了敌人的意图，不仅仅是美国第7军，还包括友邻美国第5军和英国第30军的方案。按照预定计划，美国人首先打算在卡朗唐附近，把犹他和奥马哈滩头连接起来，尔后在巴约与英军会合，建立一片连贯的登陆场。接下来，美国第7军就穿过科唐坦半岛西部海岸前出到库唐斯，构置一道正面朝南的临时防线，同时以主力挥师向北，夺取瑟堡。

马克斯将军和他的参谋长仔细研究了敌人的方案，随后决定："立即把这份摘要发给各个师！作训处长哈索·菲比希少校带上原件去见隆美尔，然后转呈圣日耳曼的冯·伦德施泰特元帅。"

当日下午，菲比希赶往塞纳河，一路遭到战斗轰炸机追逐。他的任务是呈送第84军得到的宝贵情报，详细汇报前线情况，紧急吁请德国空军提供支援。海因少校还托他呈交一本略带焦迹、红色亚麻布封面的书籍——《德国军队》。美国人评估德国军队的战地指导手册，首次落入德国人手里，书中以东线为例，对德国人的军事成就大加称赞。

这一次，战争之神似乎对德军指挥部绽露出笑容。可是，如果不能击败敌人，掌握他们的文件，知道他们的意图又有什么用呢？

的确，接下来几周，德军一次次打乱了敌人的时间表，对方原定几天内夺取的目标，耗费了好几个星期。可事实证明，德国人无法把他们发现的秘密发展成决定性胜利，他们缺乏至关重要的军种：空军！这种绝望的劣势无可弥补。因此，第439东方营哥萨克的幸运地发现、第84军情报部门的果断决定没起到太大作用。交战不受影响地继续进行，德军各级指挥部眼睁睁地看着敌人一步步展开他们的作战方案。

★

6月8日下午，马克斯将军、隆美尔、伦德施泰特元帅已经从缴获的美军作战方案得知，卡朗唐是敌人重要的目标，此时，海特那群伞兵的弹药所剩无几。各伞兵营前方是美国人，对方在强大的装甲部队支援下冲出犹他海滩，而他们身后是难以逾越的沼泽区。德国第6伞兵团的补给基地、战地厨房、后勤部队、弹药分发点都在洪泛区后方。

伞兵团团长海特做出艰难的决定，他打算丢下重装备和车辆，率领团里的机动部队穿过超泽地，撤往卡朗唐东端和北端的防御阵地。一旦到达那里，伞兵就封锁了两座美军登陆场之间的13号国道，也堵住了通往英军登陆区的道路。

就这样，卡朗唐成为入侵战线争夺最激烈的地方。美国第502伞兵团的幸存者永远不会忘记加高的堤道上，从圣科姆迪蒙穿过低洼沼泽的军用道路。美军不断对德国人的阵地施加压力，炮击和轰炸交替进行。他们从犹他滩头向北攻击前进，同时还从东面的奥马哈地区展开进攻。德军伞兵趴在洼地，要是他们把散兵坑挖得更深，坑里立即会灌满水。卡朗唐边缘与沼泽地之间，双方为争夺几座炸毁的桥梁西南面的农庄，展开的厮杀尤为激烈。农庄坐落在硕大的果园里，周围树篱环绕。的确，地形为守军提供了掩护，但另一方面，也让进攻方更容易逼近。第6伞兵团前进指挥所设在农庄里，外面的果园不时爆发激烈的近战。后方的卡朗唐镇边缘，一座古老的果酒酒窖里，团军医罗斯和第2、第3营医护人员忙着做手术、包扎、注射或安抚垂死者，伞兵团俘虏的两名美国军医在一旁帮忙。仅仅一天，24小时内，伞兵团前进急救站救治了1000多名伤员，有美国人，有德国人，也有格鲁吉亚人，甚至还有法国平民。疏散伤员只能在夜间进行，白天，呻吟的伤员则躺在急救站的地窖里。

第6伞兵团的官兵就这样抵御向南涌来的敌军。

★

北面，圣马尔库夫炮台和阿泽维尔支撑点在6月8日继续阻挡向北攻击前进的美军。尽管两处阵地陷入包围，但奥姆森和卡特尼格的炮兵，在盖斯勒的掷弹兵和汉斯约格·哈贝尔的炮兵突击连支援下顽强抵抗。特里佩尔上校已批准卡特尼格中尉撤离损毁的阿泽维尔炮台，但地区指挥官凯尔中校发来几份电报，声称步兵、反坦克炮、工兵正赶来增援，于是，卡特尼格继续坚守阵地，抗击美军第12团。凯尔中校承诺的援兵，赶来的寥寥无几，其他人在途中损失殆尽。尽管如此，整个6月8日，阿泽维尔和圣马尔库夫炮台仍在坚守。

美国人决心不惜一切代价砸碎这个烦人的"硬核桃"。徐进弹幕射击后，他们在下午1点30分冲击圣马尔库夫炮台，终于突入支撑点。美军突击队员扛着爆破筒，把炸药推入防御工事后引爆。可是，他们使用的爆破筒在冲到德军主防御工事和战斗掩体时，炸药已耗尽。为求自保，圣马尔库夫炮台的官兵殊死抵抗。

卡特尼格又一次从阿泽维尔炮台提供支援。按照奥姆森再次提出的请求，他以一门完好无损的100毫米火炮，猛轰圣马尔库夫炮台几个美军突击连。盖斯勒也投入掷弹兵，对美军左翼发起反冲击。美军突击营动摇了，他们筋疲力尽，已无法承受突如其来的压力，不得不再次退回多丹维尔。

美军就这些作战行动提交的报告很能说明问题。美国第4师突击营的兵力，损失超过50%，团长愤怒不已，怀疑这是德国人布下的陷阱。他担心德军就此发起大规模反突击，对整个滩头阵地的态势评估也很悲观。美国人获悉盖斯勒的掷弹兵增援圣马尔库夫炮台，更是惊慌不已，认为这是德国人宏大方案的组成部分，

— 125 —

因为他们完全没想到，德军根本没有可用的预备力量。"美国人对态势的错误评估，让我们交了好运，"后来成为联邦德国海军少校的奥姆森说道，"他们怀疑我们有装备精良的预备队，实际上，这片地区没有任何预备力量，我们防线上的炮火把他们吓坏了。"

直到6月9日这个命运多舛的周五，美国人才以突击夺得阿泽维尔炮台。炮兵以1500发炮弹实施火力覆盖后，美军突击队端着火焰喷射器投入进攻。守军耗尽了弹药，绍尔中士想方设法修好一门高射炮，只射出一发炮弹，炮位就被敌军炮火炸毁。抵抗终于崩溃了。[1]

奥姆森撤往金雀花高地

突击部队损失惨重，美军师长认为，继续强攻圣马尔库夫炮台似乎不是明智之举。相反，他们企图以陆地和海上炮火粉碎负隅顽抗的炮台。当日傍晚，美军第22步兵团已做好绕过圣马尔库夫，径直攻往基讷维尔德军海岸支撑点的准备。几支特种部队，各编有一个步兵连、一个工兵连、一个反坦克连，作为独立突击队展开行动，负责消灭圣马尔库夫炮台。

可是，美军的时间表又一次被打乱。几支突击队没等来空中支援，因此，行动仅限于小规模交火。夜间，美国人以20毫米曳光弹不停地射击炮台，致使守军无法修葺防御工事。不过，高级武器技师不知疲倦地工作，用几门损毁的火炮拼凑出一门完好的火炮，随即轰击美军补给纵队，又给对方造成新的混乱。

圣马尔库夫炮台成了插入美军战区烦人的利刺，可惜，德方无法加强这根利刺，奥姆森和他的部下只能依靠自己，只是他们还不知道而已。

6月11日，战斗掩体里的电话响了，疲惫的德军官兵吓了一跳，经受了那么多炮弹和炸弹，军用电话居然完好无损，真让人难以置信。圣马尔库夫的电话线顺

---

① 译注：阿泽维尔炮台169名守军打出白旗，跟随他们先前俘虏的一名美国伞兵走出掩体投降。

利运作到最后一刻，炮台的电话通信一直保持畅通。

奥姆森后来指出，修筑炮台期间，他把通信线缆铺设在80~90厘米深的通信沟里，这些通信沟非常窄，而且没有用泥土覆盖，这样一来，不仅难以发现，维修也很方便。但通信线缆几乎不需要维修，因为奥姆森的专家把线缆排得很松，也就是说，通信线缆没有绷直，而是排成松松垮垮的蛇形。即便炸弹落在附近，线缆可能会来回摆动，但不太容易断裂。炮台与瑟堡海军指挥官的通信电缆，深埋在地下，还有坚固的管套保护，尽管长达30千米，但完好无损。大部分主要军用通信线也是这样，许多地区被美军占领很久后，通信仍未中断。

奥姆森中尉拿起电话听筒，掩体里的部下紧张地盯着他们的指挥官。奥姆森把听筒紧紧贴在耳朵上，是海军少将亨内克从瑟堡打来的："听我说，奥姆森，您的炮台还剩多少人？"

"海军少将先生，还剩78人，包括可以移动的伤员，有些伤员得用担架抬，这里还有些无法移动的重伤员！"

"奥姆森，"亨内克急切地说道，"您觉得能突围吗？"

没等奥姆森回答，亨内克又说道："奥姆森，无论如何您得试试！你们距离我的防线大约10千米左右，今晚设法突围！"

奥姆森毫不犹豫地回答道："是，海军少将先生！"说罢，他挂了电话。

没什么好考虑的。奥姆森立即召集炮台人员和盖斯勒的步兵，给大家分发了步枪、冲锋枪、口粮。"烧毁机密文件，有谁想把个人物品烧掉的话，一起丢进火里！"

就这样，圣马尔库夫炮台的生还者动身出发，开始了一场彻夜跋涉。他们蹚过一条条河流，把抬着伤员的担架高高举过头顶，这些担架是用木棍和毛毯仓促做成的。

医护一等兵约翰内斯·布罗克曼不停地提醒："小伙子，当心点，别颠着伤员！"尽管如此，这场跋涉对伤员而言依然是场艰巨的行军。他们转身向北，目标是基讷维尔，拉佩尔内尔附近的金雀花高地。凯尔中校第919掷弹兵团团部设在那里，第1261陆军海岸炮兵团团长特里佩尔上校也在那里，圣马尔库夫炮台接受他的指挥。

这个夜晚虽然漫长，但终究是过去了，幸存者不再恐惧。拂晓时，他们到达己方防线。

1944年6月12日上午，美军指挥官决定派第9师刚刚登陆的一个团，对付德军顽强的海岸支撑点。

J. L. 柯林斯少将打算强行突破蒙特堡前方的德军防御阵地，一举攻克蒙特堡，这是个重要的交通枢纽。夺得蒙特堡，就能控制通往瑟堡的公路，而瑟堡港是美国第7军的主要目标。

美国第7军军部，一群军官俯身看着桌上的地图。他们听军长说，自入侵首日起，这座炮台就严重妨碍到登陆行动，整个时间表耽搁了好几天。另外，辖内部队在前方进攻，身后有个德军支撑点仍在顽抗，这种感觉很不舒服。

在场的军官点点头，他们当然明白军长说的是什么，那就干吧！他们马上从事进攻准备。两小时后，第9师侦察营报告：敌人放弃了圣马尔库夫炮台！

他们在炮台只找到21名身负重伤的德国士兵，一名自愿留下的医护二级中士悉心照料着伤员。美国人没有为轻而易举取得的胜利感到不安，就此而言，德国人也没有对结束抵抗感到沮丧。美国陆军发表公报，宣称攻克圣马尔库夫，但没有提到这场胜利比预计的时间晚了6天。

伞兵只需要匕首

卡朗唐也陷落了。圣马尔库夫炮台的官兵弃守争夺激烈的支撑点，撤往北面，几乎是同时，海特中校不得不把遭受重创的几个伞兵营撤离卡朗唐。海特伞兵团后撤的消息，在第84军军部和第7集团军司令部引发了惊恐之情。

美军与英军滩头阵地间，13号国道上至关重要的拦截阵地失守了。

怎么可能？

怎么会这样？

伞兵怎么能弃守如此重要的阵地？

这个问题成为所有战争评论的话题，时至今日依然如此。但答案很简单，用海特自己的话就能说清。有一次，他在OKW要求获得更好的装备，结果遭到拒绝，对方还声称："伞兵只需要匕首！"海特反驳道："伞兵也只是血肉之躯！"实际上，这就是答案。伞兵确实很英勇，视死如归，甚至有些鲁莽，可他们毕竟只是血肉之躯。

6月9日、10日夜间，第6伞兵团第1营只剩25人，700人的伞兵营就剩这么一点，他们设法返回团部，报告第1营损失殆尽。他们被包围在圣玛丽迪蒙，遭到敌军攻击，分散成一个个相互隔绝的战斗小组，最终被敌人消灭。该营三分之一的人员阵亡，或是淹死在沼泽里，其他人几乎个个带伤，成了俘虏。

6月10日中午，一名美军军使出现在卡朗唐北面，第2伞兵营阵地前，以第101空降师师长马克斯韦尔·泰勒将军的名义要求他们投降。海特用英文回复了对方以德文书写的劝降信，他问道："要是身处同样的境地，你会投降吗？"

第6伞兵团孤身奋战，没有火炮，没有坦克，更没有空中支援，就连弹药也不足，特别是迫击炮弹和冲锋枪子弹。炮弹很多，可没有发射炮弹的火炮，火炮已被敌人的战斗轰炸机和舰炮摧毁。

他们向第84军求援，军部派出补给队，给他们送来法制迫击炮弹，可口径不对。为使用这些炮弹，伞兵开动脑筋，把炮弹包裹在毯子里发射出去——幸亏卡朗唐的一座补给仓库里堆满了毛毯。

6月11日夜间，这群伞兵觉得他们正在见证奇迹。一处处阵地传来欢呼声："德国飞机！"自盟军发动入侵以来，他们还是首次见到己方飞机。来的是第84军派出的几架Ju-52运输机，朝伞兵阵地投下装有迫击炮弹和冲锋枪子弹的补给罐。

6月11日上午，美军深深楔入第6伞兵团右翼、左翼、中央。海特不得不从防御正面抽调兵力加强两翼，这就削弱了正面防御。中午，敌人到达卡朗唐外围，在沦为废墟的房屋、花园、树篱周围占据了阵地。为防范不测，团长海特命令部下，立即侦察镇子西南面的高地，寻找合适的备用阵地和后撤路线。第795格鲁吉亚营残部纳入海特麾下，奉命赶去构筑备用阵地，反正这群格鲁吉亚人已不适合在前线从事激烈的防御战斗。

当日中午，海特亲自赶往选中的备用阵地。他在途中遇到一辆指挥车，对方示意他停车。来的是党卫队第17"格茨·冯·贝利欣根"装甲掷弹兵师的师长奥斯滕多夫旅队长，以及他的作战参谋康拉德一级突击队大队长。海特汇报了情况，随即获知自己的伞兵团纳入奥斯滕多夫麾下，党卫队第17装甲掷弹兵师打算在12日进攻美军滩头阵地。奥斯滕多夫信心十足，乐观地宣称："我们很快就会解决问题！"为保险起见，海特要求该师立即派部分力量投入战斗，加强卡朗唐镇外的伞兵。奥斯滕多夫没答应，他想集中全师兵力发起大规模进攻，这一点可以理解，他还保证，这场冲击肯定能分割敌军登陆场。海特提醒他，不要对态势做出过于乐观的评估，但徒劳无益，奥斯滕多夫提到自己在东线的经历："美国佬不可能比俄国人更顽强。"

海特回答道："不是说美国人更顽强，而是他们的装备好得多，坦克和火炮多得吓人。"

师长奥斯滕多夫草草结束了这番讨论："中校先生，您的伞兵必须坚守到明天早上。"

可这群伞兵没能坚守到次日清晨。

海特回到指挥所，听到惊人的报告，争夺激烈的那座农舍，过去几天一直是他的前进指挥所，现在落入美国人手里。要是全团不想重蹈第1营陷入重围后尽没的覆辙，就必须采取断然措施。因此，6月11日下午5点左右，海特命令部队撤离卡朗唐，退往西南面的既设阵地。傍晚的暮色下，海特的伞兵撤离13号国道上激烈争夺的城镇废墟。

卡朗唐之战结束了。

次日，党卫队第17装甲掷弹兵师企图夺回卡朗唐，但徒劳无获。

海特亲自率领的第2伞兵营，是党卫队第17装甲掷弹兵师辖内唯一一支顺利杀到卡朗唐镇郊，在火车站旁边掘壕据守的部队。他们坚守了一段时间，由于奥斯滕多夫麾下其他部队一直被敌军火力压制，海特的伞兵不得不再次弃守阵地。犹他与奥马哈之间的公路敞开了。[①]

---

① 译注：奥斯滕多夫把进攻失利归咎于伞兵过早弃守卡朗唐，要把海特送上军事法庭。海特不买奥斯滕多夫的账。上级调查弃守卡朗唐事件期间，第2伞兵军军长迈因德尔力保海特，再加上海特在1944年10月获得了骑士铁十字勋章橡叶饰，此事最终不了了之。

"必须夺回巴约!"

卡昂附近,英军登陆场的情况如何?别忘了,德军第12装甲师第25装甲掷弹兵团,6月7日傍晚在那里投入了激烈的战斗。

6月8日,德军装甲和装甲掷弹兵,继续与全力进击的加拿大人激战。第12装甲团一个黑豹装甲连和第25装甲掷弹兵团侦察连组成的战斗群,夺得布雷特维尔,一举打垮加拿大里贾纳步兵团团部,整个夜间坚守村庄。拂晓到来后,迈尔被迫撤离他的战斗群。没有步兵支援,他们无法守住暴露在外的阵地,敌人的实力太过强大。

当日下午,西线装甲集群司令施韦彭堡将军来到迈尔的指挥所。他和党卫队旗队长爬上修道院角楼的观测所,迈尔简要汇报了情况,施韦彭堡聆听着,对态势感到悲观,但还是宣称,他会发起全面进攻,第21装甲师居右、第12装甲师居中,拜尔莱因装甲教导师居左,目标是沿宽大战线突破到海边。

突破到海边!迈尔不由得想:"终于要干了!"

卡昂城外仓促构置的防线上,拜尔莱因装甲教导师辖内部队已进入左翼集结区。他本人对6月8日至11日命运攸关的这几天做出以下描述。

6月8日拂晓,朔尔策上校率领第901装甲掷弹兵教导团辖内部队,到达诺尔雷周边集结区。古特曼上校以第902装甲掷弹兵教导团辖内部队编成的战斗群,不得不杀开血路攻入布鲁艾地区,因为加拿大坦克已占领该村。激烈而又混乱的夜战难辨敌友,结果造成严重伤亡。师属炮兵还没有就位,风度翩翩的炮兵团团长卢森布格尔上校,1941年在东线丢了条胳膊,他和营长蔡斯勒中校带着团部人员,驱车赶去侦察阵地情况。中午前后,两个战斗群已就位,准备投入行动。但进攻令没有下达,他们一直等到傍晚。隆美尔元帅赶到装甲教导师设在勒梅斯尼尔帕特里的师部,情况很快就清楚了,必须变更先前所有部署。隆美尔恼火地告诉拜尔莱因,英国第50师攻占了巴约:"拜尔莱因,第50师!我们在非洲的老朋友!"

陆军元帅对这位师长说道,装甲教导师必须把两个战斗群从诺尔雷—布鲁艾地区变更部署到蒂伊周边地带,目标是:"6月9日上午进攻巴约,务必夺回该镇。"

务必夺回该镇！一如既往，命令明确而又乐观。不知怎么回事，它似乎不太符合隆美尔的悲观情绪。他烦躁地说道："拜尔莱因，我们会遭受和非洲同样的命运，只不过，这次是莱茵河，而不是地中海，唉，没人理解我们！"

所有部队再次变更部署！拜尔莱因摇了摇头，这是在演习吗？

夜幕降临后，全师开拔。很倒霉，发现这场调动的不是加拿大人，而是德国空军，他们轰炸了行进中的德军队列，幸亏没出太大的岔子。6月9日早晨，装甲教导师完成了变更部署，可以对巴约发动进攻了。但英军巡逻队和坦克已经沿巴约—蒂伊公路隆隆向南，为避免把兵力分散在初期的小规模交战中，德军必须在道路西面发动进攻。

舍恩堡-瓦尔登堡王子少校率领的装甲教导团第2营，以第1装甲连参加了这场进攻。第1装甲营还没有开抵，拜尔莱因已命令调往东线的这个装甲营立即返回。进攻取得了不错的进展，中午前后，德军到达欧尔河谷的埃隆，侦察营的装甲巡逻队一路前出到巴约南面5千米的阿尔冈希。

距离巴约5千米！胜利在望，拜尔莱因兴奋不已，他要狠狠教训英国第50师，就像昔日在非洲的贾扎拉阵地和朱特乌埃莱卜做的那样！

他催促身边的参谋人员："小伙子们，出发吧！"哈特德根上尉笑着说道："行动顺利，将军先生，奏效了！看来我们正楔入英美军队作战地区间的缺口，运气好的话，我们也许能一路前出到海边，把英国佬和美国佬隔开，阻止他们会合。"

可是，德军所有行动似乎都遇到了麻烦，过了一会儿，又传来命令："取消进攻，全师撤回蒂伊！"装甲教导师的官兵破口大骂，言辞的激烈程度前所未见。

怎么回事？

原来，强大的加拿大装甲部队迅猛推进，对德军第12装甲师与装甲教导师的结合部，也就是蒂伊—奥德里厄—克利斯托地区构成严重威胁。装甲教导团第2营必须立即展开反冲击。

又是缺乏战术预备队导致的恶果，为封闭缺口，德国人不得不取消大有希望

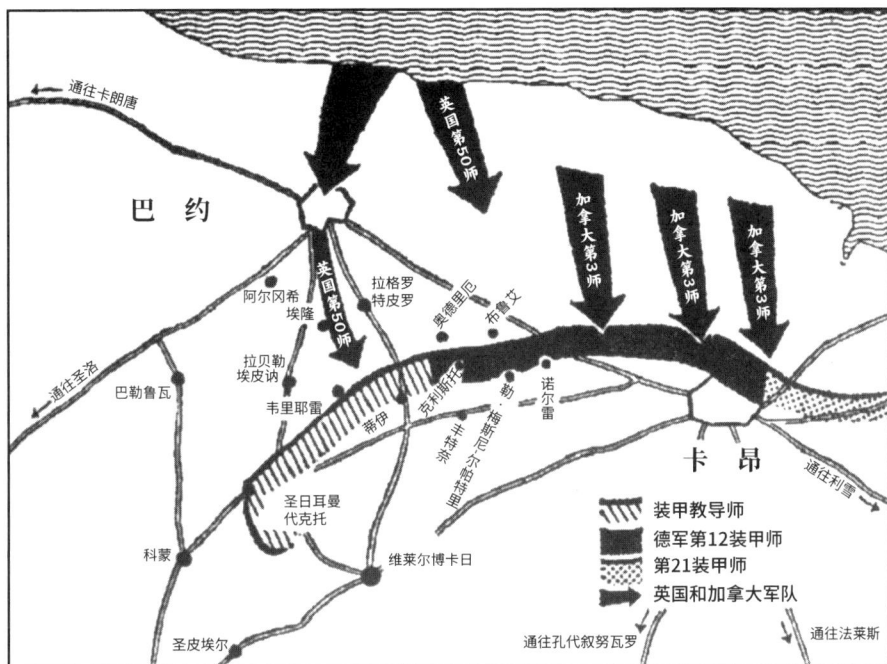

▲ 6月9日傍晚，德军从进攻转入防御后，英军作战地域，卡昂与蒂伊之间形成的突出部。

的进攻。原定作战方案再次付之东流，取而代之的是临时性举措。

6月8日、9日夜间，精心伪装的装甲教导团第8连在果园里度过。远程火炮的扰乱火力落在这片地区，没造成太大破坏。天亮后，美军的炮火瞄得更准。坦克里，脸色苍白的雷歇上尉坐在报务员的座位上，他已经病了好几天。车组人员蹲在坦克旁，打算用喷灯弄点热食物。每次有炮弹袭来，所有人赶紧隐蔽，这种本能的动作几乎有点无聊。尽管受到干扰，他们还是烤了点土豆，和煮熟的鸡蛋一同端了出来。二级下士韦斯特法尔小心翼翼地剥着滚烫的土豆皮，喃喃地说道："这也许是我们的最后一餐了。"

装甲教导团第8连是个经验丰富的连队，连里都是久经沙场的老兵。很多个夜晚，他们聚在一起畅饮卡尔瓦多斯苹果酒，喝罢第十杯，韦斯特法尔会突然喊道："二等兵黑默勒，车首机枪卡壳了！"

黑默勒立即回答：“炮塔转到12点方位。”

炮塔转到12点方位，这样能让光线钻入舱口，有助于清理卡壳的车首机枪。有时候，车长会喊道：“打开保险！”所有人立即把左臂举过头顶，因为坦克主炮的保险擎在右侧，必须用左手操作，否则就得冒上主炮反冲撞碎肩膀的危险。一个优秀的车组，哪怕在睡梦中也得熟练完成这一切，因此，无论睡觉时还是喝下第十杯卡尔瓦多斯后，他们都在练习，这就是装甲兵！

下午2点左右，雷歇上尉收到营长舍恩堡–瓦尔登堡王子的命令，要求他们集结在丰特奈地区：“全营即将发起进攻，目标是阻挡进犯之敌，前出到海边。第8连在左侧掩护侧翼。”他们又一次打算突破到海边。

一辆辆四号坦克轰鸣起来，嘎嘎作响地进入各自的位置。第8连连长没有和他们一同行动，医护人员把他送到战地医院去了。来自皮尔马森斯的教师瓦尔特少尉暂代连长。

集结区是一片有利的起伏地带，长满未成熟的杉树。进攻区域的视野很好：右侧是奥德里厄村，左侧是舒安村。1.5千米外，绿树成荫的平原分成两片茂密的树林，中间只有一条200~300米宽的通道，全营必须由此通过。

“坦克前进！”

801号坦克位于左侧，炮塔指向10点方位。

车长韦斯特法尔紧盯着林区间的通道：“但愿一切顺利！”

装甲营庞大的编队迅速驶过平原，这片贫瘠、未开垦的地区没有树篱，也没有花园围栏。“加快速度！”

他们隆隆驶过英国人刚刚构筑、精心伪装的阵地。看见德军装甲编队逼近，英军士兵立马放弃了阵地。几个先遣装甲排驶入树林间狭窄的通道，身后各装甲连收拢队形，放缓了前进速度。

他们马上就会知道这场进攻顺利与否。

果然，密集的炮火袭来了。

敌人的头几轮齐射落在德军装甲编队中间。后方的坦克已靠近前面的战车，队伍前方的坦克根本无法退却。这些战车堵在树林间狭窄的通道上。第2装甲营营长刚刚到达低矮的103高地，前方一门反坦克炮轰鸣起来。炮弹射穿炮塔，舍恩堡–瓦尔登堡王子跌倒在地，当场阵亡。身负重伤的车组人员竭力爬出车外。

里特根上尉接掌全营，率领第2装甲营直到战争结束。战后，里特根成为联邦国防军新组建的装甲教导团团长，军衔晋升到中校。

敌人的炮火落在树林间狭窄的通道上，犹如一块巨大的帷幕，闯入者注定会粉身碎骨。

雷歇上尉平日乘坐的801号坦克，炮手钻入炮塔担任车长。透过炮队镜，他发现敌坦克集结在舒安村前方。

"11点方位！1200米！穿甲弹！开炮！"

炮弹命中目标。

就在这时，一门20毫米火炮从近距离射出的一轮炮弹击中801号坦克。炮火是从树林覆盖的平原射来的，就在那里，炮口发出闪烁。幸亏炮弹只射穿了坦克薄薄的裙板。

"9点方位，高爆弹，开炮！"

炮塔上的机枪也朝树林猛烈扫射，击碎的树叶飞入空中。英军阵地再也没有射出炮火。

此时，代理营长下令后撤。一些车组冒着敌人的炮火抢修受损的战车，801号坦克留下来提供掩护火力。夜幕渐渐笼罩了树林和荒原，801号坦克也撤出战场，退回果园隐蔽起来。

远处，最后一辆燃烧的坦克发出的闪烁光，标志着进攻受挫。德军突破到海边的企图又一次无功而返。

一名坦克车长问道："上面的人难道不知道，我们面对的是个强大的敌人，根本没办法把他们赶下大海吗？"

这句话道出了许多人的心声。

到6月9日傍晚，情况已经很明显，仅凭几个师的现有力量，不可能"突破到海边"。因此，党卫队第1装甲军军长迪特里希指示身处兰热夫雷的拜尔莱因，在蒂伊地区转入防御。装甲教导师是党卫队全国副总指挥迪特里希麾下唯一的陆军师，他告诉拜尔莱因，务必不惜一切代价坚守克利斯托—蒂伊—韦里耶雷—拉贝勒埃皮讷这条主防线。

此时，没人再谈论朝海边发起反突击，这是个转折点。

迪特里希的命令无疑是正确的，情况很明显，尽管蒙哥马利付出了高昂的代价，还是没能以正面冲击攻克重要的交通枢纽卡昂，因此，英军的主要突击调整到蒂伊地区。

蒙哥马利得出这样的结论：如果正面进攻无法达到目的，就必须改为侧翼冲击。也就是说，英军应当从巴约地区攻往蒂伊，夺取维莱尔博卡日制高点，尔后转身攻往卡昂。进攻战的新篇章就此开启，名字是蒂伊!

▲ ▶ 在犹他海滩守卫5号支撑点的阿图尔·扬克少尉。他最后的预备力量是歌利亚微型遥控坦克（高度只有67厘米），这种坦克的车舱内装有91千克炸药。

▼ 圣马尔库夫特种炮兵连的210毫米火炮掩体，混凝土墙壁厚达4米。

▲ ▼ 奥马哈海滩，美军第一波登陆部队不得不涉过齐肩深的海水登上海滩（上图）。运输船只随后运来重型进攻性武器：155毫米自行火炮驶上海滩。另一方面，英军的首批登陆力量包括丘吉尔式重型坦克。但在许多地段，他们被德军海岸上的炮兵压制在海滩上（下图）。

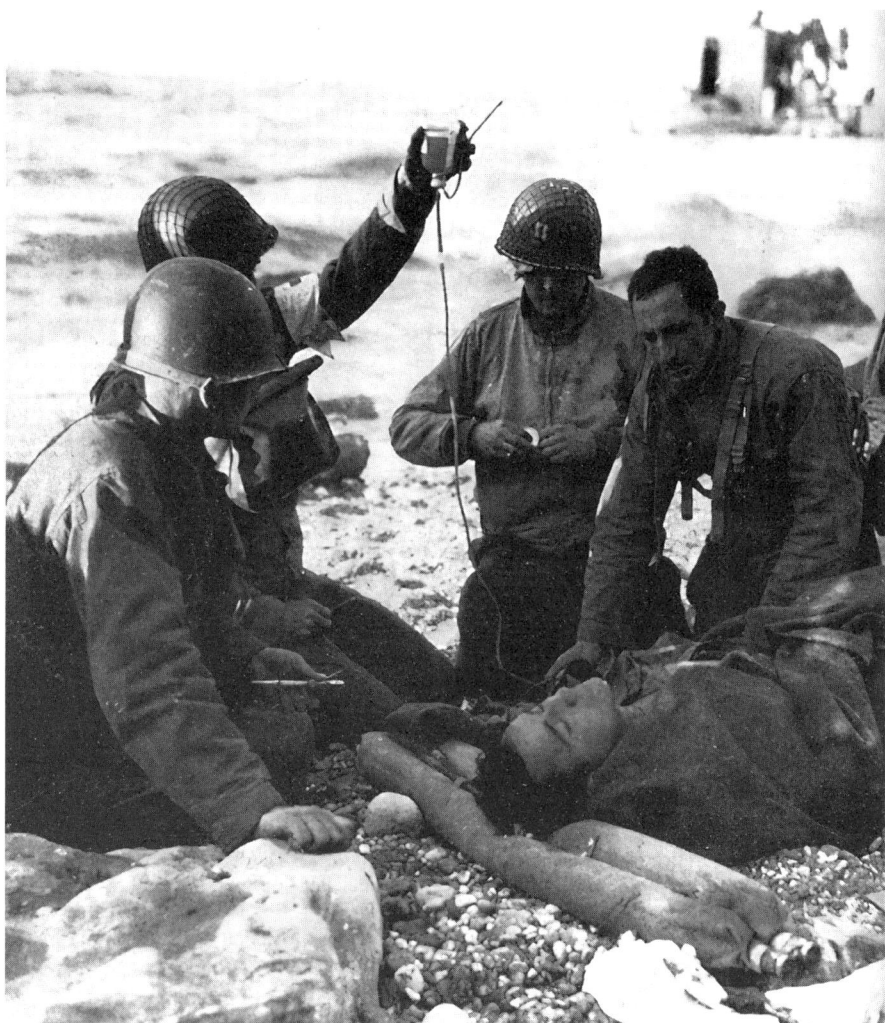

▲ 美军士兵登陆海滩为伤员输血。

▲ 美国人带着精良的技术装备赶到。卡车、坦克、运兵车队隆隆驶下特种船只的装卸斜板，驶上奥马哈和犹他海滩。推土机清理出的道路上覆盖了便于车辆行驶的网。

4

蒂伊之战

在四号坦克里度过十三天

装甲教导师于6月9日在蒂伊投入防御作战，这支为机动装甲战而组建、训练的现代化兵团，发现自己面临始料未及的任务。交战地区是树篱地带，起伏不平、灌木覆盖的地面上，布满硕大的苹果园和牧场，地形不利于防御。覆满灌木丛的高大土墙或一排排树木，把这片乡村分成几百个小小的长方形，虽说提供了隐蔽和掩护，但也给观察造成麻烦。步兵可以据守一条条隘路，通过这种方式，德国人设立了几个防区，可各个防区间缺乏联系。所有问题的解决方案是坦克，它成了防御的核心。坦克本来是用于进攻、突击、快速推进的兵器，现在成了防御手段，沦为披挂装甲的反坦克炮或机枪。新用途催生了全新的战术和战斗人员。而进攻战给这种战术和战斗人员打上深深的烙印，就像东线一连串合围战，或是莫斯科城下、顿河和伏尔加河畔的临时性举措。

在诺曼底，单辆坦克成为步兵的核心，步兵排、步兵连或战斗小组围绕坦克组建。没有坦克的话，既无法攻克敌军阵地，也无法守住己方阵地。消除敌军渗透的局部反冲击，或是收复具有战术重要性的地段，这些任务几乎都要借助坦克完成。

古德里安曾满怀信心地认为，仅凭装甲教导师就能把进攻的英美军队赶下大海，可现在，该师被迫采用全新的交战样式。装甲教导师当初作为精锐进攻力量组建，现在却作为防御兵团使用。他们不得不把750辆装甲运兵车存放在距离战线后方100千米的仓库里——750辆装甲车！装甲师展开静态防御战，是战争史上扣人心弦但又令人沮丧的篇章。接下来就是个非常典型的插曲。

★

"警戒分队执行前哨勤务！"

四辆四号坦克隆隆驶离，几名车长得到手绘地图和相关命令："沿这条道路占据阵地，把坦克隐蔽好，确保良好的射界，务必守住这片地段。"

"你们要确保被敌人的战斗轰炸机发现前进入阵地！"

几辆坦克动身出发，战斗舱里有五名成员，车外，步兵像一串葡萄那样攀附在炮塔上。坦克前进！

"右转，这样我们就可以用树篱为掩护。"没人想到这是一场历时14天的交战，一连14个昼夜，他们在拉贝勒埃皮讷地区执行警戒勤务。

警戒分队的坦克必须避开战斗轰炸机锐利的目光。要是被他们发现就完了，对方会持续不停地攻击，直到炸弹或机炮干掉坦克。面对敌人的优势，唯一的办法是狡黠如狐。

车长韦斯特法尔二级下士跳下坦克，沿隘路实施侦察。他攀过树篱，检查每一寸地面，转来转去，把隘路查看了十来次。报务员霍夫曼二等兵笑着说道："他不会在勘探建筑用地吧！"

"建筑用地挺好的，"装填手黑默勒说道，"比较稳妥！"

炮手布雷特施奈德同意他的看法："总好过墓地！"

韦斯特法尔终于找到个合适的位置，命令道："向左向右实施侦察！"另外两名车组成员朝左右两侧而去，在精心伪装的阵地里找到了友邻坦克。二级下士舒尔茨的战车在左面，位于右侧的是二级下士保施的坦克，费尔默上尉指挥的第四辆坦克守在最侧面。几辆战车隐蔽在树篱、果园、干草垛里，周围的步兵阵地用灌木、树叶、树枝加以伪装。

四辆坦克的间隔相当大。要是敌人进攻，他们必须从藏身处设法阻挡敌军装甲先遣力量。德军装甲预备队部署在他们身后2千米，倘若敌人突破前哨防线，装甲预备队就会发起反冲击。

最初几个小时用于伪装坦克，他们从树篱上小心翼翼地剪下灌木和树枝，用这些材料让他们的坦克彻底"消失"在视野里。作业期间，观察员负责检查伪装效果，他会从有利位置传话回来，"还能看见一部分炮塔，"或是"一节履带在阳光下闪烁"，直到一切伪装安排妥当。

坦克在燕麦地里留下的履带印必须消除，因为这些痕迹会给敌人的战斗轰炸机指明坦克的位置。为符合周边的地形地貌，他们还得费力地拉直或弄弯茎秆。

头两天还能忍受，没有热食物，没有盥洗水，起初不算什么大问题，坦克里的车组人员也没到相见生厌的地步。需要更换干枯的伪装树枝或到外面透口气时，他们会笑着钻出舱口或从坦克下面爬出去。

战车里随时坐着或站着两名组员，目光不停地搜索田野。"到那棵矮树的距离是多少？"他们争论起来，核实后达成一致。"到树篱那一大团灌木丛呢？到燕麦田的尽头呢？"他们就这样一次次测算整片地区，对一段段距离越来越熟悉。

第三天下午2点。

"注意，英国人来了！"车组人员吃了一惊，赶紧聚拢过来。坦克驾驶员罗斯举起望远镜察看情况，报告道："十个英国兵把一门反坦克炮推过草地，正进入炮位。"

"又有两个英国兵扛着弹药箱过来了。"

车长冷静地下达了命令："高爆弹，距离400米，开炮！"

76毫米炮弹在反坦克炮正前方炸开。三名英国兵幸免于难，赶紧跑到树枝低垂的苹果树下隐蔽起来。

"高爆弹，11点方位，420米，开炮！"

树冠炸成碎片。

"开炮！"树干四分五裂。

"开炮！"炸碎的树枝四散飞溅。

"停止射击！"

几名车组人员钻出车腹舱口，忙着修补伪装，一个个神色紧张，因为他们知道，马上就会遭到对方的激烈报复。

一个小时后，英军一架炮兵观测机出现在上空，来回盘旋，搜索着地形。

果然，报复性打击来了。

先是几门流动火炮测距射击，营级炮兵的猛烈火力随后袭来。不过，要在这么大的地区击中一辆小小的坦克，不是件容易的事。当然，炮火把燕麦地犁了一遍，撕碎了树篱，纷飞的弹片不停地撞击坦克两侧，就像死神在敲门。

太阳升起前不久，这场弹幕射击的猛烈度到达顶点。弹片把坦克两侧附加的装甲裙板炸得千疮百孔，还扯掉了炮塔上铺的羊毛毯和粘在毯子上的树枝。

黑默勒喊道："他们释放烟幕弹了！"

坦克外的烟幕很浓，能见度不到10米。

现在，敌人随时可能攻过来。

他们看不见敌人，可他们知道对方正在逼近，"开火"！

四座钢铁堡垒，构成蒂伊主防线的核心，他们扯掉伪装，该投入战斗了。炮塔转动，主炮喷吐出一发发炮弹，机枪咯咯作响，步兵也从树枝下和树木后的散兵坑开火射击。钢铁和火焰袭向前方的烟幕。

车长韦斯特法尔推开坦克舱盖，举起望远镜迅速察看情况，随即喊道："弹幕前移了！"

看来，敌军步兵马上要投入冲击，炮火前移是为了避免误炸他们。

"开炮！"

地面震颤起来，树篱的枝叶猛烈晃动，就像卷入了炮火冲击波引发的风暴。诺曼底的夏日阳光消失在尘埃和硝烟后，人造烟幕很快也消散了。敌人在哪里？他们没来。

四个五人坦克车组和几十名步兵松了口气，赶紧更换伪装物。

第8个夜晚。为睡上一会儿，车长和炮手调换了位置，韦斯特法尔的头靠在目镜上，刚闭眼就睡着了。装填手对罗斯说道："把空弹壳递给我。"听见这种亲昵的声音，没人再笑了。装填手推开车腹舱盖，倒空战时夜壶。就在这时，外面传来一声巨响，轰!

惊醒的车组人员跳起身，又是一声巨响，轰!

不是炮兵，是敌坦克射来的穿甲弹，其中一发的落点非常近。

驾驶员赶紧发动引擎，挂上倒挡，松开离合器全速倒车，再快点!

车长打算回到自己的位置，可无法做到。"咱们还是沿树篱行驶吗?"

韦斯特法尔推开舱盖，回答道："没错!"

停车，他们停在一棵枝繁叶茂的橡树下。一发发炮弹击中树冠，断裂的树枝如雨点般落下。友邻的德军坦克开炮了，一发，两发，三发，随后平静下来。它干掉敌坦克了吗? 还是把对方赶跑了? 由于无线电静默纪律，他们没法询问。

第13天降临在树篱上。车组人员疲惫至极，再也无法忍受彼此的形象和气味。

蜷缩身躯的13天，没有一滴盥洗水的13天，一同挤在铁棺材里的13天，可他们依然保持警惕。

一如既往，车长举着望远镜，一米接一米地察看树篱，目光停在一处小小的凹痕上。

昨天可没有这个凹痕，而且，从树篱中伸出的一根树枝看上去也不太对劲。他仔细调整望远镜焦距，"没错，是个英国佬!"一瞬间，他辨认出伪装的树枝下那顶扁平的钢盔，"有一个就有更多英国佬!"

炮手确定了方位，韦斯特法尔问道："瞄准了吗?"

卡尔·布雷特施奈德点点头，随即射出一发高爆弹。

"差了30米!"

就在这时，一门反坦克炮的炮管从树篱中探出，现在就看谁的速度更快，射得更准。

主炮发出的轰鸣声在战斗舱内回荡着。"再往右10米，伙计，您没看见炮管吗?"

英国人的反坦克炮响了，瞄准的是坦克炮口闪烁处，嘶嘶作响的炮弹贴着炮塔飞过。这场较量全看谁的速度更快，韦斯特法尔的战车最终赢得胜利。次日清晨，拂晓的昏暗光线下，他们终于获得换防。

几个车组驱车返回基地，在地上挖了大坑，把坦克开到坑上面，再往坑里扔几条毛毯，爬进去呼呼大睡，没在臭气熏天的坦克里接连14个昼夜执行前哨勤务的人，无法理解这是多么幸福的事。远处的炮声隆隆作响，战斗轰炸机仍不时在空中轰鸣，可他们毫不在乎，只要上级没有下达"上车，立即投入反冲击"的命令。

西线装甲集群司令部遭到轰炸，司令部人员丧生

6月10日夜间，装甲教导师组织起蒂伊地区的防御，辖内部队都已开抵。此时，前哨成为主防线，这道防线从克利斯托起，沿卡昂—巴约主公路延伸，穿过蒂伊北、韦里耶雷城堡、贝尔涅雷，再穿过拉贝勒埃皮讷和托特瓦尔，直抵圣日耳曼代克托和昂克托维尔。因此，装甲教导师据守的防线，长度不下17千米。

拜尔莱因把师部设在塞尔芒托的一座农舍，战斗轰炸机的持续威胁，迫使师部采取了严格的防范措施。通信中心在几千米外，这样，敌人就无法以无线电测向的方式确定德军指挥部的位置。白天，任何车辆不得驶入师部500米的范围内，他们还仔细清除了车辆留下的车辙印，以免战斗轰炸机和炮兵观测机发现师部。

几天前，一起可怕的事件让德军各个高级指挥部门意识到安全措施的必要性。隆美尔急于捋顺指挥链，于6月8日派施韦彭堡将军指挥迪沃河以东直到蒂伊的整片地区。施韦彭堡集结起三个装甲师（第21装甲师、党卫队第12装甲师、装甲教导师），终于做好朝海边发起反突击的准备。前线指挥官松了口气，"总算要开始了！"可6月9日下午，施韦彭堡将军设在蒂里阿库尔东北方6千米，拉凯讷城堡的司令部，遭遇战斗轰炸机空袭，被地毯式轰炸摧毁。敌人通过无线电测向确定了施韦彭堡司令部的位置。参谋长冯·达万斯将军和12名参谋人员身亡。施韦彭堡和第7集团军参谋长彭塞尔少将（战后在联邦国防军任军长）捡了条命。可计划中的进攻无法实施，直到6月底，施韦彭堡才重建司令部，承担起指挥职责。①

---

① 译注：除了施韦彭堡和彭塞尔，死里逃生的还有"大肆散布失败主义情绪"的克拉默将军。

激烈的坦克遭遇战

蒂伊周边地带不利于步兵实施防御。例如，第902装甲掷弹兵教导团第1营第1、第3连，在一片隆起处占据阵地，拂晓前不久，博姆巴赫少尉陪同营长视察阵地，他们见到的情形毫不令人感到鼓舞。由于地面布满石块，装甲掷弹兵无法挖掘阵地，只能在坚硬的泥土里吃力地挖出浅浅的凹坑，趴下后，摆上几块石头保护头部。

清晨5点，敌人的密集炮火突然袭来。这场炮火准备持续了45分钟。德军士兵无遮无掩地趴在冰雹般的弹雨下，这种情形让人惊慌失措。几名士兵跳起身朝后方逃去，其他人纷纷效仿，阵地陷入土崩瓦解的危险下。为阻止恐慌蔓延，里特中尉把这群士兵召集起来，率领他们返回防线。幸亏这场炮火过后，敌人没有发动进攻。

中午前后，五辆坦克隆隆驶过营部所在的农舍，看上去像是德军黑豹战车。一辆坦克停了下来，炮塔舱盖打开，车长探头看看农舍墙壁上喷涂的营部战术徽标。坦克炮管随即转动，轰！

很明显，不是德军的黑豹坦克。援兵再不赶到的话就完了，可援兵确实来了！

维尔纳少尉和他的反坦克连就部署在农舍后方。几天前，该连得到几门全新的自行反坦克炮，现在是测试火炮性能的好机会。15分钟内，他从隐蔽炮位击毁三辆敌坦克，另外两辆也动弹不得。车组人员弃车，拎着手枪和冲锋枪，徒劳地企图穿过营部逃回己方防线。

可是，几名坦克兵饮弹毙命后，其他人高高举起了双手。一名脸部负伤的英军少尉朝博姆巴赫敬礼，用流利的德语说道："我向您投降！"

维尔纳少尉在蒂伊西面击毁苏格兰团的坦克时，拜尔莱因将军正在侦察蒂伊北面的平原，他发现一支强大的英军坦克部队在宿营，对方从容不迫，就好像天下太平似的。

"哈特德根，把您能找到的兵力都调来！"拜尔莱因的勤务官立即离开。很快，他带回来四辆黑豹坦克，还有两门88炮，这款古老的神奇武器曾在北非为德军立下过汗马功劳。拜尔莱因使用88炮得心应手，马上把这股打击力量部署在隐蔽阵地的有利射程，然后下达了开火的命令。

英军战斗群就像炸了窝的蚁丘，各种车辆漫无目的地乱窜，几辆黑豹的高速主炮和88炮朝他们倾泻出一发发炮弹。

可这场战斗，一边倒的情形没能持续太久。英国人很快以他们特有的炮火弹幕覆盖拜尔莱因的打击力量，使用了包括舰炮在内的大口径火炮，反正他们负担得起。

黑豹坦克和88炮不得不仓促撤离。

诺曼底的战况总是这样：计谋、英勇，甚至是自我牺牲精神，无法打垮占有兵力优势的敌人。

当日傍晚，失踪的装甲炮兵团营长蔡斯勒中校，回到拜尔莱因的师部。6月8日，他和卢森贝格尔上校带着几名军士和士兵执行侦察巡逻任务，遭遇加拿大坦克突袭后被俘。

不知出于什么原因，这支加拿大部队极其残暴。入侵战的暴力和狂热，导致交战双方都做出过激的行为，这些行径在一起特别丑陋的事件中到达顶点。加拿大人痛殴俘虏时，蔡斯勒溜进灌木丛，后来设法逃回德军防线。他叙述的情况，次日以可怕而又令人震惊的形式得到证实。

德军反坦克炮击毁一辆加拿大坦克，德国人发现，身负重伤的独臂上校卢森贝格尔被绑在坦克炮塔上充当人盾。三天后，卢森贝格尔在德军战地医院伤重不治。

丛林里的"黑豹"和"老虎"

不出德国人所料，英军在6月11日对蒂伊展开强有力的坦克冲击，就此拉开大规模进攻的帷幕。菲利普斯上尉战前是格拉德贝克的牧师，他率领第901装甲掷弹兵教导团辖内部队击退了英军。对方的第二次冲击针对韦里耶雷和兰热夫雷，韦里耶雷失守，敌军侦察部队驶出村子北面的大片树林，蜿蜒地穿过草地、田野、果园，直奔公路而去。

装甲教导团的装甲预备队发起反冲击，一辆辆黑豹和虎式坦克嘎嘎作响地驶过兰热夫雷村狭窄的街道。这群战车在损毁的教堂外，轰鸣着转向二级公路，尔后驶上乡间道路，朝300米外的树林隆隆驶去。

"做好战斗准备！"

"关闭舱盖！"

透过坦克炮塔狭窄、装有防弹玻璃的观察孔，这些车长现在只能看见树篱、沟渠、草地、树林边缘很有限的一部分。

炮手用车内通话装置报告："主炮和机枪已上膛，保险也已打开。"黑豹的机枪和75毫米高速火炮准备就绪。

特奥少尉是第6装甲连的排长，也是第三辆黑豹坦克的车长，他这辆战车的代号是"柠檬"。特奥留意着周边的情况，在他前方，连里三辆坦克排成单路纵队，沿树林边缘隆隆行进，穿过杂乱的树篱、幼小的杉树、一人高的灌木丛、野生的老苹果树。特奥的战车殿后，前面三辆坦克驶过开阔的草地，隆隆进入树林。就在这时，地狱之门敞开了。

特奥的耳机里传来前方几名坦克车长的一道道指令："当心，敌坦克！""11点方位！""开炮！"然后他听见炮声，坦克驶入草地，他看见正在进行的战斗。林间小路上停着辆克伦威尔坦克，是"樱桃"击毁的。坦克残骸后方，烟雾迅速蔓延，标示出其他克伦威尔战车的位置，英军这些机动性很强的新式坦克，正在烟幕掩护下后撤。突然，一辆谢尔曼从右侧树篱冲出，随即掉转方向，消失进茂密的灌木丛。特奥朝逃窜的敌坦克开了一炮，随即发现左侧袭来炮火，他转动主炮，瞄向树篱后方隐约可见的坦克轮廓。直接命中！损毁的敌坦克没有任何动静，看来，车组人员已弃车逃生。

黑豹坦克和虎式坦克在茂密的丛林里追杀猎物，但英军的抵抗越来越顽强，他们朝这片树林源源不断地投入坦克和反坦克炮。

第6装甲连连长得出正确的结论，他的任务不是让自己的坦克一辆接一辆损毁在险象丛生的树林里，而是阻止敌人攻占兰热夫雷村。激战来回拉锯，肆虐了一整天，最后，英国人似乎放弃了他们的企图。

特奥少尉的"柠檬"驶入村内街道，停在一座农舍旁休息。二级下士马滕斯在厨房里摆弄着巨大的煎锅，用15个鸡蛋为五名车组成员烹制丰盛的农家早餐。突然，炮火落在村内，就在这时，"柠檬"一直打开的电台传来"樱桃"的呼救声："'樱桃'呼叫'柠檬'，我被敌人的步兵包围，无法移动。'柠檬'赶紧过来，重复，'柠檬'赶紧过来！"

农家早餐倒进一个个饭盒，毛毯、食物袋、盥洗用品丢进坦克。引擎轰鸣起来，"黑豹"驶出藏身地，行进途中，车组人员做好了战斗准备，一切进行得井井有条。

他们在乡间小路上看见陷入困境的"樱桃"，这辆执行战斗警戒的坦克，一动不动地停在树篱旁，周围是英军步兵。"柠檬"用机枪打了个连发，然后又是个连发，曳光弹击中"樱桃"前方地面。英军士兵逃入树林，但反坦克炮火很快从树林边缘射来。尽管如此，特奥的部下还是爬出坦克，冒着敌军炮火把钢制拖缆挂上"樱桃"。排里第二辆坦克从村内赶来，为他们提供火力掩护。这辆坦克被反坦克炮弹直接命中，但仍在射击。

拖缆已挂好，走吧，慢一点，可拖缆还是绷断了。

敌人从树林边缘射来猛烈的火力，可这些炮火击中的是树篱所在的土墙。受损的黑豹坦克的报务员，和特奥一同把钢缆挂上拖钩时喃喃地说道："但愿他们别再瞄高了！"特奥喊道："走吧！"他跑到坦克前面，引导拖车驶过狭窄的乡村土路，特别是要穿过村口的防坦克障碍物。

争夺兰热夫雷的战斗愈演愈烈，英国人首次使用了磷弹，这种炮弹除了具有爆炸效力，还会造成可怕的烧伤。

一群英军坦克达成突破，德国人随即发起反冲击，战斗中，"樱桃"彻底损毁，"柠檬"也受损，敌人的磷弹引燃了连里另外两辆坦克。车组人员弃车，在地上来回打滚，竭力扑灭身上的火焰。冒着不断落下的炮火，伤员安置在最后一辆仍能行驶的黑豹坦克上。负伤的装甲掷弹兵和装甲兵蹲在坦克甲板上，大多数人严重烧伤，许多人赤身裸体，因为战友扯掉了他们身上仍在燃烧的军装，给他们烧伤的肌肤盖上毯子。伤员蜷缩在坦克上，靠近滚烫的排气管，坦克颠簸时，他们发出痛苦的惨叫。到达急救站，医护人员给他们注射了止痛针，这些伤员的惨叫声才渐渐平息下来。

肯萨尔绿野公墓的第一掘墓工

6月12日下午，拜尔莱因将军赶到圣日耳曼代克托的侧翼支撑点，师警卫连连长蒂斯中尉向他介绍了三名俘虏，是英国第7装甲师的士兵。拜尔莱因一点也不震惊，对方的衣袖和车辆上都有个红色的跳鼠，早在非洲战局期间，拜尔莱因就很熟悉英国第7装甲师的战术徽标。看来，蒙哥马利的沙漠之鼠，这些顽强而又狡猾的沙漠勇士也出现了。换句话说，除了第51高地师，蒙哥马利的精锐兵团悉数开抵诺曼底。面对这些证据，德军最高统帅部居然还在怀疑，诺曼底登陆是不是盟军的主要入侵！

拜尔莱因让几名俘虏登上他的大众桶式车，打算把他们押回师部，交给情报参谋审讯，弄清英国第7装甲师的意图。突然，拜尔莱因听见身后的勤务官大笑起来："哈特德根，什么事这么好笑呢？"

哈特德根笑着，指指一名长了张马脸的俘虏说道："将军先生，您知道他是谁吗？"

拜尔莱因抱怨道："这我怎么知道呢？"

哈特德根表情夸张地回答道："此人是伦敦南部肯萨尔绿野公墓的第一掘墓工。"

"可惜啊，"拜尔莱因说道，"可惜我们还有其他事情，否则我倒是很想跟他谈谈。"情报参谋跟这名掘墓工谈了，不过，他更感兴趣的是英国第7装甲师的情况，而不是伦敦的肯萨尔绿野公墓，更不是掘墓工的活儿。被俘的掘墓工很健谈，他们从他嘴里得知，沙漠之鼠已深入装甲教导师侧翼，正进入英美滩头阵地间的缺口。装甲教导师情报参谋指出："如果他交代的情况属实，那么，我们的处境就危险了。要是沙漠之鼠进入我师后方，很可能导致整条防线土崩瓦解。"

次日，也就是6月13日，他们的担心得到证实：蒙哥马利继续以第50师的坦克进攻蒂伊和兰热夫雷，牵制拜尔莱因装甲预备队之际，英国第7装甲师一个战斗群溜过拜尔莱因的侧翼，一路前出到维莱尔博卡日。

德军第501重装甲营第2连连长米夏埃尔·维特曼发现了英军的动向。二级突击队中队长维特曼是个经验丰富的老兵，在东线取得过击毁119辆敌坦克的战果，佩戴着橡叶饰骑士铁十字勋章。

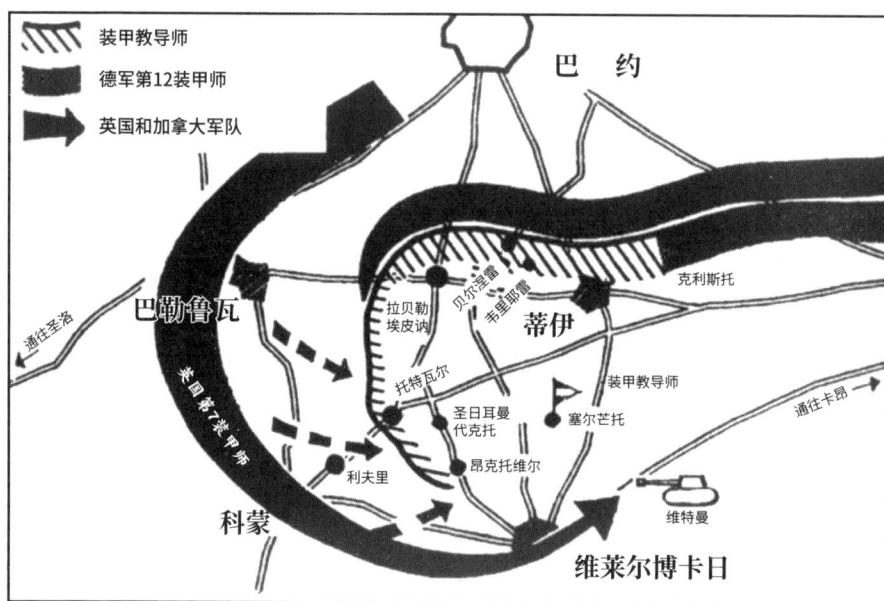

▲ 6月13日的危急态势。蒙哥马利第7装甲师包围了装甲教导师，第7装甲师已前出到维莱尔博卡日。二级突击队中队长维特曼率领他的虎式装甲连，粉碎了英军装甲先遣力量。

6月7日，实力强大的虎式装甲营隆隆驶离博韦地区，穿过巴黎开赴入侵前线。6月8日上午，第2连在凡尔赛附近遭到战斗轰炸机猛烈打击。之后，他们只在夜间行军，6月12日到达维莱尔博卡日附近。6月13日上午，他们维修车辆，检查炸弹的破坏程度，以及漫长的行军给车辆行走装置造成的磨损。

全连维修车辆之际，维特曼和长期担任他的炮手的二级小队长沃尔，着手勘察地形。他们驶出一片小树林，维特曼看见远处的敌坦克，正沿道路逼近维莱尔博卡日北面的213高地。他小心翼翼地返回树林边缘，观察对方的动向，数着敌坦克数量。这可不是侦察队，而是个完整的突击兵团，正隆隆进入装甲教导师身后。

别说孤零零一辆虎式坦克，就算加上经历了强行军和猛烈空袭后仍能使用的另外四辆虎式坦克，又能把如此强大的敌坦克兵团怎么样呢？

米夏埃尔·维特曼不是个轻易动摇的人，没什么好犹豫的，必须采取行动。

— 152 —

一辆虎式坦克对抗整个装甲旅

英军装甲纵队隆隆驶过维莱尔博卡日。维特曼并不知道，对方是英国第7装甲师先遣支队，也就是第22装甲旅和第1步兵旅一部。跟在他们身后的是著名的第8轻骑兵团、第1装甲团、第5炮兵营。透过望远镜，维特曼发现英军在维莱尔博卡日没有遭遇抵抗，驻扎在小镇内的德军后勤部队，昨天就被英国人打垮了。

大批英军坦克继续沿主路行进，直奔213高地，总方向是卡昂。天色阴沉，空中没有战斗轰炸机，也没有炮兵观测机。尽管如此，英国人还是表现得肆无忌惮。一个摩托化步兵连停在路边休息，是第1步兵旅的A连。维特曼的炮手嘟囔着："他们觉得已经打赢了战争吗？"二级突击队中队长点点头："他们无疑是这么认为的，可咱们要让他们知道，这种想法大错特错！"然后，他冷静地下达了命令。虎式坦克的88毫米主炮发出轰鸣，犹如平地惊雷，打破了清晨的宁静。

为首的英军坦克就在80米外，中弹后立即腾起火焰。

虎式坦克犹如一头巨兽，冲出树林直奔公路，全速扑向敌坦克编队。

停车，开炮，继续前进！

停车，开炮，继续前进！

维特曼直扑英军装甲旅先遣部队，一发发炮弹袭向敌坦克。英军坦克、卡车、装甲运兵车在路上乱成一团。第一辆中弹起火的坦克堵住前进道路，后方的半履带车挤成一堆，维特曼用主炮和机枪不停地打击敌军车队。

所有半履带车，以及团部和侦察连的十几辆坦克，都沦为废铜烂铁。一辆克伦威尔坦克的炮塔转向虎式坦克，75毫米炮弹击中维特曼的战车，但没能造成破坏，虎式坦克的88炮随即干掉了这辆克伦威尔。

此时，213高地上也响起炮声，是维特曼留在后面的四辆虎式坦克，他们正在消灭英国第8轻骑兵团的侦察坦克，并为维特曼提供火力掩护。

此时，激战声早已惊动第501重装甲营第1连，一级突击队中队长默比乌斯率领八辆虎式坦克投入战斗。他们和维特曼的几辆战车先是迂回，尔后冲入维莱尔博卡日，消灭了盘踞在镇内的几辆克伦威尔坦克。英军少校弗伦奇徒劳地企图以反坦克营消除这场灾难。他的一门反坦克炮从狭窄的巷子里开炮，一辆虎式坦克转入窄巷，撞倒了拐角处的房屋，坍塌的废墟瓦砾埋葬了那门反坦克炮。虎式坦克甩开石块和横梁，挂上倒挡，隆隆退回主街道。弗伦奇少校只有一门反坦克炮取得战果，射断了维特曼虎式坦克的履带，这头钢铁巨兽顿时动弹不得。维特曼命令车组人员弃车，随后率领他们返回连里。

默比乌斯的坦克与英国步兵在镇内厮杀，激烈的战斗在一条条狭窄的街道上肆虐开来。英军士兵殊死抵抗，从地下室、窗户、门口用巴祖卡轰击德军坦克，这款步兵反坦克武器与德国人的"铁拳"类似。三级突击队中队长施塔姆和二级小队长恩斯特·克里格的坦克中弹后起火燃烧，两个车组悉数丧生。他们的战友怒不可遏，横扫了各条街道。

6月13日发生在维莱尔博卡日的激战，堪称入侵战期间非常刺激的篇章之一：十余辆虎式坦克抗击英军一整个装甲旅，对付蒙哥马利著名的精锐兵团沙漠之鼠。英国官方出版的战争史，把这场交战称为"维莱尔博卡日之战"，声称击毁七辆虎式坦克。他们显然把当时也在维莱尔博卡日的几辆老式四号坦克也当作虎式了。这种误判可以理解，因为遭遇挫败后仓促后撤，在计算战果和汇报情况方面很容易出错，交战双方都是如此。

具体数字无关紧要，重要的是，米夏埃尔·维特曼的虎式坦克粉碎了蒙哥马利装甲部队深入蒂伊防线后方的企图。十余辆虎式坦克赢得这场交战。

★

英国人仍对德军坦克的突然袭击震惊不已时，当天下午早些时候，德国步兵突然从几个方向攻往维莱尔博卡日。

来的是冯·吕特维茨将军第2装甲师先遣部队，他们奉命开入英美军队入侵地域之间，加强装甲教导师。吕特维茨的步兵从南面攻入镇内，装甲教导师一个战斗群，带着2门88炮和3门野炮从北面发起冲击。

拜尔莱因能干的作战参谋考夫曼中校，意识到英军侧翼机动构成的威胁，赶紧拼凑后勤部队，亲自率领他们进攻英军。

维莱尔博卡日的巷战一直持续到6月13日傍晚，英军放弃这片战场，残部撤往利夫里。其实，他们也没有太多可撤离的人员。第22装甲旅整个旅部和A连，外加

27辆坦克，以及全旅所有履带式和轮式车辆悉数损失，旅长、15名军官、176名军士和士兵阵亡；第1步兵旅4名军官、60名军士和士兵丧生。

但蒙哥马利的计划并不仅限于第7装甲师的迂回，与该师对卡昂的侧翼突击相结合的是英军对蒂伊防线的正面冲击，此举的目的是牵制拜尔莱因的兵力，分散德军注意力，让他们无从察觉第7装甲师的机动。其实，第7装甲师辖内部队遂行的是主要突击，打击装甲教导师后方，从而导致德军防御正面崩溃。攻占维莱尔博卡日的突袭失败后，蒙哥马利不得不把蒂伊附近的牵制行动发展成正面突破战。

6月15日清晨，英军实施大规模炮火准备和空中突击后，获得新锐装甲力量加强的英国第50师，发起大举进攻。

据守蒂伊的菲利普斯上尉首当其冲，他率领第901装甲掷弹兵教导团辖内部队，击退敌人对蒂伊镇的一次次冲击。双方展开激烈的近战，这种厮杀主要由"铁拳"（装甲掷弹兵的新武器）、MG-42机枪、手榴弹决定。德国人守住了蒂伊，但丢失了兰热夫雷。

冯·法洛伊斯少校率领侦察营顽强守卫拉贝勒埃皮讷，可次日还是丢失了该镇。战火肆虐，装甲教导师的官兵还听见右翼传来激战声。看来，英国人也对党卫队第12装甲师守卫的皮托—布鲁艾地区发动了进攻，在那里遂行冲击的是英军第49师。

6月16日，英军沿一条宽大战线跨过蒂伊—巴勒鲁瓦公路，以强大的力量夺得卡昂—科蒙公路上的奥托，情况越来越严重了。

拜尔莱因将军此时待在第902装甲掷弹兵教导团团部，敌人在该团防区达成渗透。马尔科夫斯基少校率领的装甲教导团第1营，暂时接受第902团指挥。

拜尔莱因下达了命令："马尔科夫斯基必须夺回奥托！"少校没有等待命令，早已指示他的装甲营做好反冲击准备。

德国人实施短暂的炮火准备后，15辆黑豹坦克搭载着步兵，隆隆投入进攻。马尔科夫斯基的战车一马当先，一辆辆坦克长长的炮管发出怒吼，机枪咯咯作响，一门门反坦克炮也轰鸣起来。傍晚前，装甲教导团第1营击退了英军，重新夺回奥托，装甲掷弹兵的伤亡很大，马尔科夫斯基也身负重伤。

黄昏来临，蒂伊的废墟伫立在6月16日的残阳下，宛如鬼魂。英国第49和第50师继续冲击德军防线上的基石，仿佛世界上没有什么比占领这些被炸得满目疮痍的村庄更重要的事情。

V-1飞弹掠过前线

英军进攻蒂伊和克利斯托之际，德军最高统帅部突然向伦敦发起了袭击。

大英帝国的首都彻底陷入混乱。防空警报此起彼伏，一枚枚无人操纵的神秘飞弹从加来—诺曼底地区袭来，以600千米的时速掠过天空，在伦敦城内和周边地区爆炸。

袭来的是V-1飞弹，火箭的时代就此开启。

6月15日、16日午夜过后几分钟，希特勒放出他最新的"冥府守门犬"。这款新兵器长7.33米，有两个粗短的主翼，翼展4.9米，整体结构简单而又紧凑，可携带1000千克炸药。英国首都遭到来自欧洲大陆的炮击①，还是历史上的首次。

不过，英国人对这场袭击并不感到意外，他们的情报机构早就知道德国人在研制远程火箭和V-1飞弹。1943年8月17日，他们以597架飞机轰炸佩讷明德的V-1飞弹制造中心。空袭效果相当惊人，研发中心的废墟瓦砾下，包括一些重要技术人员在内的735人丧生。

于是，德国人把火箭制造厂转移到哈尔茨山，部分工作在天然洞穴内的地下防弹车间里完成。丘吉尔的情报机构发现了这个情况，密切留意着对方的进展。

第一批V-1飞弹本该于1943年12月发射，但英国情报机构发现了飞弹发射斜轨的位置，投下3500吨炸弹，炸毁了35条发射斜轨。德国人又把发射日期定于1944年2月15日，可发射斜轨又一次遭到轰炸，不得不取消行动。最后，恩斯特·海涅曼中将决定在6月12日、13日夜间发动V-1飞弹攻势。第155高射炮团负责

---

① 译注：原文用的是bombardment，联系上下文，称之为炮击更加准确。

发射飞弹，团长瓦赫特尔对相关决定心存疑虑，他想再测试几次飞弹制导系统，可海涅曼要求按照他规定的时间行事。实际上，德方行动方案严重泄密，英国人在6月11日就知道他们打算以V-1飞弹发动袭击。6月12日上午，皇家空军情报局副局长提醒空军司令部，德国人即将投入V-1飞弹。

此时，瓦赫特尔上校的炮兵争分夺秒地忙碌着。第一轮齐射应该在午夜前20分钟发射，但技术原因迫使他们把发射时间推迟到凌晨3点30分。4点前，10枚V-1飞弹终于轰鸣着窜出发射斜轨，可这场发射彻底失败，5枚飞弹发射后立即爆炸，另外几枚勉强越过海峡后爆炸。

海涅曼将军赶紧停止行动，把飞弹攻势推迟到6月15日、16日夜间。这次终于成功了，65条发射斜轨射出一枚枚火箭，拂晓时，73枚V-1飞弹击中英国南部海岸地区。英国内政大臣在下议院谈到"邪恶武器"的攻击时，在场的国会议员，一个个神情沮丧而又关切。可是，德军最高统帅部把所有希望寄托于这款神奇的武器，他们称之为"一号复仇武器"，而V-1飞弹的正式名称是Fi-103或"樱桃核"。

希特勒想对英国首都实施持续的轰炸，从而粉碎英国人的战斗意志。他认为他能迫使英国政府投降，这就是他不愿以战争史上第一批火箭，打击诺曼底海岸的大规模入侵舰队，或是攻击英格兰南部登船港口的原因，直到6月中旬，他仍对此犹豫不决。

如果以这款新式兵器打击诺曼底海岸，也许会在军事上取得些效果，不仅能扰乱盟军的补给，甚至有可能造成补给中断，至少能迫使盟军战舰撤离法国海岸，从而消除对方以640门舰炮不停轰击德军防御阵地这种猛烈的海上炮火。不管怎么说，以V-1飞弹打击盟军登陆海滩，本来会给对方造成严重的心理影响，众所周知，战场上的盟军部队对炮击和轰炸非常敏感。可希特勒没这样做，而是企图以飞弹削弱伦敦的战斗意志！

希特勒的误判深具致命性。德国人没对入侵海岸的敌舰队采取任何行动，6月16日，也就是他们发动V-1飞弹攻势当天，英国海军舰炮突然集中火力，猛轰德军第12装甲师位于卡昂西南方27千米的师部，深具讽刺性地强调了这个事实。

★

德军第12装甲师师长的司机汉斯·马蒂斯卡，刚刚把旅队长维特修好的指挥车驶入城堡庭院，一架炮兵观测机就从高空逼近师部。

车辆班班长对马蒂斯卡说道："伙计，看上去不太妙啊！"随后两人拎起饭盒，朝战地厨房车跑去，匆匆打了点午饭，小心驶得万年船！可是，英军炮兵观测员的电台速度更快。第一轮齐射犹如暴风雨般呼啸而来，是大口径舰炮射来的炮火。炮弹落在城堡外200米，火焰和飞溅的泥土形成一堵高高的墙壁。第二轮齐射随即袭来，城堡的墙壁坍塌，师部官兵跑到空旷处，跳入庭院里的壕沟。师长维特站在壕沟旁，巡视整个庭院，想看看是否有负伤的部下倒在某处。这时，他看见马蒂斯卡紧贴着房屋的墙壁，立即喊道："马蒂斯卡，赶紧进战壕！"他的司机像百米跑运动员那样飞奔起来。第三轮齐射呼啸着袭向城堡，跌跌撞撞的马蒂斯卡一头扎进战壕，维特也跳了进来。然后，一切消失在这场剧烈的轰鸣、火焰、硝烟的狂欢中。

马蒂斯卡从泥土下爬出，第一眼就看见了师长的尸体。420毫米炮弹在战壕旁炸开，造成的破坏难以言述。马蒂斯卡在一具具尸体中蹒跚而行，他又迈出一步，随即跌倒在地，陷入了昏迷。

这起灾难性事件，充分说明了重型舰炮对前线和后方指挥部构成的潜在威胁。可希特勒没有用V-1飞弹打击敌舰队，仍把取得政治影响的希望置于最迫切的军事需要之上。

不可否认，V-1飞弹的空袭的确让伦敦人紧张不安。第84军缴获了敌人的一些信件，借此了解到英国国内的情况。例如，一名百货公司助理对未婚夫描述了伦敦前几天的情形："这些火箭像小飞机那样掠过，几乎无声无息，先是在一处爆炸，然后又在另一处，散落在伦敦各个地方，造成一个个大弹坑。许多建筑物坍塌，太可怕了！"另一封信件透露，普遍的不安全感正在蔓延，伦敦市中心许多地区忙着疏散。一名女记者在信中写下她的新住址，她已搬到苏格兰边境附近，泰恩河畔一座小镇。英国公众要求前线军队夺取敌军火箭发射场，消除国内遭受的威胁，还对步步为营的进攻大加批判。素来冷静的英国人现在也沉不住气了。

但德军最高统帅部没有认识到，V-1飞弹数量不足，精确度欠佳，不可能给重要目标造成严重破坏，继而迫使强硬的英国政府考虑谈判事宜。6月17日，希特勒第一次，也是最后一次视察进攻前线期间，仍坚信V-1对伦敦的轰炸能起到决定性作用。他再次否决了以飞弹对付英格兰南部港口的建议。令人难以理解的是，尽管隆美尔一再警告，伦德施泰特多次恳请，可希特勒仍对战况持乐观看法。他说："我们要做的只是保持冷静。"他还宣称东线不存在严重的危险。希特勒的战略是："东线防御，西线进攻，只要我们挫败这场进攻，英国就会在V-1飞弹的压力下求和。"

然而，苏联游击队引爆了埋在道路、桥梁、铁轨、补给仓库的炸药，红军在东线中央地段的夏季攻势就此拉开帷幕。四天后，"巴格拉季昂"进攻战役在斯摩棱斯克—明斯克公路两侧达成突破，中央集团军群的防线土崩瓦解。

我们的空军在哪里？

6月18日清晨，一场猛烈的炮火齐射突然间袭来，惊醒了蜷缩在蒂伊防线散兵坑里的德军官兵。伴随地面的震颤，第7军辖内两个英国师，在新登陆的装甲旅支援下发动进攻。借助猛烈的舰炮火力和空中突击为掩护，英军向前冲来。第一拨风暴在蒂伊的废墟上爆发了，一整天，双方围绕一堵堵残垣断壁展开厮杀。傍晚时，蒂伊和克利斯托失守了。但英军没能取得突破，德国人把完好无损的主防线撤到沦为废墟的几座城镇后方。

为争夺每一寸土地，双方一次次展开血战，密集的炮火一轮轮袭来，轰炸机和战斗机一拨拨发起攻击。伤亡不断增加，装甲教导师和第12装甲师的覆灭只是个时间问题。持续不停的炮击和接连不断的空中突击波次，虽说缓慢，但最终肯定会把两个德国师消灭殆尽。每当敌机从低空掠过德军阵地，每当一个个轰炸机中队排成的编队在空中轰鸣，凄惨的德军士兵就会抱怨、咒骂或发出痛苦的呻吟："我们的飞行员在哪里？戈林该死的空军究竟在什么地方？"

时至今日，亲历者一想起当年那些日子就怒不可遏，觉得德国空军辜负、背叛、出卖了他们。前线任何地段都很少见到哪怕是一架德国战斗机或轰炸机。

可德军飞行员又能做什么呢？德国空军总参谋长呈交的入侵战秘密分析研究，有一段内容很能说明问题：

通常情况下，第2战斗机联队有30架可用战斗机。而那几天，整个联队只有8架飞机可以投入战斗。如果有必要的零配件，大部分无法使用的战斗机本来可以在48小时内修好。可零配件已经从法国西部的仓库运回德国，因为保卫帝国本土的战斗机有优先权。

结果如何？这份报告无情地披露了以下事实：

第3航空队司令报告：敌人有条不紊地粉碎我方地面设施，特别是战斗机机场。

第3航空队作训处长报告：有线通讯网彻底瘫痪。

第3航空队情报处长报告：敌人的四引擎轰炸机编队，起初只在白天实施轰炸，现在就连夜间也出动，重点打击我方运输目标。我们与敌人的空中力量比一般是1：20，大规模交战期间达到1：40。

第2战斗军报告：我方战斗机只能在有限情况下投入行动。侦察机和战斗机无法在入侵地域展开有效行动。英国人和美国人在滩头阵地修建了30座机场，已投入使用。

德国人拱手让出天空。可以说，西线德国空军是一件受到忽视、支离破碎的工具，主要任务是保卫德国各大城市。

这就是德军在进攻战线遭遇挫败的主要原因。但这是否意味着德国空军司令部就没有任何责任？就没有即兴发挥的可能性吗？

德国空军司令部的另一份报告，根据最重要的作战日志、作战报告、研究分析汇编而成，重点谈到了德国没能沿海岸实施大规模空中布雷行动。报告里指出：

两次世界大战都证明，即便在公海，密集的水雷障碍也会限制海军的行动和海上交通，并把他们引入特定水域。第二次世界大战期间，朝港口和海湾入口空投布设的水雷带，甚至能给敌人造成更大的麻烦，迫使他们在扫雷方面付出更多努力。因此可以设想，在战略上大规模布雷，在战术上密集布雷，这些空中行动本来会给入侵之敌造成极大的威慑。尽管我们的空军实力虚弱，但通过这种方式，可以在敌人入侵期间为我方防御部队提供很大帮助。空中布雷本该作为一项战略措施加以贯彻，早就该沿预计敌人有可能登陆的区域，或海岸工事和防御力量不够强大的地段实施。密集的水雷障碍会给军舰和运输船只的运动造成严重影响。这样一来，卡昂附近的战斗中，盟军战列舰对德军地面部队的破坏性影响就会大为降低，德军的整体防御和反突击准备工作也会更加容易……

　　报告继续写道，要想清除密集的水雷障碍，盟军舰队就得付出巨大的努力，这就为他们在何处登陆这个至关重要的问题提供了重要的线索。

　　德国空军司令部没有认识到这种可能性。因此，他们必须承担自己的一部分责任。

北非战场最后一战中,指挥德国非洲军的汉斯·克拉默将军。交战双方交换战俘,克拉默返回德国,盟军情报机构利用这位不明就里的将军给德国最高统帅部传递假情报。

1943年,西线总司令冯·伦德施泰特元帅手持元帅略杖,视察大西洋壁垒的防御工事。

▲ 隆美尔元帅（左一）想在海滩上击败敌军。盖尔·冯·施韦彭堡将军（左二）持不同意见，他的观点是：让敌人登陆，尔后以一场传统的装甲战消灭对方。冯·施利本将军（右二）受领的任务是以缺乏机动性、全靠马匹拖曳的第709步兵师，击败犹他海滩上彻底实现摩托化的美国军队。第84军军长马克斯将军（右一）徒劳地企图控制全然无望的态势。

▼ 德军一款颇具效力的武器是六管重型火箭炮。

▲ 盟军总司令艾森豪威尔将军（右），他以两个集团军发动进攻。指挥英国第2集团军的是登普西中将（左）。

▲ 蒙哥马利元帅（右）指挥第21集团军群。布拉德利中将（中）指挥美国第1集团军。巴顿将军（左）指挥美国第3集团军，该集团军随后投入交战。

▼ 6月6日晨，100多艘大型舰船停在奥马哈海滩外。源源不断的坦克、火炮、卡车、摩托化部队从这些强大的舰队上涌上海岸。

5

第五天，政治插曲

1944年6月11日，盟军登陆五天后，控制了一道连贯的海岸地带，长100千米左右，纵深达10~15千米。迪特尔·奥塞撰写，军事史研究所出版的有关此次进攻战的权威著作指出，事实的确如此，"尽管6月6日~11日激战期间，和进攻首日一样，德国人有多次机会击败敌人，特别是在犹他和奥马哈海岸，前提是坚决而又果断地投入预备队发展战术胜利"。可是，包括伦德施泰特在内的德军高层，表现得优柔寡断，结果错失良机。他们认为盟军遂行的是牵制性进攻，很快会在加来海峡发动主要登陆。随着形势的发展，冯·伦德施泰特大概意识到了这个错误，因此，6月11日，也就是盟军发动入侵第5天，他决定通过OKW负责人给元首发去一份态势评估。这份报告只有四份副本，是关于法国战役的重要文件。西线总司令在报告里指出，盟军的登陆获得成功，以他们的兵力和整体优势看，无法把对方再次赶出欧洲大陆。

希特勒于1943年11月3日在第51号元首令里写道："如果敌人在宽大的正面突破我们的（西线）防御，那么在短时间内的后果就会不堪设想。"冯·伦德施泰特缜密评估后，在"我方态势"的标题下一针见血地写道："我必须指出，鉴于双方在军备方面完全不成比例，态势的发展很可能迫使我们采取某些根本性决策。"

这是什么意思？直到今天，"根本性决策"这个词仍有很多争议。是指实施机动作战，还是指不惜一切代价坚守？了解伦德施泰特的人都知道，如果他指的是这个，早就说出来了。态势评估里有充分的证据能证明这一点。

是不是指放弃既占领土，大踏步后撤呢？如果是这个意思，他也会以不同的方式表达出来。所以，伦德施泰特这句话究竟指什么，唯一的答案是：德国军队已无法守住法国，付出再多牺牲也无法做到，因此，必须放弃既占领土，撤回莱茵河，设法与敌人展开和平谈判。

只要读读他这份态势评估的主要部分，就能清楚地看出，盟军登陆五天后，伦德施泰特以资深战略家冷酷无情的语言，预测了德国在法国的失败。他按照当时的方式称呼了独裁者后，在作战建议里加上对补给物资和预备队的相应要求（据守瑟堡，把装甲师调离防御阵地，等等），他知道这些要求不会得到满足，事实很快证明了这一点。

伦德施泰特在报告里写道：

> B集团军群在诺曼底地区交战的部队，已被迫在奥恩河与维尔河之间转入防御。由于兵力不足，再加上强大的装甲师不得不用于防御，因此，我们从一开始就无法在这片广袤的地区发动进攻。任何进攻都无法获胜，只会白白地消耗人力和物力。
>
> 敌人空军的数量优势太大，我方部队白天根本无法实施大规模运动。敌人对路口、城镇、桥梁、火车站施以连续而又猛烈的空袭，我们几乎没办法快速交付援兵、弹药、油料。
>
> 就连战场上的运动和战线后方为进攻所做的准备，炮兵开入阵地，必要的战术运动，等等，也立即遭到对方猛烈空袭。整个白天，野战部队和指挥所必须隐蔽在乡村，避开敌人持续不断的观察和空袭……
>
> 尽管双方在物质和手段方面完全不对等，但德国武装部队各军兵种全力以赴，英勇奋战。他们的精神和士气很好，可从长远看，英美军队物质优势的影响，最终必然占据上风。

报告里这几段话毫无疑义地表明，伦德施泰特神秘的"根本性决策"只

有一个意思：德国已无法打赢法国要塞之战，因而也无法赢得西线战事，必须与敌人媾和！

克鲁格于7月3日接替伦德施泰特出任西线总司令，很快又接替隆美尔，兼任B集团军群司令，四周后，这位颇具天赋的战略家、优秀的陆军元帅在自杀前给希特勒写了封诀别信："……下定决心结束这场战争吧……"我们会在后文阐述克鲁格这么做的原因。

6月11日，伦德施泰特还劝说隆美尔元帅也写了份态势评估，证实自己对敌军的优势和己方作战部队绝望的处境所做的描述。隆美尔通过凯特尔把报告呈送希特勒，他没有呼吁采取"根本性决策"，但在结尾处写道："尽管敌人耗费了巨大的物资，不过，国防军各军兵种准备充分，正以顽强的斗志殊死奋战。我请求与元首面谈此事。"他的请求没得到回应。

两位元帅恳请希特勒和OKW负责人了解前线军事状况的呼吁毫无结果。

希特勒的下一道指令，要求在交战中采取攻势，同时继续实施防御战略。促使他做出这项决定的原因，依然是英国境内那支幽灵军队，以及他对盟军二次登陆的担心。伦德施泰特元帅奉命行事，三周后被解除职务，接替他的克鲁格元帅后来自杀身亡，而隆美尔元帅也服毒自尽。[①]

我们本来可以就此结束西线德军将领寻求停战的插曲，不过，战线另一方也出现了引人注目的类似事件，值得在这里说一说。美国将领，特别是艾森豪威尔，都记得第一次世界大战期间，法国境内一场场代价高昂的交战，他们担心登陆法国可能会重蹈覆辙，因而想以秘密外交活动来避免军事进攻。他们打算提出"体面的条件"，说服派驻法国的德国军事指挥机构不要实施抵抗。这种如意算盘是心理战的组成部分，尽管没达成预期目的，但不能排除在整个进攻故事之外，必须指出，这份方案受到盟国政治领导人阻挠，特别是罗斯福。我们接下来说说幕后的故事。

我引用的消息来自威廉·凯西的著作，二战期间，他是OSS（战略情报局）伦敦站站长，负责为艾森豪威尔将军在欧洲的作战行动提供各种情报。凯西于1981年出任美国中央情报局局长。

据凯西说，艾森豪威尔审议这份方案期间，借鉴了意大利的经验，他在1943年曾与巴多格里奥将军举行秘密谈判，推动双方停战，而不是无条件投降，以免盟军登陆西西里（1943年7月9日）和卡拉布里亚（1943年9月3日）后，在意大利发生代价高昂的交战。

但丘吉尔和罗斯福破坏了艾森豪威尔在不要求意大利无条件投降的前提下实现停火的努力，罗斯福的态度尤为坚决。他们拒不露面，于1943年9月3日迫使意大利人在无条件投降的总原则下接受了停火条款。巴多格里奥受到粗暴的欺骗，这让获救的墨索里尼继续站在希特勒一方参战，致使盟军在意大利与德国军队展开一连串代价高昂的激战。

---

① 译注：伦德施泰特所做的"根本性决策"的解释，其实不需要这么复杂。他和隆美尔商定，面见希特勒时直接提出结束战争的问题。6月29日，两人赶到贝希特斯加登参加会议，隆美尔几次提出政治局势，都被希特勒厉声喝止，伦德施泰特有没有发声支持，未见详细记录，大概是没有。但返回司令部后，伦德施泰特打电话给凯特尔，声称西线军队根本无法挡住盟军，更别说把他们赶下大海了。凯特尔问道："那我们该怎么办？"伦德施泰特吼道："结束这场战争！你们这帮笨蛋，还能怎么办！"凯特尔向希特勒做了汇报，导致伦德施泰特被解除职务。

1944年，艾森豪威尔希望与西线德军达成协议，给对方提出些温和的投降条款，而不像罗斯福于1943年1月在卡萨布兰卡宣布的那样，要求德国无条件投降。艾森豪威尔的目的是消除进攻有可能失败的危险，避免在法国发生代价高昂的交战。

这份计划不涉及战后如何处置德国的政治方案，严格说来，这是个临时性举措，起初出于对进攻能否成功的担心，因而只要求驻扎在法国的德国军队以"温和"的形式投降。

据凯西说，1944年4月7日，艾森豪威尔将军收到艾伦·杜勒斯领导的战略情报局送来的一份报告，报告中称，"西线德军指挥官"已做好纳粹政权垮台后帮助盟军的准备。但这种准备的"前提条件是他们与西方各国就必要的措施进行商洽，绝不与莫斯科谈判"。考虑到莫斯科的感受，凯西草草写下"无法接受"几个字。但杜勒斯阐明了自己的态度，建议支持德军将领，因为盟军的目标毕竟是缩短战争时间。另外，丘吉尔一想起上次世界大战期间法国境内代价高昂的战事，就不寒而栗，他宣称，如果有赢得战局的其他办法，艾森豪威尔就不该冒着巨大的风险登陆法国。

但罗斯福否决了总参谋部修改无条件投降条款的一切主张。凯西引用了他的话："他还没有准备宣布他无意摧毁整个德意志民族……（盟国）必须在没有德国国内反对派帮助的情况下打败希特勒。"

艾森豪威尔没放弃自己的主张。他和他最亲密的参谋长兼顾问比德尔·史密斯，以及另外几名美国顾问，共同撰写了一份备忘录，提出修改投降条款的新建议。新条款的措辞是"要让德军将领欣然接受，从而促使他们结束法国境内的战事"。新的声明应当在盟军发动进攻四周前公之于世，通过各种媒体传递给德国军队和民众。

"但FDR（罗斯福）和国务卿赫尔不赞成这种主张，艾克（艾森豪威尔）也没争取到丘吉尔支持，尽管身边的顾问一再敦促丘吉尔，尽快澄清无条件投降的问题。"凯西引用了丘吉尔本人的话："这是总统的事。他在卡萨布兰卡提出无条件投降的条款，事先没征询我的意见。现在，美国人必须迈出第一步。"

罗斯福什么也没做。5月份上半月，美国战略情报局派驻伯尔尼的代表杜勒斯送来新消息，希望再次引起艾森豪威尔的兴趣。据凯西说，新消息指的是"德国军队里的反对派"，"他们确实做好了结束战争的准备，条件是我们允许他们守住对苏战线"。

这份报告里的一句话很有意思："虽然隆美尔没有参与其中，但争取他在法国提供帮助还是很有希望的。"

1944年5月底，也就是盟军发动进攻两周前，艾森豪威尔又一次争取让规模庞大的"霸王"行动尽可能做到兵不血刃。他和盟军最高统帅部负责政治事务的麦克卢尔将军起草了一份公告，打算在军队登陆法国，成功建立滩头阵地后发表，利用传单、广播、扬声器，确保德国军队和民众获知这个消息。先前提出的条件会通过新的表述方式加强，"旨在让德军将领、军官、士兵欣然接受，认为投降并不违背他们的荣誉感和职责"。

可罗斯福没有回复这项建议，凯西写道："华盛顿沉默不语。"看来，罗斯福不想让德国人轻松逃脱惩罚。

愿望与现实，光明与昏暗，洞悉与欺骗，特别是政治上的三心二意，在凯西的记述里紧密纠缠。可是，战争的心理和政治舞台上，这位称职的演员披露的历史事实，足以让我们了解深具决定性的"霸王"行动期间，秘密战线上的一段插曲。归根结底，交战双方的高级将领，都想阻止或至少缩短历时80天的惨烈战局。①

---

① 译注：罗斯福不同意艾森豪威尔的主张，其实是出于合理的政治和战略考量。因为这场战争的目标，不仅仅是消灭德国军队，更重要的是清除德国根深蒂固的军国主义思想。如果按照艾森豪威尔的建议行事，西线德军将领有条件投降，甚至旗帜鲜明地反对希特勒政权，那么，德国战败后，很可能又像第一次世界大战结束后那样，出现"背后一刀"的说法。民众不会把战败归咎于希特勒，反而会认为倒戈的德军将领破坏了原本大有希望获得胜利的战争。这种情况下，会不会像二战爆发那样，过不了几年再爆发第三次世界大战呢？所以，盟军必须实实在在地击败德国，不能依靠德军将领的合作，更不能指望德国国内的密谋分子推翻希特勒，因为这样的胜利是不彻底的。

▲ 现代战争机器堪称步兵进攻的主心骨。右侧是一辆装有自动扫雷装置的坦克，左侧是一座机动式桥梁，用于渡过溪流和小河。

▼ 这是辆装甲地毡铺设车，在沙质或沼泽地带作业，以便坦克、吉普车、卡车通行。

▲ 德军威力最强大的两款装甲战车,上图是猎豹坦克歼击车,左图是虎式坦克,都配备性能出色的88毫米火炮。

▶ 二级突击队中队长米夏埃尔·维特曼以5辆虎式坦克重创一个英军装甲旅。

▼ 德军装甲掷弹兵守卫着卡昂的某个出口。按照盟军的计划,他们应该在6月7日夺取卡昂。但双方激战六周后,盟军才拿下卡昂。

▲ 法国科唐坦省首府圣洛，和卡昂一样，也成为交战双方激烈争夺的地方。

◀ 德军第1装甲军军长泽普·迪特里希（左二），在拜尔莱因将军（右二）的指挥所。站在拜尔莱因身旁的是哈特德根上尉。最左侧的是装甲教导师作战参谋考夫曼少校。

▼ 这张颇具戏剧性的照片揭示出卡昂地区一座乡村教堂的激战，左起第二人正在救助刚刚中弹的战友。

6

瑟堡之战

死于战斗轰炸机

6月16日上午，美国第9师在强大的坦克力量支援下，从卡朗唐以北地区，圣梅尔埃格利斯附近的犹他滩头向西发动进攻。他们的目标是封锁科唐坦半岛，为陆上进攻港口城市瑟堡创造必要的条件。

为守卫科唐坦半岛西部，刚刚从布列塔尼调来的第77步兵师，交给第243步兵师师长黑尔米希将军指挥，两个师编为黑尔米希战斗群。

北面是冯·施利本将军指挥的第二个战斗群，编有第243、第709步兵师辖内部队，任务是阻止美军攻往瑟堡。

两个战斗群接到的命令是，如果科唐坦半岛遭封锁，就有序撤往瑟堡，承担起守卫这座城市及其港口的责任。可OKW又一次干涉伦德施泰特的作战方案，命令两个战斗群尽可能长时间实施阻滞抵抗。阻滞抵抗的目的是消耗敌军实力，因此，希特勒命令他们不得迅速撤往瑟堡。德军作战部队又一次收到相互矛盾的命令，希特勒打算且战且退，再以V-1飞弹轰炸伦敦，从而达到消耗敌军，为守军争取时间的目的，可事实再次证明，他的如意算盘落了空。冯·施利本战斗群辖内部队遭美军切断，损失惨重；本该守卫瑟堡的第77步兵师，只有寥寥无几的残部逃入要塞，该师主力（实际上也只有1400来人）杀开血路向南突围，最终与第243步兵师、第91空降师残部会合。

6月18日，美军到达科唐坦半岛西海岸，瑟堡之战就此拉开帷幕。

希特勒致电冯·施利本将军："我期望您像格奈泽瑙守卫科尔贝格那样顽强奋战。"

蒙特堡炮兵群指挥官弗里德里希·威廉·屈佩尔斯少校，把指挥所设在一座老旧的猪圈里，隐蔽得很好。此时是6月19日，屈佩尔斯坐在精心伪装的帐篷里，膝盖上放着地图板和炮兵作业板。

美军投入四个师，企图从犹他滩头向北、向西强行突破。就在这时，屈佩尔斯看见指挥帐篷的门帘拉开了，第1262陆军海岸炮兵团第5连的施塔克中尉站在门口，面色憔悴，身上沾满血迹和泥泞，他是从117高地的观测所赶来的。屈佩尔斯心里一沉，看来情况不妙。

"施塔克，出什么事了？伙计，瞧瞧您的模样！"

尽管负了伤，可施塔克中尉还是做出准确的报告："敌坦克冲击平交道口，我们的炮火阻挡住对方。可他们随后穿过隘路向前推进，把我们打得猝不及防，他们已到达蒙特堡的小树林。敌坦克部队正穿过镇中心两侧，跟随在坦克身后的敌步兵，与据守镇中心的贝格战斗群展开激战，霍夫曼战斗群辖内部队也投入了战斗，情况看上去很糟糕！"说罢，施塔克又补充道："要是我们运气好的话，也许能封闭敌人的渗透，否则就麻烦了。少校先生，咱们得离开这里，不然会被美国兵包围的！"

屈佩尔斯看看施塔克，他当然知道对方说得没错，可瑟堡没有合适的陆上防御，基讷维尔—蒙特堡—金雀花高地就是瑟堡前方最后一道拦截阵地。倘若这道阵地丢失，瑟堡的防御就毫无希望了。出于这个原因，几天来，他接到的每道命令都有这样一句话："蒙特堡陷落的话，通往瑟堡的道路就敞开了，因此，务必坚守蒙特堡！"

屈佩尔斯想起过去八天发生的事情。

6月12日，他奉命指挥新组建的炮兵群，该炮兵群编有调自各炮兵营的五个连队，任务是守卫蒙特堡。炮兵群有19门火炮，包括4门122毫米火炮、2门

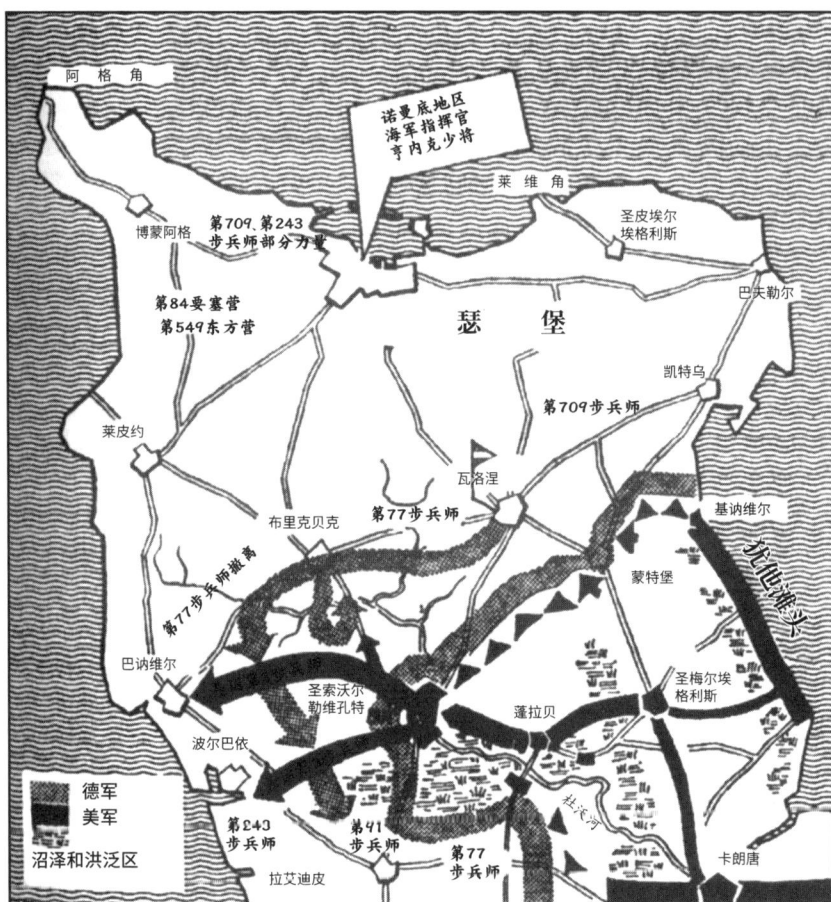

▲ 瑟堡之战。

105 毫米火炮、1 门 150 毫米自行火炮，外加柯尼希高炮群、拉斯内尔少校第 100
火箭炮团几个连，可以说，整个炮兵群的火力相当可观。组建炮兵群的目的是加
强第 919 掷弹兵团，该团自 6 月 6 日起就投入战斗，一路退到蒙特堡郊外，另外
也是为了增援第 243 步兵师的霍夫曼、米勒战斗群。

　　瑟堡之战已然打响，因为对一座军港或要塞而言，必须在接近地实施防御，
这是从北非到西西里再到意大利，每一场现代登陆战得出的教训，更早的例子是
新加坡的沦陷。可是，炮兵指挥官徒劳地等待着，等待科唐坦半岛西部和北部腾

出的火炮运抵东海岸，以便集中炮火轰击美军登陆场。可德国炮兵也忽视了古德里安古老的格言"集中力量，不要分散"，可用力量稀稀拉拉地分布在各处。受到德军最高统帅部传染，许多高级指挥部也疑神疑鬼，担心盟军发起后续登陆，相关决定不仅优柔寡断，还分散了力量，这里部署个炮兵连，那里安排两门火炮，以此抗击敌人的坦克。

但蒙特堡的情况不太一样。这里的德军部队顽强奋战，竭力遏制犹他登陆场继续发展，屈佩尔斯炮兵群提供了强有力的炮火支援，几个炮兵连以手头各种火炮开火。美军在蒙特堡，在拉佩尔内尔的金雀花高地，在基讷维尔撞上一堵坚硬的墙壁。昼间，屈佩尔斯实施"诡火"射击，意思是炮火高度集中，持续时间很短，敌人的空中侦察、声光测距很难发现德军炮位。夜间，他又展开"喷火"射击，这种扰乱火力集中所有火炮实施齐射，但每门火炮瞄准各自的目标。这些打法在物质上和心理上都取得不错的战果。美国人紧张不已，以野炮和舰炮猛轰乡村，炮兵观测机不停巡视德军战斗群据守的防线和后方地区，只要他们发现任何看上去像是炮位的地方，那里就遭殃了，铺天盖地的炮火随即袭来。

可德国炮兵早已学会伪装的技巧，炮位与周边环境巧妙地融为一体。炮兵认为，精心伪装、机动灵活的野战阵地，价值远远超过固定掩体。混凝土掩体不仅限制了射界，还给敌人提供了固定目标，而且无法有效抵御炸弹和舰炮炮弹，简直就是炮兵和火炮的棺材。

而在野战阵地上，炮兵趴在单人散兵坑里，就像米勒、凯尔、贝格、霍夫曼战斗群身处前线的掷弹兵那样。这样，即便遭遇最猛烈的轰炸，他们也能活下来。要想炸死散兵坑里的人，除非炮弹直接命中，可这种事很少发生。单人散兵坑很小，敌军的空中侦察根本发现不了。白天，一切都隐蔽起来，补给物资、零配件、弹药、口粮在夜间送抵。这些士兵成了经验丰富的"梦游者"。

集中使用、有效控制的炮兵力量，与步兵战斗群紧密协同，在蒙特堡打得有声有色。虽然敌人投入三个师，可德军不仅守住了防线，还封锁了通往北面和西北面的海岸公路。

不过，蒙特堡行之有效的打法，在南面却大败亏输。屈佩尔斯回忆起 6 月 16 日、17 日与团长赖特尔上校的电话交谈，他对此记忆犹新，当时，赖特尔的副官瓦尔特·哈尔斯坦教授少尉也在团部，14 年后，他成了欧洲经济共同体的主席。赖特尔告诉屈佩佩斯："美国人已冲出登陆场，向西攻击前进！"消息千真万确，柯林斯少将率领两个师向西疾进，穿过美丽的杜沃河谷，渡过河流，一举夺得备受摧残的圣索沃尔勒维孔特镇。美军控制了一座至关重要的登陆场。

★

雪上加霜的是，黑尔米希将军的战斗群，既无法压缩敌军登陆场，也无力阻止美军冲出登陆场。美国第 9 步兵师和第 82 空降师部分部队朝西海岸而去，目标是从中间截断科唐坦半岛，把岛上的德国军队切为两段，封锁瑟堡与南面的陆地连接。

柯林斯将军的机动大获成功，美军在巴讷维尔到达西海岸。这样一来，他们就在瑟堡前方建起一条横穿半岛的走廊，迫使德国第 84 军位于走廊两侧的部队不得不构置正面朝南和正面朝北的防御阵地。

★

犹他滩头前方，德军西海岸防线土崩瓦解，整个灾难中，唯一的亮点是第 77 步兵师冲破美军防线向南突围的行动。

施特格曼将军率领第 77 步兵师辖内部队，本该掩护施利本瑟堡防线右翼。可是，第 84 军认为主要的危险在南面。6 月 17 日下午，施特格曼刚刚与施利本确定防御细节，就接到军部下达的命令："南撤，与敌人脱离接触！"施特格曼毫无内疚感，他根本不相信，仅凭手头疲惫不堪的部队就能守住瑟堡陆地方向的防线。他甚至没想过率领部队撤往瑟堡，因为他觉得从长远看，瑟堡要塞是守不住的。施特格曼的想法完全正确。

因此，他打算率领师里的残部迅速南撤，以战斗力尚存的战斗群冲破敌军防线。可 6 月 18 日清晨，师里依靠马匹拖曳的部队，在布里克贝克村附近遭到盟军战斗轰炸机拦截，现场极为混乱。正沿道路驱车行进的施特格曼，竭力恢复部队的秩序。就在这时，一架战斗轰炸机俯冲而下，朝他的座驾开火。20 毫米机炮炮弹撕碎了汽车，施特格曼当场身亡，他是进攻以来阵亡的第四名将军。

前一天，第 243 步兵师师长黑尔米希将军也在类似情况下丧生，他被一发 20 毫米炮弹击中，当即阵亡。

"死于战斗轰炸机"是前线官兵的说法。6 月 12 日，第 84 军军长马克斯炮兵上将也遭到战斗轰炸机攻击，死在圣洛西面路边的沟渠里。

第 77 步兵师第 1049 掷弹兵团团长巴赫勒尔上校暂时接掌全师，他召集辖内部队指挥官开会，问道："现在该怎么办？"

有人提出："干脆投降吧！"

也有人建议："北撤，退入瑟堡要塞。"

巴赫勒尔问道："南面需要每一支步枪建立新防线之际，我们怎么能让 1500~2000 名官兵束手就擒呢？"

6 月 18 日、19 日夜间，第 77 步兵师残部出发了，他们继续向南。师情报参谋施赖哈格博士上尉，描述了第 77 师穿越美军防线，形如鬼魅的行军：师里寥寥几辆完好的大众桶式车和通信车悄然集结，顺利溜过敌军防线。拂晓时，行军队列穿过敌人占领的几座村庄。寂静无声的队伍突然出现，美军哨兵惊得目瞪口呆，随即被解除武装，作为俘虏加入我们的队伍。通信营卷起美国人的电话线，一是破坏对方的电话通信，二是也可以供我们使用。浓密的云层和蒙蒙细雨致使敌人的战斗轰炸机无法出动，这就为我们提供了保护。

上午 11 点左右，部队在一条隘路扎营，派出的巡逻队很快发现，附近有一座美军营地，就在不到 500 米外。

可德军官兵再也走不动一步，只能冒险行事了。

命令传达下来："别出声，赶紧睡上一会儿！"

这群士兵倒地睡下，哨兵趴在隘路边缘，端着望远镜查看情况。美国人发现他们了吗？没发现！

下午晚些时候，部队再次出发。巴赫勒尔上校给南面美军走廊外的第 243 步兵师辖内部队发了封电报："我们正朝维洛前进，会从你部拦截阵地穿过。你们能以反冲击协助我们突围吗？"第 243 步兵师寥寥几辆突击炮随即在维洛附近为第 77 步兵师打开通道。可是，他们的好运似乎在小小的奥朗德河前方到头了，美军一道强大的拦截阵地封锁了渡口。

不过，巴赫勒尔可不想在距离目标咫尺之遥的地方轻言放弃。现在必须战斗了！第1050掷弹兵团第1营上刺刀，在一挺轻机枪掩护下，以传统方式朝敌人据守的登陆场发起冲锋。他们一举夺得桥梁，打垮美国第47步兵团第2营，还抓获大批俘虏。几个团带着伤员、250名俘虏、12辆缴获的吉普车到达德军防线。

★

当然，炮兵少校弗里德里希·威廉·屈佩尔斯在6月19日清晨待在蒙特堡北面精心伪装的猪圈里，对这些事一无所知。

不过，他知道防线的蒙特堡地段处于危险境地。这片地段可不仅仅是一片土地，还代表霍夫曼、米勒、凯尔战斗群坚守前沿散兵坑的掷弹兵，代表他5个炮兵连的19门火炮、第30高炮团的高射炮、拉斯内尔少校的火箭炮，以及许梅里希上尉第709反坦克营几个反坦克排。这些战斗力量的前景殊难预料，他们没有侧翼掩护，随时可能沦为敌人的猎物。施塔克中尉站在他面前说道："少校先生，咱们得离开这里，不然会被美国兵包围的。"屈佩尔斯知道，施塔克说得没错。

屈佩尔斯叫来司机约翰·科赫上等兵："还有白兰地吗？给中尉弄点，这是他该得的。"

科赫拿来酒瓶，里面还剩大约两指烈酒，铝杯替代了玻璃杯。

"谢谢。少校先生，"施塔克笑着说道，扬起粗短的下巴，举起杯子一饮而尽，随后问道："少校先生，上面还没下令实施'海因里希'行动吗？"

"还没有，给我们的命令就是坚守阵地。"

"海因里希"是德军撤入瑟堡筑垒地域的暗号。

★

美军在圣索沃尔勒维孔特取得突破，一路攻往科唐坦半岛西海岸，施利本的右翼丧失了掩护。因此，德国第7集团军打算把这些部队撤回瑟堡陆地防线。如果不这样做的话，就存在以下危险：位于西海岸的美军有可能转身向北，切断施利本集群位于蒙特堡的部队。为防止这种情况，确保野战部队掌握主动权，各部队收到"海因里希"的暗号，就应当分批后撤。可是，希特勒获知这份方

— 180 —

案后勃然大怒，坚决禁止一切后撤，他的命令非常明确："务必不惜一切代价坚守既有阵地！"

希特勒的意愿终究敌不过现实情况。美军在西面撕开施利本的防线，那里已没有什么可以坚守的了。隆美尔打电话给伦德施泰特大发牢骚，直言不讳地向希特勒通报了事态的严重性。希特勒随后修改了自己的决定："务必不惜一切代价坚守瑟堡要塞，批准南部集群实施战斗后撤，前提是阻滞敌军推进。禁止实施单阶段后撤！"各部队指挥官接到相应的指示，他们现在承担的责任很重，因为希特勒这道命令，用通俗易懂的话来说就是："坚守阵地，直到无法实施后续抵抗；只有到最后一刻，你们才能在敌人压倒性的压力下后撤，以免被俘。"

可"最后一刻"是什么时候呢？指挥官根本不知道友邻部队的状况，又如何确认"最后一刻"呢？

考虑到当前情况，也为了捋顺指挥链，德军实施重组。第709师和第243师第922掷弹兵团合编为"瑟堡战斗群"，不再隶属第84军。因此，瑟堡地区的防务完全落在冯·施利本将军的肩头，他对此心急如焚：

> 隆美尔元帅发来电报，内容我记得清清楚楚，里面当然提出了好多要求，电报里写道："施利本集群必须坚守防线，只有在敌人施加沉重压力的情况下才能后撤，不能让敌人迂回包抄，应当以机智的行动欺骗敌人，及时到达（瑟堡）陆地防线。"可我只有个遭受重创、运输全靠马匹、缺乏机动性的师，而敌人不仅实力强大，他们的机动性甚至超过对苏战局开始时我方的装甲兵团。另外，敌人还有一支能在白天阻止一切运动的空中力量。
>
> 另一道命令指出，根据OKW的最新指示，必须不惜一切代价坚守圣瓦斯特拉乌格—勒泰伊—瑟堡陆地防线—沃维尔一线。也就是说，要守卫一道横跨整个半岛北部的防线。
>
> 而另一封电报又说，除了陆地防线，还要不惜一切代价坚守西北角的若堡半岛。
>
> 他们对布里附近的高地也提出同样的要求。我的印象是，OKW不再使用地图和圆规。科唐坦半岛的交通网相当发达，设计得极为出色，深具机动性的摩托化部队完全可以轻松绕开局部抵抗。从表面上看，他们让我自主行事，实际上呢，一道道命

令不停地传来。

由于这道"限制令"，6月19日，蒙特堡地区的掷弹兵和炮兵仍待在散兵坑里，而半岛西侧的美军坦克，此时已隆隆攻往瑟堡。

★

我们把话题拉回蒙特堡北面猪圈里的屈佩尔斯少校身上。屈佩尔斯拿起电话，与麾下几个指挥所交谈了一番。他们的意见是："先封闭敌人的渗透，否则一切都完了！"

屈佩尔斯下达命令，集中炮火轰击各渗透点。几个炮兵连轰鸣起来，拉斯内尔少校的火箭炮也发出齐射的呼啸。面对德军火炮和火箭炮一轮轮齐射，美国人停下了脚步，简直就是奇迹。他们怀疑德军的实力实际上相当强大，因而不愿再冒险推进。可是，德国人又能把对方愚弄多久呢？

中午前后，屈佩尔斯突然恢复了与师里的联系。通信人员修理炮火炸断的线缆时，无意间搭上冯·施利本将军师部的电话线。第709师作战参谋弗尔斯特少校大吃一惊："你们还在那里？我们还以为你们夜间就撤回来了呢！"就在这时，电话线又断了。半小时后，各种各样的坏消息传到屈佩尔斯的指挥所，灾难即将临头：许梅里希反坦克营损失的反坦克炮实在太多，已无法掩护右翼；派往第30高射团的联络官柯尼希中尉报告，他们在高射炮阵地上听见战斗的声响不断逼近，还遭到迫击炮和坦克炮火打击；第1709炮兵团第1连连长施托尔茨少尉，从于贝尔维尔教堂塔楼的观测所发来报告："美军装甲部队正在集结，准备攻往蒙特堡两侧。"

美国第4师冲入德军敞开的右翼，第79师攻往蒙特堡，坦克穿过镇中心，前出到通往瓦洛涅的公路上。

屈佩尔斯少校又给仍能联系上的几位战斗群指挥官打电话。霍夫曼中尉、拉斯内尔少校、施密特中尉刚刚赶到猪圈，他们已被美国人炸出蒙特堡—瓦洛涅公路北面的指挥所。

现在的问题是，接下来该怎么办？听任敌人迂回侧翼，消灭己方部队？投降？还是后撤，把部队的命运交给敌人的战斗轰炸机？

老天开眼，一阵狂风袭来，吹散了前方的低云，空中降下蒙蒙细雨。正是德军部队需要的天气，逃出陷阱的良机出现在眼前。

火炮再次发出阵阵轰鸣，火箭炮的尖啸撕心裂肺，德军炮兵把弹药消耗一空，反正也无法带走。猛烈的炮火袭向一个个渗透点，摆出德军即将展开反冲击的姿态。这一招让几个战斗群与敌人脱离了接触，完全没被对方发觉。艰难的行动大获成功，就连镇中心的掷弹兵也悄无声息地撤出阵地。

遵照命令，这股德军没有直接撤入瑟堡要塞，而是在勒蒙地区占据中间防线。傍晚6点30分前，几个战斗群再次进入阵地，炮兵也做好了开炮的准备。

次日，撤离蒙特堡的几个战斗群编入瑟堡陆地防线。

瑟堡是艾森豪威尔重要的目标之一，城市和港口争夺战的最后一幕上演了。

希特勒的命令: 战斗到最后一颗子弹!

开入瑟堡陆地防线的一些掷弹兵营，兵力只剩90~180人。要是他们还有对付坦克极为有效的重型高射炮就好了! 可包括一些88炮在内的许多火炮，已丢弃在原先的阵地上。更要命的是，高炮部队的火炮牵引车集中在圣梅尔埃格利斯地区，也就是美国伞兵的空投点，负责管理仓库的高炮部队军官丢下这些拖车只顾逃命，造成深具灾难性的结果。实力虚弱的四个德军战斗群，不得不围绕港口坚守35千米长的半圆形防线，面对盟军六个突击师，他们没有任何反坦克武器。

第922掷弹兵团组成的战斗群，负责守卫若堡半岛及其外围的"西角"支撑点。第919掷弹兵团和第17机枪营编成的凯尔战斗群，部署在他们旁边，防区一直延伸到463支撑点。克恩中校率领第739掷弹兵团守卫防线中央地段，东面，从436支撑点到莱维角，由第729掷弹兵团组成的罗尔巴赫战斗群据守。瑟堡市区和陆地防御的神经中枢，位于郊区奥克特维尔的地下指挥所，诺曼底地区海军指挥官亨内克少将的指挥部也在那里。

施利本将军心知肚明，长时间抵御一支现代化机动大军是不可能做到的。重要的是争取时间，彻底炸毁港口，让美国人在很长一段时间内无法使用瑟堡港卸

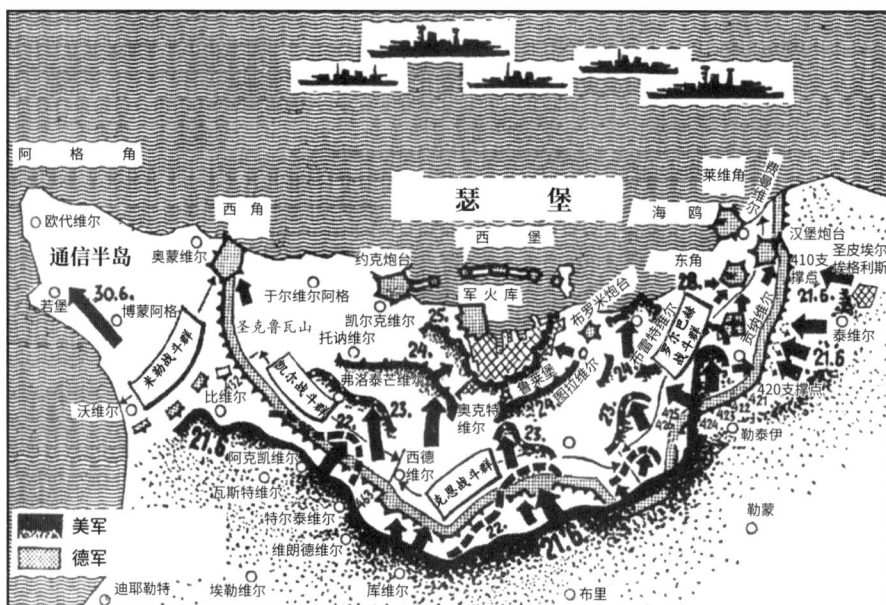

▲ 6月21日到30日，陆地战线和瑟堡要塞的战斗进程。

载人员和物资，还可以让南面的德国军队从容构筑防线，另一点就是，尽可能长时间牵制进攻瑟堡的敌军。

施利本坦率地把这些情况告知战斗群指挥官。各支撑点受领的任务是："挖掘阵地，坚守到底！"

地下指挥中心的各条通道，拥进去上千人，挤得满满当当。板条箱上，麻袋上，弹药箱上，他们或坐或躺，有人呼呼大睡，有人打着瞌睡，还有人骂骂咧咧。这里的人员形形色色，有海军炮手，有港口巡逻艇艇员，有托德组织的建筑工，有劳工组织成员，也有空军地勤人员。通风设备已损坏，地下通道里充斥着火药、衣物发霉、各种马达排出的废气、人身上的汗水混杂在一起的臭味。

地下隧道各个入口，炮弹落地的爆炸声清晰可辨。电灯不时闪烁，通常情况下，剧烈的爆炸随之而来。

一小时前，敌人打垮了德军某个支撑点，一名一等兵逃入地下隧道，道

— 184 —

出了实情：美国兵已冲到山顶，就在地下指挥所上方，他们正用巨大的钻机打孔，往里面填炸药。他危言耸听地说道："要是我们不赶紧投降，他们会把我们炸成肉酱的！"

亨内克海军少将的勤务官布卢默少尉，费了好大力气才挤开人群，来到战情室。地下隧道里的情形，比地图更清晰地揭示出眼下的态势。一个个士兵躺在那里，甚至懒得把腿收回，给少尉让出通道，这说明他们是多么疲惫，但也说明战斗是多么艰巨，德军士兵士气低落，已不太看重纪律和命令。布卢默没理会这些，他刚刚去了将军的指挥所，作战参谋告诉了他需要知道的一切。战事已然无望。

布卢默在战情室遇到亨内克的副官希尔霍恩少尉，他问道："情况怎么样？"布卢默打破了他的希望："鲁莱堡在两小时前陷落了，美国人目前在城市南部出口的几座高地上，控制着要塞每个角落。"希尔霍恩震惊不已，不由地问道："怎么会这样，那么坚固的堡垒怎么会陷落？配有 150 毫米火炮的岩石堡垒不是坚不可摧的吗？"

布卢默耸耸肩，无奈地说道："美国人把火炮部署在战地医院附近。堡垒指挥官的固定炮位确实设在岩石里，可面朝港口方向，他有什么办法？另外，他也不敢用自动武器打击敌人，生怕误击战地医院。美国人从近距离轰击射孔，打哑了他的火炮。"

希尔霍恩走到地图前问："那么，我们还能坚守多久？"布卢默不假思索地答道："他们也包围了我们这座掩体高地。美国人炸毁了南部出口，正在高地上钻孔，安装炸药，还往通风井里扔手榴弹。这伤害不到我们，可通风设备坏了，含硫黄的硝烟是有毒的。就算他们不把我们炸出洞穴，也会把我们熏出去。"

布卢默少尉陷入沉默，副官也不再问了。诡异而又邪恶的隆隆炮声，传遍这座现代化山体堡垒。布卢默把手伸到办公桌下："就这么点儿了。"说着，他从瓶中倒出两杯白兰地。

与战情室仅隔几米岩石和泥土的相邻隧道，瑟堡防线和要塞指挥官冯·施利本中将，站在没有镶板的房间里，盯着眼前的态势图，图上布满杂乱的蓝色线条和红色箭头。

此时是 6 月 25 日（周日）下午 3 点 52 分，外面传来敲门声，作战参谋弗尔斯特少校走了进来，手里拿着一份电报："将军先生，集团军群的复电。"

施利本转过身，什么也没说，可他的目光很想从弗尔斯特的脸上看出些端倪：集团军群对他上午发出的电报究竟作何答复！施利本将军的电报里写道：

> 敌人的物资和空中优势深具压倒性。我们的大部分炮台不是耗尽弹药就是被敌人摧毁。各部队筋疲力尽，已被敌人挤压到背靠大海的狭小地域。港口和其他重要设施已彻底炸毁。瑟堡很快会沦陷，这一点无法避免，因为敌人已渗透到市郊。这里还有2000多名伤员无法疏散。由于缺乏有效对策，瑟堡残余部队的覆灭似乎已成定局，从全局着眼，这么做是否必要？急需指导！

施利本记得电报里的每一个字，特别是最后那个问题，当时他和弗尔斯特仔细斟酌了一番。上级肯定会让他自行决定。施利本满怀期望地问道："那么，他们怎么说？"

弗尔斯特读道："遵照元首的命令，你们必须战斗到最后一颗子弹。陆军元帅隆美尔。"[①]

"就这些？"

"将军先生，就这些！"

施利本盯着墙上的态势图，混乱的线条和箭头，他已经看了上百次，每次都意识到这样的现实：瑟堡是一座面朝大海的要塞。海军防御、陆军海岸炮兵、要塞炮兵的所有火炮指向海面，那是他们预计敌人到来的方向。尽管有多次警告，说敌人可能从后面，从陆地方向而来，可德军高级指挥部门坚定而又自信地否定了这种看法。现在，他们要为自己犯下的错误付出代价了。英国人于1942年在世界上最强大的海军要塞新加坡遭受的厄运，即将落在瑟堡的德国人头上——敌人从后门侵入。

弗尔斯特少校和情报参谋，用红色箭头把敌人的最新进展标在态势图上：地图上到处是红色箭头，刺穿了代表德军防御阵地的蓝色线条和圆圈。每个红色箭

---

① 译注：隆美尔和伦德施泰特从来不愿给部队下达"战斗到最后一颗子弹"的命令，所以用了"遵照元首的命令"这句微妙的措辞。

头的交叉点都意味着一出悲剧。许多支撑点和防御阵地甚至没有布设电话通信，地形复杂的地区，相邻的支撑点经常无法保持视觉接触。市中心的内环堡垒带陈旧过时，只有两座新建的外围防御工事，"西角"和"东角"是托德组织修筑的现代堡垒。可就连这两座堡垒，也没考虑过抵御陆地方向进攻的问题。再说说陆地防线，这道防线本该由精锐部队据守，绝不能像现在这样，只投入两个步兵师筋疲力尽的残部，再加上毫无战斗经验的乌合之众：机场地勤人员、空军运输部队、要塞工兵、年迈的水兵、第583战地指挥部的办公室文员、要塞仓库的中年出纳、劳工组织和托德组织人员、格鲁吉亚营等。

1944年5月1日，也就是盟军发动进攻五周前，马克斯将军以梅塞施密特突击营模拟了一场突袭，表明瑟堡要塞完全可以从陆地方向攻破。深具讽刺意味的是，敌人首个严重渗透的发生地，与梅塞施密特突击营演习期间选择的地点一模一样：422支撑点与426支撑点结合部。当初那场演习的结果，现在成为血淋淋的现实。不然又能怎样呢？据守支撑点的兽医官和他们的工作人员，或是几乎没受过训练的年轻伞兵，如何能击退敌军坦克呢？

炮兵的时刻

获得坦克支援的美国步兵，迅速实现了密集的炮火和炸弹没能达成的目标。德军官兵弃守阵地，躲入城内的混凝土掩体。但有些支撑点抵抗得极为顽强，例如，劳工组织一些十七八岁的小伙，以坚定的勇气守卫贡纳维尔支撑点。此处地形不利，炮兵的视野很差，火炮无法有效抵御敌坦克的进攻。可是，这些年轻人像久经沙场的掷弹兵那样坚守战壕，以手头各种武器击退美国步兵，甚至使用了铁锹。可面对敌坦克，他们又能做什么呢？这群小伙射光了手头的"铁拳"，随后举手投降。

就连经验丰富的德军战斗群，也很难对付以各种技术装备武装到牙齿的美国人。凯尔的部下，也就是来自黑森州和图林根州的第919掷弹兵团和第17机枪营，米勒第922掷弹兵团战斗群，都没能守住自己的阵地。克恩第739掷弹兵团和罗尔巴赫第729掷弹兵团同样步步退却。几个美军突击团，凭借物资优势，一举突破德军防线。

凯尔中校报告：美军对所有支撑点的进攻，无论支撑点多么小，总是采用相同的模式。首先以50架战机狂轰滥炸，尔后施以迫击炮火，最后才以突击部队发起冲锋。美国人配备了一流的便携式无线电话机，可以立即汇报行动成功与否。没等传令兵把"敌人占领支撑点"的消息告知德军连长，美军突击部队指挥官已通过电台呼叫支援力量。一旦他们占领某座支撑点，立即组织环形防御，等待德军发起反冲击。击退对方的反冲击后，美国人再次展开后续突击。德军各个团部弄清前线发生的情况，设法组织大规模反制措施前，几个小时过去了。

在此期间，同样的情况也发生在其他支撑点。就这样，美国人以大量消耗物资为代价，打垮、粉碎了德军陆地防线。

冯·施利本将军想起希特勒在6月23日任命他为要塞指挥官的情形。当时，希特勒给其的电报里有这样一句话："倘若发生最糟糕的情况，那么，务必确保落入敌人手里的瑟堡不过是一堆废墟瓦砾。"一堆废墟瓦砾！

施利本站在那里盯着地图，战事的发展在态势图上标得清清楚楚。

6月20日下午2点，南部炮兵集群报告："瓦洛涅—瑟堡公路上的敌军先遣支队，已到达南部前哨，请求批准开炮！"

下午5点45分左右，美军在勒泰伊村附近的东部地区也到达瑟堡陆地防线。他们向前试探，第1709炮兵团第5、第8连的齐射袭向为首几辆敌坦克，美国人迅速后撤。这是他们发动进攻的序曲。

6月21日上午，第一幕的帷幕徐徐拉开：敌人投入几个波次的1000架飞机，猛烈轰炸德军陆地防线。密集的炮火和战机的低空攻击接踵而至。最后，敌坦克隆隆向前。一股敌军从圣皮埃尔埃格利斯出发，小心翼翼地攻往410~420支撑点防区内的贡纳维尔机场。

第9炮兵连连长茨德拉勒克上尉，在416支撑点担任炮兵观测员，指引炮火打击敌坦克。直接命中！敌军坦克转身离去，可他们很快又回来了，这次打算强行突破。不过，他们还是没能穿过德军猛烈的弹幕，于是，这群坦克再次撤离。

但他们在其他地方达成了目的。

"警报！"425、426支撑点的哨兵喊叫起来。可是，美军坦克早已穿过复杂的地形，在没被发现的情况下到达德军防线前方。此处的德军伞兵连，由训练营出来的年轻人组成，他们只接受过六周训练，毫无实战经验，结果被敌人打垮。就这样，美国人在德军防线上站稳脚跟。没错，第729掷弹兵团的卡道少尉，率领他的连队守住了421、424支撑点，可这有什么用呢？美军坦克直接在425支撑点打开一个缺口。

下午4点15分，他们到达第1261炮兵团奥尔迈尔少尉第5连占据的发射阵地前方。鲍尔中尉率领的第1709炮兵团直属连被打垮，鲍尔和大多数炮兵阵亡。施瓦尔贝中尉率领第11炮兵连，为守卫发射阵地与敌人展开近战。敌坦克逐一击毁该连的火炮，留在运输地的马匹也惨遭屠戮。施瓦尔贝中尉负了伤，可还是跑回"东角"堡垒汇报了情况。

第8、第10、第11连的炮兵侦察队进入遭受威胁的地区，他们报告："敌先遣部队在坦克加强下，已到达机场西面的瑟堡—泰维尔主公路。卡道少尉仍在坚守主防线。除了425支撑点附近的缺口，主防线目前完好无损。瓦尔特上尉和第1709炮兵团第8连被敌人包围，已构置刺猬阵地实施防御。"

这是炮兵的时刻。德国步兵发起的反冲击，获得密集炮火支援，一门门火炮保持了最大射速。

令人惊讶的是，虽说第8连陷入重围，可他们的军用电话线依然畅通，连接到团直属连超负荷运作的便携式总机。尽管无人值守，但这台总机把直属连与各炮兵连连接起来，实施火力控制，因而在早已被敌人占领的隘路继续发挥作用。

第8连不断收到同样的通知："守住！"他们守住了阵地。弗赖中尉率领第729掷弹兵团一个营，朝第8连发射阵地展开反冲击。二等兵吕尔用"铁拳"干掉两辆敌坦克。美国人以磷弹还击，但三面受围的第8连牢牢守住阵地。弗赖中尉力图封闭丢失的423~425支撑点，可纯属徒劳。哈尔曼上尉派一个伞兵连支援弗赖的进攻，还是没能成功，危险依然存在。

第8炮兵连又坚守了三天，最终不得不放弃阵地。他们炸毁了火炮，全连只剩22人。

这一切都以笔直和弯曲的箭头，虚线和实线，炮兵/步兵连、团、指挥部、各种部队的战术徽标反映在施利本将军指挥所的态势图上。激战变成了抽象的壁画，但对看得懂态势图的人来说，每条线都代表着生与死。

6月22日，美国人深深楔入德军防线西部和南部。

到6月23日，柯林斯少将的几个突击团的四个进攻楔子已渗透德军防御圈。德国人的主防线上，有好几处土崩瓦解。四个德军战斗群的防区内，美军坦克横冲直撞，打击德军炮位，德国人被迫组织起环形防御。

6月24日，美军到达图拉维尔、奥克特维尔郊区、鲁莱堡。施利本、亨内克、炮兵指挥官赖特尔的地下指挥所已在交战地区内。

一名美军上尉穿过火线

6月25日上午10点左右，盟军一个战舰中队静静地驶入要塞前方水域，从容得就像参加演习。战列舰、巡洋舰、驱逐舰，它们要从海上炮击瑟堡吗？

奥马堡的报务室里，港口指挥官维特上尉坐在混凝土掩体的观察孔后面，这里看上去像是巡洋舰的舰桥。他的眼睛紧贴着望远镜，说道："格式桅杆！"来的是美国老式战列舰。舰队开炮了，几轮齐射穿过一堵烟雾缭绕的墙壁呼啸着袭来。自日德兰海战以来，维特还没见过战舰中队的舰炮齐射。他目瞪口呆地看着眼前的奇观，除此之外也做不了什么。部署在奥马堡的150毫米火炮炮台根本够不着敌舰。一发发炮弹把地面犁了一遍，弗拉芒堡中弹，弹药库殉爆，伴随剧烈的爆炸，火焰腾起。

舰队在要塞前方来回逡巡，稍稍靠近港口东面的海岸。维特想："汉堡炮台现在应该能够到对方了！"就在这时，他看见岸上的火炮发出闪烁，"约克""布罗米""汉堡"重型海岸炮台朝敌舰开炮。"约克"炮台击中"得克萨斯"号战列舰、一艘轻型巡洋舰、一艘驱逐舰。"汉堡"炮台的格尔布哈尔中尉，指挥四门240毫米火炮开火，命中两艘坎伯兰级巡洋舰。没错，英国海军部否认了德方击沉一艘巡洋舰的说法，但许多目击者证实，岸上炮台直接命中敌舰，绝对给对方造成了重创，证人里有不少陆军海岸炮兵军官，如果炮台没击中目标，他们肯定不愿意让海军炮兵获得不该得到的荣誉。据美国海军部于1954年3月4日披露的档案称，德军炮台与盟国海军这场交锋，直接命中了英国"格拉斯哥"号轻巡洋舰、美国"得克萨斯"号战列舰、"奥布莱恩"号、"巴登"号、"拉菲"号驱逐舰。

中午 12 点左右，盟军舰队撤出德军海岸炮台射程，大批 P–38"闪电"双引擎战斗机随即出现，朝德军炮位发起猛烈攻击。

德国海军要塞火炮和高射炮构置起防空弹幕，一举击落 80 架敌机。

一个小时后，施利本的情报参谋根据中午收到的报告，在态势图上做出重要的标注：鲁莱堡陷落。

看看地图就知道，瑟堡南面接近地丧失掩护，门户大开！这座城市和港口即将成为美国人的战利品。他们以重型火炮猛轰奥克特维尔郊区陷入重围的高地，而德军指挥部地下掩体网就在高地下。

美国工兵企图炸毁这座地下指挥部，捣毁德军防御的神经中枢。冯·施利本将军发出急电，询问集团军群是否有必要让瑟堡残存的守军以身赴死。我们已经知道隆美尔的回复，瑟堡要塞指挥部在下午 3 点 48 分收到他的电报，在 3 点 52 分呈交冯·施利本，电报里写道："遵照元首的命令，你们必须战斗到最后一颗子弹。"

接下来的几个小时充满戏剧性——高地上方，本该炸塌隧道、堵住南部出口的炸药爆炸了。

★

"海军少将先生，我们应该用火炮轰击高地上的美国兵！"

亨内克用疑惑的目光看着面前的中尉。

对方冷静地解释道："我在圣马尔库夫就这么干过！这是唯一的办法。当时，敌军突击队企图把我们赶出掩体，于是我让友邻的阿泽维尔炮台朝我这里开炮。"

和勤务官布卢默一同站在亨内克指挥室里，提出大胆方案的军官是奥姆森中尉。亨内克考虑着他的建议。

"布卢默，我们还能联系上阿格角炮台吗？"

"能联系上，海军少将先生！"

"告诉他们，以 250 毫米长身管火炮或是 203 毫米巡洋舰舰炮轰击我们上方的高地，把这项安排告知冯·施利本将军。"

可是，奥姆森的方案这次没能奏效。阿格角几座炮台遭到大口径舰炮和空中轰炸猛烈打击，火炮调整装置出了问题，炮台指挥官担心会击中己方守军。就这样，美国工兵在奥克特维尔高地顶上，不受干扰地从事钻探作业。

2000 名伤员躺在城内一所所医院里。一名身负轻伤、被俘的美军上尉，请德国军医少尉带他去见施利本将军。他请求批准他穿越火线，把几所医院的位置告知美军指挥官，然后再带些医疗用品回来。

施利本将军批准了，也许这名上尉只是想逃离瑟堡这座地狱，可他说不定真能提供些帮助。美军上尉没撒谎，下午 5 点左右，他带着一大包止痛片回来了，还带来美军指挥官一封信，要求施利本将军投降："您和您的部队坚定而又英勇地进行了战斗，可你们的态势已然无望。我们要求你们投降——以 1520 千赫频率做出回答，再从海军医院或巴斯德医院打出白旗，也可以发射白色信号弹，然后派一名参谋军官，手持白旗，到通往鲁莱堡公路上的农舍收取投降条件。"

冯·施利本通过翻译告诉美军上尉，他对这封信没什么可说的。施利本决心争取时间，对港口实施最后一次大规模爆破，这会让盟军的运输船只在很长一段时间里，无法利用瑟堡港卸载。

当晚 7 点整，整座要塞发生剧烈的震颤：港口指挥官维特上尉奉命炸毁靠泊设施。35 吨炸药摧毁了码头和防波堤。古老的塔楼是瑟堡著名的地标，也在爆破中塌入港池。施利本对炸毁塔楼犹豫了很长时间，但军事方面的考虑最终占据上风，塔楼坍塌的砖石会给港池恢复使用造成更大的麻烦，瑟堡著名的剪影就此消失了。

当晚 7 点 10 分，美军战斗工兵、火焰喷射器小组、暗堡专家组成的一个个突击队，距离德军地下指挥部北出口已不到 100 米。施利本将军下令销毁所有机密文件，勤务官克鲁斯佩中尉在 7 点 32 分发出最后一份电报："最后的战斗开始了，将军亲自率领部队奋战！"

第 7 集团军回电："我们与你们同在！"冯·施利本将军读到电报时，露出一丝苦笑。

奥克特维尔投降

地下隧道里挤满了逃入掩体寻求隐蔽的士兵。他们彻底丧失了斗志，听天由命地等待战斗结束。只有一些军士挤过人满为患的隧道，把一个个弹药箱拖到出口，一些军官和参谋人员在那里用步枪、冲锋枪、机枪顽强抵抗，奉命"战斗到最后一颗子弹"。

布卢默少尉推开通往医院隧道的钢门，扑面而来的恶臭差点让他喘不过气来。他朝能干的女文员助理乌尔苏拉·布罗伊蒂加姆走去，她在战地医院帮忙，晚上还要誊写作战日志。

"乌尔苏拉，这里的情况怎样？"布卢默问道。

年轻的女辅助人员耸耸肩："三百来名伤员挤在隧道里，最要命的是，从昨天起，他们开始像苍蝇那样一个个死去。"

"怎么回事？"布卢默问道。

乌尔苏拉又耸耸肩："您最好去问军医主任吧。"

这时，一名外科军医拎着输血架走了过来，布卢默问他："您知道军医主任在哪儿吗？"

"一连五个小时，他一直在做手术。"

外科军医刚想离开，布卢默又拦住他："这些伤员为什么会死掉？"

"因为没有通风设施，伤员是中毒身亡的。这里的空气，氧含量很低，敌人实施爆破，产生的硝烟和有毒气体穿过通风口涌入地下医院，导致伤员中毒。"

"我们该做些什么？"

"什么也做不了，"医生说道，"戴上防毒面具也无济于事！"

布卢默返回右侧北隧道的出口，冯·施利本和亨内克将军端着步枪站在临时搭设的胸墙后，美国人正用迫击炮轰击隧道出口上方的混凝土顶盖。

布卢默少尉报告了医院的情况。

两位高级指挥官朝隧道深处走了几步，交谈起来。有人听到"命令"这个词，但随后听见施利本说道："既然上级擢升我为将军，那么，他们就得接受我根据情况和良心的要求采取行动的做法。"这不是冯·施利本第一次自行其是，1943

年7月，他在东线指挥第18装甲师期间，就曾违背上级的命令，率领部下逃出包围圈。今天，他又一次下定决心，无论如何都要挽救部下的性命。

众人随后听见他说出"军使"两个字。消息犹如野火般传遍各条隧道："老头派出军使，他要结束这场战事了！"所有人长长地松了口气。

绑在步枪上的白床单刚刚伸出隧道出口，美国人就停火了。一阵可怕的寂静突然降临到饱受摧残的城市。两名德国军官打着白旗走出隧道，此时是6月26日下午2点过后不久。

瑟堡要塞神经中枢之战结束了，士兵、水兵、军官、行政人员排成长长的队列，从高地一侧走了出来。

冯·施利本和亨内克在隧道出口遇到几名美国军官，他们带着两位德国将军去见第9师师长埃迪，此时，埃迪将军就在奥克特维尔高地上。随后，埃迪带上施利本和亨内克，驱车赶往瑟堡以南30千米的第7军军部去见柯林斯将军。一些摄影师等在那里，很快，美军宣传部队把两名被俘德军将领的几千张照片撒向负隅顽抗的德军阵地。[①] 这也是现代战争的组成部分。

在此期间，前线后方发生了一场有趣的争论。一些美国军官向第1集团军提出建议，认为布拉德利将军应该邀请施利本共进晚餐。第1集团军司令部议论纷纷，有人赞成，也有人反对。最后，布拉德利用典型的美国逻辑亲自解决了问题："这个王八蛋四天前投降的话，我会邀请他的，可他让我们耗费了这么多士兵的性命才投降，没门儿！"很快，布拉德利就会朝其他"王八蛋"发泄他的怒火，强烈的怒火！

是否该邀请被俘的德国将领共进晚餐，美军下级军官和士兵没有为此烦神。一个个大喇叭喊着"继续前进"，美国兵也纷纷叫嚷着"动作快点"。

乌尔苏拉·布罗伊蒂加姆和一名牧师，以及6月5日在瑟堡军官食堂弹

---

① 译注：前文已提到施利本是个美食家，被俘时，美国人在他的衣兜里发现了几周前他在瑟堡举办晚宴的菜单：龙虾、蛋黄酱、肥鹅肝酱饼、烤羊肉、桃子、香槟。施利本在美国第9师师部吃的是K级口粮的奶酪，外加白兰地。拍照一事也很有趣，施利本抱怨道："这些拍照片的真烦人。"著名的战地记者罗伯特·卡帕用德语回敬道："我也烦透了给这么多被俘的德国将军拍照。"施利本恼怒地转过脸来，卡帕乘机拍了张出色的照片。

奏钢琴的维斯特夫人，上了一辆卡车，盟军后来用她们交换了德国人俘虏的几名英国护士。

美国人从战俘收容地找到布卢默少尉、克鲁斯佩中尉、来自卡塞尔附近桑德的一等兵克勒内。司机奉命把他们送到伊弗托的美军司令部，与施利本和亨内克会合。出发时，美国人戒备森严，就像押送危险的罪犯，一名中士坐在吉普车一侧，手指搭在冲锋枪扳机上。

克鲁斯佩喊道："看看他们走的这条路！"布卢默环顾四周，随即用学校里学的英语，对坐在司机身旁的押送军官说道："你们行驶的这条路上有地雷。"

美国军官吼道："王八蛋，闭嘴！"话音未落，剧烈的爆炸声响起，吉普车碾上了地雷。

爆炸的冲击波和车辆的颠簸，导致美军中士不小心扣动了扳机。一串子弹射出，前排两个美国人和一等兵克勒内当即毙命。美军中士的腹部也挨了块地雷弹片。只有克鲁斯佩和布卢默捡了条命，不过，两人身负重伤，布卢默的头部挨了颗冲锋枪射出的子弹。

当然，奥克特维尔投降，并不意味整座港口城市落入美国人手里。施利本明确表示，他只代表自己的指挥部投降。各地区指挥官，特别是壁垒森严的军火库指挥官，投降与否要看他们自己的意思。这些德军军官都知道，争取时间至关重要。

德军官兵心知肚明，长时间抵抗是不可能的。恐慌传播开来，几乎所有阵地都丧失了战斗意志。诚然，瑟堡城防司令扎特勒少将，仍有一支强有力的部队守在海军军火库坚固的城墙后。但与港口指挥官维特上尉不同，扎特勒觉得继续抵抗下去毫无意义。他在6月27日上午投降，率领400名部下走入战俘营。

海军上尉维特没有投降，他让劳工组织的人员把港池周围的墙壁封起来，随后亲自监督了最后一场爆破。退潮时，维特带着8名军官和30名士兵，利用一艘风帆游艇和两条划艇，逃到外围防波堤的工事里。港口庞大的西部入口外，雷区依然完好，而引爆设备就存放在外围防波堤的西堡，只要按下按键，就能封锁整个入口。

巴黎的西线海军集群在6月27日收到电报："港口指挥官设在西堡的指挥所报告，已做好引爆水雷的准备！"

西线海军集群司令部大吃一惊，赶紧回电询问："您是怎么逃到西堡的？"

聪明的维特简洁地回复道："拂晓时乘坐一艘游艇和两条划艇过去的！"

维特上尉当然不知道，这些往来电报成了德军通信网津津乐道的英勇事迹，听上去确实很棒，可问题是，美国人也听到了。

柯林斯将军曾率领美国第25师，在爪哇岛迅速击败过日本人，从而得到一个讨人喜欢的绰号"闪电乔"，他对旷日持久的瑟堡交战早就恼怒不已，觉得自己的英名受到玷污。柯林斯最不愿见到的就是德军支撑点的"英勇事迹"，在他看来，与维特交锋成了关乎声望的问题。

尽管如此，美军还是耗费了三天时间，才以猛烈的炮击和轰炸削弱了外围防波堤的防御。一发发炮弹穿透混凝土墙壁，炸毁了引爆水雷的控制装置，负伤的维特这才投降。

激战也在瑟堡防线西部肆虐，也就是所谓的"通信半岛"，为监测英格兰南部海岸的动静，德国海军和空军布设了大量无线电通信设施，故此得名。

在那里顽强奋战的是编有第919掷弹兵团团部和第2营，以及梅塞施密特突击营和第17机枪营的凯尔战斗群，奎特纳特少校的西部炮兵群和第932轻型高炮团提供炮火支援。米勒战斗群部署在西面，该战斗群编有第922掷弹兵团部分力量，以及第243炮兵团两个连。

他们没有让美国第9师轻易得手，双方为争夺每个支撑点展开激烈厮杀。直到6月30日，约堡半岛西海岸最后一座支撑点才投降。

距离瑟堡市中心12千米的战线另一侧，激战一直持续到6月28日。那里伫立着强大的"东角"外围工事，是托德组织修建的，这些工事控制着机场和海岸。

炮兵对付坦克

屈佩尔斯少校站在指挥掩体的潜望镜后，这座掩体位于精心伪装的防御工事中间，地下掩体、交通壕、反坦克障碍、雷区构成整片防御工事。此时，屈佩尔斯觉得自己就像海上的潜艇艇长。

敌坦克谨慎地向前驶来，但他们在这里遇到复杂的障碍物。德军外围工事，构置了巧妙的反坦克陷阱，配备了自动触发的炮弹和火焰喷射器，还有雷达和无线电设施，又一次挡住了美国第 7 军赶往科唐坦半岛北部海岸的通道。

6 月 26 日，上等兵约翰·科赫刚刚赶到通信掩体，就收到冯·施利本将军的

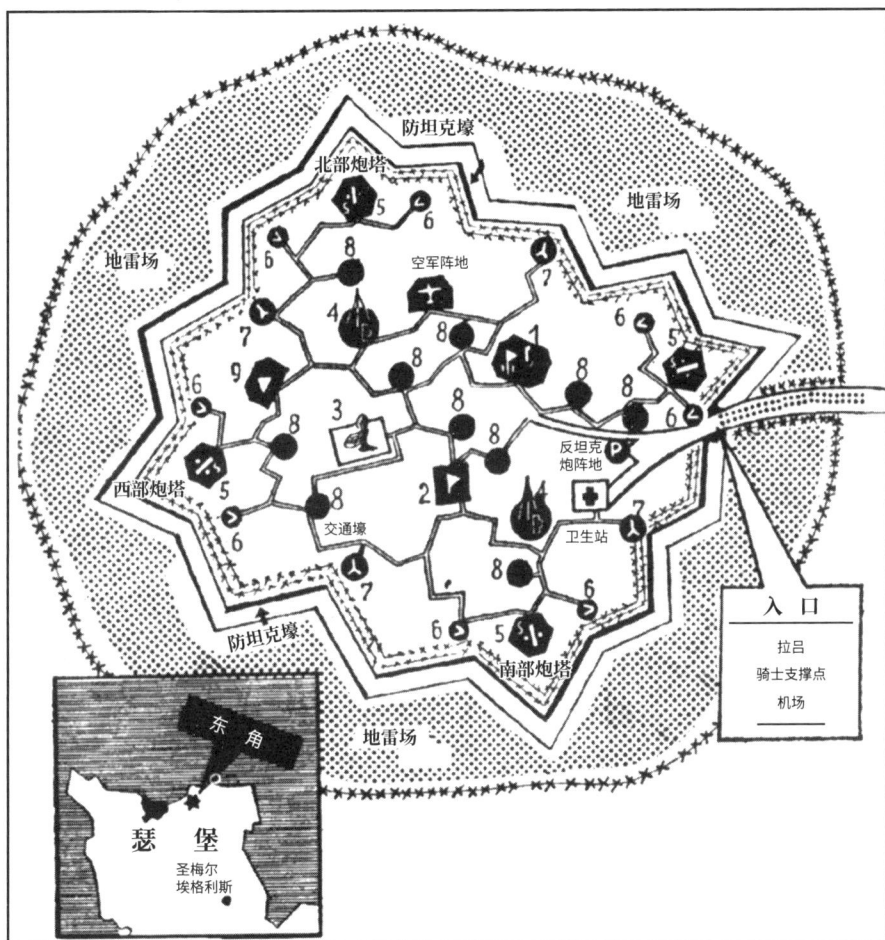

▲ "东角"外围防御工事是一座现代化的地下防御设施，屈佩尔斯少校的东部炮兵群指挥所就设在其中。屈佩尔斯坚守东面的陆地防线，一直坚持到6月28日。1指潜望镜掩体；2指外围工事指挥所；3指雷达设施；4指信号阵地；5指北部、西部、东南部六射孔炮塔；6指自动迫击炮阵地；7指筑垒喷火器阵地；8指营房；9指面朝瑟堡港的观测阵地。

指挥部发来的最后一份电报。瑟堡炮兵司令也致电东部炮兵群指挥官："我们已无法继续战斗，马上要投降了，祝你们好运，炮兵司令赖特尔。"

"赶紧去找指挥官，"通信上士维特韦尔对科赫说道，"把这封电报交给他！"

科赫驱车上路，很快到达指挥掩体，"少校先生，瑟堡炮兵司令发来的电报。"

"什么？"屈佩尔斯问道，继续贴着潜望镜紧张地察看情况。

上等兵科赫重复道："赖特尔上校发来的电报！"

此时是 6 月 26 日下午 2 点整。屈佩尔斯低声读出电报上的文字，在场的军官和士官意识到，对他们，对"东角"，对瑟堡要塞配有大型炮台"汉堡"、沿海支撑点"海鸥"、高射炮支撑点"骑士"的左翼来说，末日同样即将来临。

屈佩尔斯放下电报，立即打电话给通信掩体，询问瑟堡炮兵司令有没有告诉他们，联系军部或集团军司令部的通信频率。

对方答道："没有！我们回电询问，可奥克特维尔指挥部已陷入沉默。"无线电联络为时已晚，美国人守在奥克特维尔高地下方隧道各个出口，正逐一搜查鱼贯而出的德军官兵。

屈佩尔斯给通信人员下达了命令："看看能否与某个指挥部取得联系。"几名无线电报务员慢慢调整接收机上的刻度盘，仔细聆听，再次调整，继续聆听！

他们先是联系上根西岛的第 319 步兵师，最后与勒阿弗尔某个海军指挥部取得联系。夜间，"东角"战斗群通过两个中继站，给第 84 军和第 7 集团军发去加密电报，阐述了他们的状况。读到这份报告的人肯定明白，尽管瑟堡的"东角"部署了威力强大的火炮，但已无法指望他们再坚持多久了。

屈佩尔斯的报告指出：第 1709 炮兵团第 9、第 10 连，以及部署在图拉维尔—布雷特维尔的第 1261 陆军海岸炮兵团第 7 连，已被敌坦克打垮。

"被打垮！"听上去很冷酷，可事实就是这样。"第 7 连""第 9 连""第 10 连"只是几个番号，但这些番号背后，关系到几百名默默无闻的战友、他们的马匹和车辆的命运。

屈佩尔斯继续写道：第 1709 炮兵团第 5 连和"汉堡"炮台的高射炮连准备投入战斗；另外，"汉堡"炮台上，格尔布哈尔部署在侧翼，瞄向海面的一门 240 毫米火炮，已炸毁混凝土掩体，改为打击陆地目标。

第 1261、第 1262 陆军海岸炮兵团，覆灭或解散连队的所有官兵，作为步兵部署在"东角"。第 1709 炮兵团第 11 连和第 1262 炮兵团第 5 连的残余人员也在那里，施奈德上士和施伍尔斯特少尉率领他们进入"东角"。没人知道卡茨曼营那群掷弹兵的情况如何，最后的消息是，他们在贡纳维尔和机场前方坚守阵地。

6 月 27 日清晨，在指挥掩体里贴着潜望镜观察情况的哨兵，发现美军步兵越过高地，朝"骑士"高射炮支撑点西侧而去，这座支撑点挡住从机场而来的公路。遂行冲击的美军步兵获得坦克支援，"骑士"支撑点的高射炮喷吐出猛烈的火力。

第一辆坦克停了下来，第二辆坦克中弹起火，但已有三四辆敌坦克冲入支撑点。现在轮到第 11 连的格拉德特中士和他的部下上场了，他们组成几个反坦克小组，在潜伏阵地里等待时机。他们扛着致命的"铁拳"，从隐蔽地移动到下一处隐蔽地，逐渐逼近谢尔曼坦克。

还有 20 米，保持冷静！

美军坦克上的机枪开火了。还有 10 米！敌坦克已在"铁拳"射程内。手动发射的火箭弹呼啸着袭向目标，身后拖着一股烟迹，爆炸部击中坦克炮塔。

先是一道闪烁，随后传来剧烈的爆炸。

谢尔曼坦克熊熊燃烧，犹如一支火炬。

车组人员企图弃车逃生，却被冲锋枪的火力射倒。

二级下士屈恩阿斯特也瞄准一辆敌坦克，那是辆指挥坦克。他扣动扳机，"铁拳"的弹头直接命中坦克炮塔下部。很明显，火箭弹击中了坦克弹药舱，因为敌坦克立即爆炸。剩下两辆谢尔曼掉转方向撤离，随行的美军步兵不是仓促后撤，就是被机枪火力射倒。

半小时后，一直贴着潜望镜察看情况的奇雄少尉喊道："敌人正在进攻东面的陆地防线。"

屈佩尔斯少校赶紧凑到潜望镜目镜前。奇雄说得没错，美国人企图另辟蹊径，打算从后方打垮陆地防线东部地段，410~418 支撑点之间仍在抵抗的德军阵地，尔后攻克"汉堡"炮台。

没有雷管的地雷

潜望镜提供了极好的视野，指挥官得以准确引导几座火炮和高射炮台的火力，而不会误击己方部队。

"汉堡"炮台部署在侧面的 240 毫米火炮，朝美军补给线倾泻扰乱火力。盟军战斗轰炸机企图干掉这个恼人的麻烦制造者，重型舰炮的炮弹也落在德军炮位前方，但这一次，幸运的是格尔布哈尔和他的部下。

炮兵群的高射炮和野炮，朝美军装甲部队前方投下密集的弹幕。这是场精彩的烟花表演，美军坦克面对一道巨大的、不停爆炸的反坦克屏障，第三辆战车中弹起火后，其他坦克转身驶离，随行的步兵也仓促后撤。

但美军指挥官立即把突击重点转向另一侧，他们的坦克再次沿海岸公路冲击莫佩尔蒂周边高地。可是，面对守军准确的炮火，进攻又一次陷入停滞。

近海处的美国军舰，以舰炮火力猛烈轰击"东角"和"汉堡"炮台。

庞大的敌军车队从东北方逼近，在一片小牧场占据阵地，车辆满不在乎地挤在一起。屈佩尔斯的第 5 连和"汉堡"炮台的高射炮，射出的火力犹如一只巨大的拳头，砸中敌军车辆集结地。美军损失惨重，但另一支强大的装甲部队已从南面逼近。对方的实力取之不尽用之不竭，简直就是现代九头蛇，砍掉一个装甲头颅，两个、三个，四五六个头颅立即出现。

南部六射孔炮塔被直接命中，附近两门自动迫击炮也丧失了作用，美军坦克突然攻入了支撑点。

贴着潜望镜察看情况的观测员报告："南部六射孔炮塔打出白旗！"炮组人员举白旗投降了。负责指挥炮塔的策班少尉奉命来到屈佩尔斯少校的指挥掩体，他耸耸肩，无奈地说道："那帮上了年纪的预备役军人根本打不了仗，您能指望他们做什么呢？"屈佩尔斯瞪了他一眼，又凑到潜望镜前。他给第 5 连下达的命令反映出他的想法："朝南部六射孔炮塔开炮！"屈佩尔斯亲自指引炮火，直到击落炮塔竖起的白旗。

施瓦尔贝中尉接到命令，率领反坦克小组肃清敌人在南部防坦克壕的渗透。施塔克中尉和他的部下部署在西南地域，面朝六射孔炮塔方向。

屈佩尔斯惊讶地问道："敌坦克怎么会毫发无损地穿过雷区？"策班少尉解释了这个"奇迹"：好多地雷没装雷管！他们没有足够的雷管"激活"雷区布设的所有地雷。美国人在其他地方遭受初期损失后，越来越多的坦克穿过缺口进入外围工事，这就不难理解了。

普拉纳中士吼道："简直是一团糟！真该把负责此事的人送到防坦克壕里！"是啊，可科唐坦半岛这里和那里的种种防御弊端该由谁来负责呢？时至今日，生还者仍会愤怒地提出这个问题，而从卡朗唐起，穿过圣梅尔埃格利斯、蒙特堡、瓦洛涅、泰维尔，直到"东角"的漫长道路上，一排排无尽的墓地里，死者似乎也在无声地责问，该谁负责？

敌坦克对东部六射孔炮塔发起攻击，以精准的炮火打哑了这座炮台。

"所有炮组人员进入掩体，实施近距离防御！"

施瓦尔贝中尉和他的部下坚守东面入口的反坦克掩体，施塔克中尉和第 5 连的炮兵肃清了雷达掩体周边地区，可这有什么用呢？此时，美国步兵投入连级兵力，从西南面冲过毫无危害的雷区，跨过防坦克壕。迫击炮阵地上的守军已投降。屈佩尔斯采用了奥姆森多次奏效的办法，命令第 1709 炮兵团第 5 连和"汉堡"炮台以炮火覆盖自己的阵地。猛烈的炮火把美军步兵压制在几座掩体前方和顶部，敌坦克组员紧张不安。不过，屈佩尔斯无法驱散进攻"东角"的敌人。

杂草覆盖的潜望镜掩体顶上，美国人毫无戒备地设立起观测所，指引炮火轰击"汉堡"炮台。他们没发现精心伪装的潜望镜，但屈佩尔斯看见了他们，于是马上打电话给第 5 连连长格鲁贝尔中尉。格鲁贝尔以一门尚能使用的火炮连发三炮，直接命中！潜望镜掩体里的人听见沉闷的爆炸声，上方的美军观测所被炸飞。

插着白旗的吉普

当晚 9 点左右，美军工兵到达潜望镜掩体，企图炸开入口。

普拉纳中士说道："少校先生，咱们得冲出去！"

屈佩尔斯点点头："组织突击队！"

屈佩尔斯亲自率领冲锋，他们像一群恶魔般冲出坑道。一等兵潘许茨端着机枪为其他人肃清道路，普拉纳中士和一等兵科赫、诺特曼斯不停地投掷手榴弹压制敌人。屈佩尔斯和三名部下驱散了美军爆破组。就在这时，侧面射来一串子弹，潘许茨倒地身亡，他的机枪沉默下来，众人匆匆跑回坑道。

美国人越发谨慎了。黄昏时，他们在德军猛烈的炮火下后撤，但当晚9点21分左右，德军炮台射光了最后几发炮弹，只剩20发烟幕弹了。

心理战随之而来。美国人从他们占领的某座掩体打电话给屈佩尔斯的指挥掩体，要求他立即投降。电话那头的家伙用拙劣的德语说道："明天我们会把一切炸成碎片，到那时，想投降也晚了！"美国人还在掩体前方架起大喇叭，不停地宣称瑟堡已陷落。

屈佩尔斯知道，他和部下支撑不了太久。于是，他召集几名军官商讨，众人一致决定："到早上再见机行事。"

6月28日凌晨3点左右，一辆插着白旗的美军吉普驶到潜望镜掩体前。德国人在掩体主入口接待了担任军使的美军中尉，他要求屈佩尔斯"无条件投降"。

屈佩尔斯答道："我们不需要军使，回去告诉您的上司，我打算和他协商公平的投降条款，最重要的是解决照料伤员和移交贵军俘虏的问题。"

美军中尉什么也没说，开着吉普车回去了。

早上8点过后不久，奇雄少尉喊道："几辆插着白旗的吉普驶近'东角'入口！"

这次来的是美国第4师师长巴顿少将，他在几名参谋人员陪同下，向屈佩尔斯少校提出投降的建议。

第一次世界大战结束后，巴顿担任过埃伦布赖特施泰因要塞司令，显然对德国有一份愉快的回忆，他听屈佩尔斯说家在威斯巴登，立即与少校亲密地攀谈起来。

最后，一名参谋人员低声提醒将军："时间差不多了。"巴顿点点头，让人拿来态势图，摊放在屈佩尔斯面前，图上清清楚楚地标明，美军计划在28日发动大规模进攻。"我来坦率地告诉你，谈判破裂的话会发生些什么吧。"将军指指地图，一支支参加此次突击的部队标在图上，包括获得加强的第22步兵团、第5游骑兵营、第24装甲营、师属和军属炮兵。

"图上还没标出空中和海上力量呢，不过我觉得你完全能想象得到。继续抵抗的目的何在呢？我钦佩你这些部下的顽强斗志，炮兵群的射击技术也让我震惊，你们从蒙特堡起就一直在打击我们，把我们打得够呛！"

"我能看看地图吗？"屈佩尔斯问道。

"看吧！"巴顿笑着说道。

屈佩尔斯在地图上看到的情形，解释了巴顿将军为何会露出自信的微笑。图上准确地绘制出德军防御体系，几乎和德国人的地图一样细致。地图背面列出德军各处阵地和掩体配备的武器和弹药的数据，以及各支撑点指挥官、具体负责的营长和团长的姓名。旁边的表格标出瑟堡筑垒地区外，圣皮埃尔埃格利斯东部防区的情况。

屈佩尔斯震惊地发现，德军防御阵地的细节标得一清二楚，就连各个村庄驻扎的兵力也准确无误，每个指挥所都标注了主要军官的姓名。第 1709 炮兵团第 11 连的条目上，连长一栏仍标的是拉尔夫·内斯特，他已在 1944 年 5 月 5 日的"铁拳"事故中身亡，可这似乎是图上唯一的错误。

巴顿将军注意到屈佩尔斯震惊的表情，平静地说道："我们什么都没疏漏，登陆前，我方情报机构就弄清了德军海岸防御所有细节，包括你这片防区的各种部署，都来自德方原始方案。"

掩体内外寂静无声，没有枪炮声，也没有呼唤医护兵的喊叫声。屈佩尔斯的脑海里不停地闪过同一个问题：敌人是怎么掌握这些细节的？

答案并不难找：被占领的法国境内，一支特工大军从过于健谈和缺乏保密意识的德国人那里弄得各种情报。法国抵抗战士完成了剩下的工作，无数归巢的信鸽，带着刻意收集或无意间听到、看见的情报飞过海峡，返回英格兰南部盟军情报机构的鸽笼。成效非常显著，各种著作早已对盟军这番庞大的间谍和情报工作大书特书。盟军在法国最重要的情报机构，实际上是个"动物联盟"：法国上校阿拉米歇尔建立了这个组织，他的代号是"黑豹"；法耶上校的代号是"狮子"；还有玛丽-玛德琳·玛丽，是个漂亮的女士，也是个熟练的组织者，代号非常奇怪——"刺猬"。

"动物联盟"在法国境内发展出 2000 多名领薪水的下线：主要特工、特工、报务员、信使、联系人，共同撑起覆盖整个法国的情报网。他们混入托德组织、宿营管理处、市长办公室，在德国占领军的营房和指挥部担任清洁员，是德军食堂优秀的服务员，也是德国军人家里笑容可掬的管家，他们担任翻译，甚至诱使或勒索德国人当叛徒。"动物联盟"的首脑在巴黎有三个总部，供身边人员和英国首席报务员"喜鹊"使用。第一个总部是信使的联络站，第二个是紧急情况下的备用总部，第三个总部设在查尔斯拉菲特街，由温斯顿·丘吉尔的儿媳，著名的"奥德特"领导 [1]。各种情报汇集到第三个总部，在这里按照陆军、海军、空军、政治、经济分类，拍成微缩胶片，紧急情报以加密的方式用电台发给伦敦。他们与伦敦的联系，有时候也使用飞机或快艇，这就需要小型海岸船只或拖网渔船的船长配合。总之，"动物联盟"堪称法国境内秘密战最激动人心的篇章，这场秘密战狡猾、野蛮、充满牺牲精神、大胆而又肮脏。

巴顿将军的地图就是情报机构的诸多成果之一。

屈佩尔斯和手下几名军官简短地商量了一番，每个人都知道，这种情况下，继续抵抗毫无希望，理智要求他们立即结束战斗。

下午 1 点 30 分，巴顿将军与屈佩尔斯少校握手。此时是 6 月 28 日，"东角"和几处炮台的战斗结束了。德军官兵疲惫地沿他们来的方向原路返回，前往犹他海滩。伤亡名单上又添了新的死者：许多年迈、精疲力竭的士兵无法涉过齐胸深的海水登上运输船，结果淹死在海里。

不仅仅是"东角"，整个瑟堡战役的结局相当苦涩。德国国防军公报宣布这座海军要塞陷落时，勒阿弗尔和海峡群岛各德军指挥部的官兵失望地摇着头。几周来，他们一直是旁观者，眼睁睁地看着战斗的旋涡零零碎碎地吞掉一支支实力不足的德军部队。可他们不知道，这个严重的错误是德军最高统帅部犯下的，德军最高统帅部任由德军精锐师无所事事地待在加来海峡，却没有把德军精锐师投入争夺滩头的战斗。

时至今日，他们的想法还是难以理解。但这一点也说明，技术复杂的现代战争，

---

① 译注：丘吉尔的儿媳在法国从事秘密情报工作的说法纯属误传，也许是法国地下抵抗组织故意散布的谣言，以此振奋士气。

武器固然重要，可错误的判断同样起到决定性作用。对只考虑技术优势的人士来说，这是个深刻的教训。

误判的代价

瑟堡陷落时，在入侵前线抗击敌人的德军部队实力不济，而数量远远超过他们的大批德军师，却无所事事地待在塞纳河与斯海尔德河间的兵营里。怎么回事？因为元首大本营和OKW坚信，盟军登陆诺曼底不过是牵制行动，编有42个师的另一股大军正在英国待命，他们会在海峡最窄处发动主要突击，也就是加来海峡。

从盟军进攻首日起，这种错误的判断就主导了德国人的反制措施。

2个集团军、24个步兵师和5个空军野战师，辖6个装甲师的装甲集群组成的集团军群，6月初就在法国北部、比利时、荷兰做好了战斗准备。但盟军突击部队在诺曼底海岸三个不同地段登陆48小时后，德军的反制措施还是以团、营、战斗群规模实施。他们确实投入了师级兵力，可这些师只有部分部队出现在前线。一支支德军小股部队打得非常英勇，可由于进攻方形成局部优势，再加上德国人的临时策略和权宜之计，导致德军部队在各处都处于寡不敌众的境地——想想闲置的35个德国师，"寡不敌众"这个词听上去有些怪异。进攻头两天，德军指挥部不断违背古德里安"集中，不要分散"的原则，尽管他们的顽强抵抗多次导致敌人陷入失败边缘，可德军防御阵地、小股战术预备队、战斗群最终在零打碎敲的战斗中逐一报销。

另外，德军指挥部也没能把握良机。盟军会不会在法国海岸其他地方发起主要登陆，这种担心沉甸甸地压在他们心头。德国侦察机发现了英国各港口的假舰队，以及肯特郡用硬纸板和胶合板搭制的假军营，一时间信以为真，他们上报的情况，坚定了德军最高统帅部的固有观点。希特勒和最高统帅部许多将领，并不熟悉两栖作战原则。他们担心盟军发动后续登陆，因而把大批作战师部署在法国西海岸，实际上，从天气和海滩条件看，盟军在这些地段登陆的可能性几乎为零。就这样，矛盾的状况出现了，到6月底，仅美国人就在他们的登陆地段把编有14个师的4个军送上海滩，而他们当前，只有3个完整的德国师，外加支离破碎的3个师和5

个团残部，从装备方面考虑的话，这股力量大致相当于 5 个师。可是，几个齐装满员的德国集团军，却待在法国南部和西部海岸，以及比利时和荷兰海滨度假胜地的营房里，眼睁睁地看着诺曼底地区德军部队的一出出悲剧：德军统帅部做出错误的敌情判断，下达的命令导致这些军队袖手旁观。因此，尽管盟军投入大股力量，可艾森豪威尔还是对登陆行动能否成功担心不已，因为他没想到德国人会犯下这么严重的错误，这就难怪了。

杰出的战争历史学家，澳大利亚人切斯特·威尔莫特写道：

> 瑟堡于 6 月 26 日陷落时，诺曼底滩头阵地有 25 个英国和美国师。英国国内还有 15 个师正等待登船赶往诺曼底，另有 6 个师加紧训练，随时准备增援各条战线的英国军队。可德军情报部门当天却向上级报告："敌人在滩头部署了 27～31 个师，还有大批直属部队……英国国内另有 67 个大股兵团，其中至少 57 个可用于大规模行动。"

> 这 42 个不存在的师，德军情报部门归为艾森豪威尔的预备力量，其实是英国人的欺骗策略和德国人头脑愚钝的产物。盟军情报人员毫不费力地向德国特工"兜售"了一份所谓的英美军队战斗序列，里面把盟军的实力夸大到可笑的程度，可这份情报居然在陆军总司令部（OKH）情报部门找到了踊跃的买主。大批虚假的师混淆了德军最高统帅部做出正确判断的能力，最终导致他们的策略大错特错。

至于盟军这些"幽灵师"是如何标注到德军态势图上的，切斯特·威尔莫特提到，西线外军处一些总参军官战争结束后沦为俘虏，据他们交代，OKH 下属的这个部门，自 1943 年秋季起就篡改态势图，"在图上添加了 30 个师"。可能的原因是，希姆莱的帝国保安总局以过于乐观的敌情报告影响了希特勒，为纠正对方的轻描淡写，这帮总参军官采用了夸大其词的做法，天真地认为希特勒会在"轻描淡写"与"夸大其词"之间找到真相，继而得出与现实相符的结论。

盟军进攻后，西线外军处这帮"纠正员"已无法处理他们凭空捏造的 32 个师，只好留在态势图上，就这样，蓄意编造的谎言造成致命的恶果。

负责英国对德国宣传事务的塞夫顿·德尔默，也曾在他的著作里详细谈及此事。据德尔默说，希姆莱的保安处，针对大西洋壁垒的实力，以及抵御盟军登陆法国的可能性提交的报告过于乐观，西线外军处负责人冯·伦内上校对此深感担忧。

他力图纠正错误的观点，在呈交上级的报告里多次提到这个问题。1943年11月，他就视察大西洋壁垒之行写了份报告，有句话颇具先见之明："……敌人的空袭和空降力量，很可能导致部署在后方的德军战略预备队（几个摩托化师）无法采取及时而又集中的行动。"

伦内上校发现这番努力全然无效，于是着手修改自己关于驻扎在英国国内盟军部队实力的报告，他把盟军情报部门刻意泄露的，关于英国国内入侵军队实力和编成的假情报当作真材实料，不加鉴别地纳入自己的敌情报告。

1943年12月3日的敌情报告称，英国国内55个师已做好登船发动入侵的准备。敌方特工给的地图还标出各兵团指挥部所在地，以此增加情报可信度。实际上，1944年1月初，英国国内包括守备兵团和训练部队在内只有38个师，而不是55个！

1944年5月底，也就是盟军登陆一周前，伦内提交的数字增加到耸人听闻的地步：盟军目前在英国国内驻有87个师，包括8个空降师。简直离谱！这份错误的报告对OKW的观点起到决定性作用，国防军最高统帅部1944年5月23日的作战日志充分说明了这一点："估计敌人有70~80个师，他们的编成和驻地比较明确（对比了西线总司令部持续提交的报告）。"据德尔默说，实际上："至关重要的七个星期，希特勒让最精锐的德国师待在法国东北部，等待一支根本不存在的军队发动一场从来没打算发动的进攻。"

这是个重要原因，解释了为何希特勒一连几周不敢从第15集团军抽调兵力，支援备受重压的陆上防线，因为他在等待"幽灵大军"登陆。

迪特尔·奥塞在他的杰出著作里，质疑了冯·伦内上校蓄意作假，以此作为政治手段对付希姆莱保安处的说法，他对这种论调嗤之以鼻。迪特尔写道："如果说阿布维尔被盟军编造的美国第1集团军群骗了……为保险起见，增加了敌军师的数量，是他们没掌握准确的情报所致，这种说法大概是正确的。"[①]

---

① 译注：冯·伦内曾在东线外军处处长盖伦手下任职，办事得力，很快调任西线外军处处长。伦内精明能干，但不可否认，西线外军处的成绩很糟糕，另外，伦内与密谋集团成员过从甚密，7·20事件后，涉事的伦内上了绞架。另外，西线外军处和东线外军处都是OKH的下辖机构，但只有东线外军处对OKH负责，西线外军处对接的是OKW。

错误是敌人蓄意造成的?

英国和美国就成功破坏遍布欧洲（包括英国国内）和北非的德国间谍网，在最新出版的专业刊物和披露的文件表明，盟军出色的情报工作，决定性地误导了德国陆军总参谋部的情报机构和西线总司令，致使德军最高统帅部做出严重误判。盟军欺骗行动专家约翰·马斯特曼在《两面间谍》一书中指出，英国国内的德国间谍网在英国特勤局的控制下工作："我们非常清楚，德国人对我们的准备工作一无所知，他们知道些什么，我们同样了如指掌。也就是说，德国人知道的是我们想让他们知道、想让他们相信的东西。最重要的是，我们要让他们坚信一个所谓的大秘密：首次登陆只是牵制行动，随后会在另一处发动真正的进攻，也就是在加来海峡的进攻。"

就这样，盟军情报机构几百名特工（许多人深谙德国人的心理）在全世界展开的秘密行动大获成功，用欺骗的毒药瘫痪了德军最高统帅部，故意诱使他们做出致命的错误决定。

▲ 伪装是滩头防御战的惯常做法。由于盟军的战斗轰炸机主导了战场，德国人把反坦克炮推入阵地时，必须让它看上去像一丛灌木。

◀ 第22装甲团第2营营长菲尔齐格少校指出："坦克的伪装经常造成生与死的差别。"

▼ 对付敌人的坦克编队，德军的突击炮发挥了重要的作用。

▲ 德军司令部最大的意外是盟军的人造港。对方使用人造港运送重武器和补给物资，完全不依赖天然港口，而德国最高统帅部的战略，恰恰是根据天然港口制定的。但艾森豪威尔在6月19日首次遭遇严重的补给危机，一场强大的飓风摧毁了他的几座人造港。

▲ 诺曼底的树篱地区不是坦克的理想战场，但坦克作为装甲炮兵和步兵支援武器主导了战斗。威力强大、结构紧凑的美制谢尔曼坦克让德国步兵心惊胆寒，但它不是德国黑豹坦克、虎式坦克的对手。

▲ ▼ 瑟堡要塞之战结束了盟军进攻行动的第一幕。城市南部入口上方的石巢鲁莱堡于6月25日陷落后，激烈的巷战爆发开来（下图）。冯·施利本将军于6月26日投降。要塞东、西部的激战持续进行。屈佩尔斯少校（左图）在"东角"外围防御工事坚守到6月29日。

7

卡昂与圣洛之间

奥东河和112高地

盟军7月初攻克瑟堡后，本该实现他们的目标：一路攻往巴黎的机动自由。但奥东河和112高地成了入侵战线西翼血腥激战的发生地，这是战争史上较为艰巨的交战之一。

奥恩河与175国道间的奥东河，从阿夫朗什流向卡昂，最终汇入卡昂南面的奥恩河。1944年间，几乎没人听说过奥东河，可对成千上万名德国和英国老兵来说，这条魔鬼般的河流给他们留下了痛苦的回忆，当时有那么几天，倒下的尸体甚至堵塞了这条小河。

美国第7军攻往瑟堡，英国人也期盼赢得自己的胜利，希望在几周来接连受挫的地方大获全胜，这就是卡昂。按照蒙哥马利的计划，英军本该在D+1（登陆次日）攻克卡昂，可现在已经是D+16了。6月22日，盟军实施空前猛烈的炮火准备后，英国和加拿大军队投入进攻。他们打算渡过奥东河赶往奥恩河，夺取战略要点112高地，尔后以一场迂回攻克卡昂，这就是他们的方案。

进攻中的英军一头撞上德军第12"希特勒青年团"装甲师，二战期间最为激烈的交战就此爆发。一个个连队沦为齑粉，一个个营被打垮。英国第11装甲师的

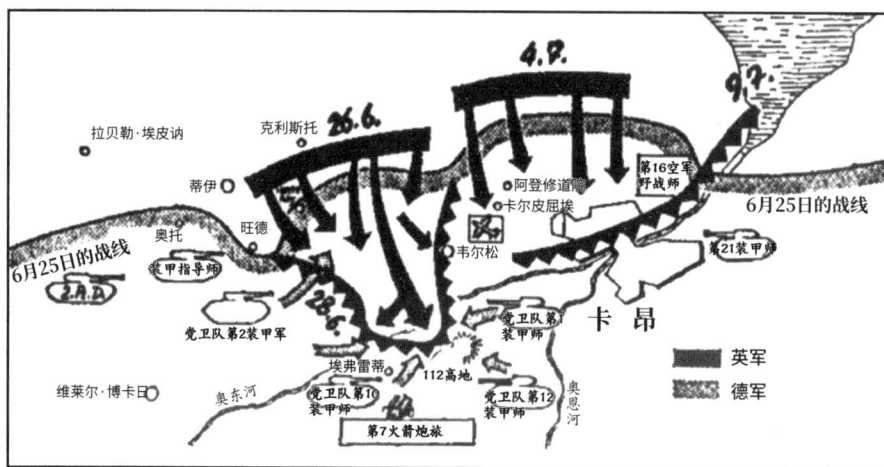

▲ *英军战线上的重点：卡昂。按照艾森豪威尔的计划时间表，蒙哥马利应当在实施登陆24小时后夺取至关重要的交通中心卡昂，但卡昂之战持续了一个多月。*

坦克冲击德军反坦克炮阵地，最终达成渗透。要是他们强渡奥东河，卡昂就会陷落，德军诺曼底防线也会门户大开。

蒙哥马利的几个装甲师，面对着德军若干兵团的残部、小股战斗群、端着"铁拳"趴在隘路上的个别掷弹兵。一辆、两辆、三辆、四辆……谢尔曼坦克隆隆驶来，这一刻，单兵仍能有效对抗现代战争机器，不过，这也许是战争史上的最后一次。

20岁的年轻士兵埃米尔·迪尔就是"单兵"中的一员，他冲出树篱，用"铁拳"把一辆谢尔曼打得起火燃烧，随后拎起空心装药磁性手雷，贴在第二辆坦克侧面。可手雷掉了下来，迪尔再次冲过去，捡起手雷紧紧抵住敌坦克。手雷炸毁了坦克，迪尔当场身亡。德军反坦克炮击毁第三辆谢尔曼，另一名德军装甲掷弹兵用"铁拳"干掉第四辆坦克。可消灭四辆坦克又有什么用呢？更多坦克不断驶来，逼近德军侦察连的阵地。它们打垮德国人最后一门反坦克炮，隆隆驶过守军一个个散兵坑，碾碎了散兵坑和蜷缩在坑里的人。搭乘坦克的英国步兵，以猛烈的轻武器火力阻止对方用"铁拳"攻击坦克。德军第12装甲师师长库尔特·迈尔[①]拎着一枚"铁拳"，率领师部警卫连战斗在最前沿。突然，剧烈的轰鸣盖过了炮弹爆炸声，一辆虎式坦克出现在战场上，这是二战期间德国装甲兵的神奇武器！只来了一辆虎式坦克，可它配备的88毫米主炮远非谢尔曼坦克所能匹敌。敌坦克转身驶离，守军终于获得喘息之机，可这种情况又能持续多久呢？

卡昂北面的防御态势也很严峻，第21装甲师的装甲掷弹兵和坦克，自6月6日起就部署在那里。

6月23日夜间，英军实施猛烈的炮火准备后，一股突击力量攻入第192装甲掷弹兵团第5连设在杜夫尔—卡昂公路上的阵地。他们冲破路障，通往卡昂的道路敞开了。

坏消息惊醒了德隆堡的菲齐格少校，他立即下达命令："展开反冲击！"

迈尔中尉率领第2装甲营直属连部分力量，把英国人赶出德军阵地。但危情没有消除，激烈的战斗又在德隆堡西北面的佩里耶尔—卡昂公路爆发开来。德军装甲掷弹兵撤往城堡，道路敞开了，第2装甲营的防线危在旦夕。

菲齐格叫来22岁的勤务官洛策少尉："洛策，您必须解决这个麻烦，可情况不太明朗，我最多只能给您十个人！"洛策对这项任务不太积极，不过，估计渗透之敌只是排级兵力，他觉得率领从直属连和第220装甲工兵营挑选的一名中士和十名士兵应该能解决问题。

拂晓时，他们动身出发，迪奇中士端着冲锋枪掩护左侧，二等兵莫勒拎着机枪位于右侧。他们很快赶到英军盘踞的战壕，洛策打算以步兵传统的方式行事：冲锋，呐喊，开火，冲入战壕，用机枪朝敌人纵向射击。

洛策对部下解释了自己的想法，他知道这很有必要，因为呐喊着冲锋的打法早已是陈年往事。但他告诉他们，对方可能有三十来人，寡不敌众的情况下，这是唯一的机会。于是，他们投入行动。洛策率先跳起，大声喊叫起来，其他人也呐喊着开火射击，仿佛他们有一个营的兵力。

---

① 译注：旅队长维特阵亡后，装甲迈尔接任师长职务。

英军哨兵开枪了，莫勒腿部中弹，可他还是冲到战壕边缘，端起机枪猛烈扫射。其他人也趴在战壕边，朝里面开火射击，洛策的手枪砰然作响，一颗颗手榴弹在战壕里炸开。随后响起哨声，一些英国兵举手投降了。

"停止射击！"洛策喊道，"举起手来！"

战壕里的英军士兵高高举起双手。

洛策和迪奇站起身，"天哪！"两人惊讶得差点跌倒在地，战壕里不是二三十个人，而是一个连队。六名死伤者倒在地上，其他人高举双手投降了。

洛策一把抓住脖子上挂着哨子的英军中尉，问道："你们有多少人？"

"84人！"英军中尉答道。

想到自己的十名部下，洛策有点不自在，他暗自思忖："这么多人，只要有两个狂热分子，我们就完蛋了。"

洛策让英军中尉站在自己身旁，用手枪做了个手势，让对方明白，俘虏有什么异动的话，第一个送命的就是他。英军中尉点点头，命令部下集合，沿着道路朝德军指挥部走去。菲齐格少校看见这群英军俘虏走来，惊得目瞪口呆。

第2装甲营在6月23日向师部提交了报告，这份报告原件尚存，只是边缘稍有些烧焦，报告里写道："战斗中，敌人损失一个连，有些人阵亡。该分队是英国第3步兵师第1南兰开夏郡团B连。早上7点，第192装甲掷弹兵团第5连原先的阵地回到我们手里。"

今天在德国南部担任工程师的奥斯卡·洛策回忆道："没错，我们当时的确有点疯狂。那名英军中尉在指挥所朝我伸出手，我不明白他究竟是什么意思。我那时候22岁，满脑子英雄主义，根本没有公平的战斗结束后双方握手的概念，就像足球赛那样。我真希望有一天能与他重逢，和他握手。"

6月27日下午，瑟堡之战临近尾声，卡昂附近的英军，以第11装甲师在奥东河对岸成功建立登陆场。个别英军坦克一路渗透，前出到迈尔设在韦尔松的指挥所。师部人员拎着"铁拳"，在散兵坑里等待迎战敌坦克。英军还在南面夺得奥东河上的一座桥梁。他们逐渐攻往112高地，那是整片防区的要点。

军部的命令很明确："必须守住112高地！"马克斯·温舍装甲团受领的任务是占据高地，阻止敌人一路突破到奥恩河上的桥梁。

6月28日傍晚，用于反突击的援兵终于开抵：另外三个党卫队装甲师！听上去大有可为，但仅此而已，因为若干装甲师无所事事地待在荷兰和法国南部，准备抗击想象中的二次登陆之际，德军最高统帅部把党卫队第9、第10装甲师撤出波兰激烈的防御作战，把他们部署到诺曼底，而遭受重创的党卫队第1装甲师，早已从苏联战场调回比利时整补。

德军第2装甲军军长，全国副总指挥豪塞尔，6月29日应当以这些实力不济的兵团进攻蒙哥马利几个强大的突击师，一举扭转战场态势。希特勒和OKW对他们寄予厚望。

英军重型舰炮的隆隆轰鸣迎来6月29日，一发发炮弹袭向卡昂。德军装甲掷弹兵望着天空骂道："今天要遭殃了！"一架架战斗轰炸机在空中盘旋，随时准备朝地面上移动的目标俯冲。英军炮兵对112高地测距射击，起初慢腾腾的，没多久，炮火越来越密集。高地上的装甲掷弹兵预见激战即将到来，一个个紧张不已，也咒骂起来。

战斗轰炸机在空中嗡嗡作响，活像一群大黄蜂。舰炮的一轮轮齐射持续不断，在剧烈的轰鸣中，就连自己的说话声也听不见。

阵地里的士兵相互喊叫着："这种开场还不错！"此时是6月29日上午。装甲迈尔的师部所在地韦尔松，一辆装甲车穿过狭窄的街道，"值班的"战斗轰炸机犹如鹰一般从天而降，机炮咯咯作响，一发发炮弹掀开人行道，击中了目标，装甲车里的弹药殉爆。另一辆救护车也没得到尊重，几秒钟内就腾起烈焰，根本没法搭救车上的伤员，一名医护中士沮丧地喊叫着，用烧伤的双手捂住脸，失声痛哭。

112高地落下密集的炮火。高地上的士兵不由得想：英军会不会料到了我们的进攻？难道他们今天也发动进攻？他们的进攻不会击中我方集结区吧？他们不停地猜测，的确，英国第2装甲师的坦克已爬上奥东河谷的斜坡，正朝112高地方向而来。此时已看不见高地顶部。一发发大口径炮弹一米米撕扯着诺曼底肥沃的土地。

毫无疑问，没等豪塞尔几个师展开行动，英国军队先发制人了。持续的炮火和一拨拨空中突击，猛烈打击集结区的德军部队，德国官兵遭遇了最严峻的情况。

★

早上9点刚过，第83火箭炮团第6连发射阵地上的军用电话响了，该连部署在112高地后方800米。多尔恩中士拿起听筒，听了一会儿，他放下电话，朝刚刚到达连队的根格上尉跑去："上尉先生，112高地的观测所打来电话，炮手库绍夫报告，敌坦克到达山顶。一辆谢尔曼就在他那个散兵坑5米外。他让我们别回电话，他会想办法穿过敌军防线。他不知道韦尼克中尉、尼奇曼少尉和观测所另外三人的情况如何，可能被敌人消灭了。"

根格上尉喃喃地说道："多尔恩，糟了！"他随即下达命令："炮兵连留下六个人，其他人充当步兵，做好战斗准备，再组织两个反坦克小组！"

这群炮兵摸到距离112高地顶部不到100米处，多尔恩中士的反坦克小组凑得更近。可是，英国人随后用机枪扫射这群炮兵正在穿行的玉米地。一等兵特劳茨第一个中弹，随后轮到炮手克劳茨。多尔恩和二等兵吕贝好不容易把负伤的战友撤出火线，其他人也被迫退却。英军牢牢守住高地，除了几辆坦克，还部署了反坦克炮和机枪营部分力量。

112高地失守了，英军控制了朝奥恩河上的桥梁展开后续行动的关键要地。站在高地上，整片地区的情况一览无遗，德军防线上的一举一动都逃不过他们的眼睛，这是个要命的优势。

★

德军第12装甲炮兵团重型榴弹炮营，乔克尔上校第7火箭炮旅几个连队，以猛烈的炮火轰击英军先遣部队，英国人遭到严厉惩罚，可这有用吗？

推算敌人何时前调充足的预备队，从112高地转身攻往卡昂并不难。装甲迈尔重组了全师余部，围绕卡昂构成环形防御，他打算至少要守住这座城市。

但德军第2装甲军新任军长，地区总队长比特里希，不愿轻易放弃进攻，他下令夺回112高地。

6月30日拂晓，德军炮兵猛轰112高地，火箭炮火力尤为猛烈。马克斯·温舍命令他的坦克攻往薄雾笼罩下的高地。一辆辆战车小心翼翼地逼近高地，偶尔停下来隐蔽。他们等待炮火准备结束，然后以久经考验、屡试不爽的打法冲向高地：迅速攻往目标，全然不顾其他一切，用高爆弹轰击混乱的敌军。

英军炮兵发现了德国人的进攻，但为时已晚。他们企图粉碎对方的冲击，因而以手头的一切猛烈开火。可温舍的坦克动作更快，他们冲上高地顶部，打哑几门反坦克炮，还打垮对方一个摩托化机枪连，敌人被猛烈的火箭弹炸得晕头转向。幸存者成了俘虏，德军这场进攻大获全胜，英国人丢失了具有战略重要性的112高地。坦克残骸熊熊燃烧，像火把那样照亮傍晚的夜空。炽热的装甲板上，油漆腾起一个个泡泡。硝烟拂过饱受蹂躏的地面，死者躺在地上，伤员呼唤救护兵。先前打来电话的炮手库绍夫不见了。此处的每一寸土地都被炮弹和炸弹犁了一遍，可不管怎么说，卡昂得救了。

乔克尔上校的第7火箭炮旅，编有第83、第84团，为阻止英军的突破发挥了重要作用。该旅在112高地两侧占据掩护阵地，两个火箭炮团辖内几个营，以300管火箭炮猛轰112高地，削弱了敌人的防御，为德军最终的突击创造了条件。

德国人把火箭炮用于各条战线，火箭弹在拉多加湖，在高加索山区，在斯大林格勒前方呼啸。而诺曼底地区，德军三个火箭炮旅卷入激烈的交战。仅第7旅在卡昂地区就发射了8000吨火箭弹，可这个杰出的兵种取得的成就，一直没得到应有的承认和宣传。

烟雾兵（Nebeltruppe）的名称给火箭炮兵带来许多传说和误解。其实，烟雾兵不过是魏玛防卫军时期掩人耳目的称谓。当时，凡尔赛和约禁止德国拥有装甲和穿甲武器，但发射无毒烟幕的设备是允许的。因此，德国人迅速研制了一款发射大口径烟幕弹的武器，不过，研发工作很快走上一条完全不同的道路：火箭弹。

二战期间，烟雾迫击炮（Nebelwerfer）和烟雾基本上没什么关系，只有几支部队在1940年的法国战局期间发射了库存的105毫米烟幕弹。烟雾迫击炮是德国军队使用的第一款火箭武器，设计师多恩贝格将军后来为美国的太空计划效力。因此，五管、六管、十管火箭炮也称为Do-Werfer（Do取自多恩贝格）。和多恩贝格共同研发火箭炮的是灿森少将和韦恩赫尔·冯·布劳恩，他们的工作最终催生了V-2飞弹。烟雾迫击炮的名称源于武器研发阶段，出于保密方面的原因，德国人保留并公布了这个名称。Nebelwerfer源自工程师鲁道夫·内贝尔（Rudolf Nebel）的说法毫无根据。

第一支火箭炮部队的番号是第51团，1941年初，第52和第53火箭炮团组建。

火箭炮部署在隐蔽处，以电动击发机构遥控发射。强大的火力流导致发射阵地产生大量烟雾，因此，必须反复变更位置，以防敌人探明火箭炮发射阵地。火箭炮发射时的声响很吓人，隐蔽阵地里的火箭炮连开火时，所有人都会惊慌地躲起来。

这款高效的兵器有各种版本。例如"40式火箭炮"仅仅是用木头和铁条打成的发射架，也是83.6千克火箭弹的容纳箱；而"骡子"是安装在履带式装甲车上的10管火箭炮。

东线官兵认为火箭炮是步兵的好帮手。火箭炮兵编为陆军直属部队，由于这款兵器的射程在1900米~10000米之间，小于常规火炮，因而总是部署在靠近前线的关键地段。而靠前部署导致火箭炮兵的伤亡与步兵相当，这个事实充分说明了操纵这款兵器、兵种名称怪异的官兵的战斗意志和牺牲精神。

装甲教导师开赴圣洛

6月30日，马克斯·温舍的坦克从英国人手里夺回112高地。卡昂之战陷入停顿，战线僵持。西面的友邻地区，也就是争夺激烈的蒂伊附近，战事也停滞了。拜尔莱因的装甲教导师，在那里与蒙哥马利三个精锐师激战。和卡昂的战友一样，德军装甲掷弹兵趴在散兵坑里，蹲在反坦克炮旁，或坐在坦克里，没有退让一步。他们在奥托和旺德坚守防线，一再击退蒙哥马利第49、第50步兵师、第2装甲师的冲击。

第7集团军司令多尔曼大将于7月2日下葬，当日的天气很恶劣。他死于心脏病，年仅52岁。据说，多尔曼心脏病突发是盟军成功登陆后，不得不忍受来自各个方面的质疑，心情极度痛苦造成的。接替多尔曼的是党卫队全国副总指挥兼武装党卫队上将保罗·豪塞尔，魏玛防卫军时期他就是中将，现在成为武装党卫队第一个当上集团军司令的将领。[1]

68岁的资深陆军元帅冯·伦德施泰特在7月2日也收到解职信，接替他的冯·克鲁格元帅已在赶来的途中。7月2日，西线装甲集群司令盖尔·冯·施韦彭堡将军也被解除职务。这是充满戏剧性的一天，也可以说是替罪羊的一天！[2]

7月2日的进攻战线已达到130千米，21个实力严重受损的德国师据守防线，蒙哥马利以35个师冲击这道防线，力图突破到法国内陆。

拜尔莱因将军当日也收到一道不祥的命令："您立即把蒂伊地区的阵地交给步兵师，您的师留下三分之一的坦克、反坦克炮、火炮，尔后开赴圣洛地区的美军战线。"

拜尔莱因简直不敢相信自己的眼睛，西线总司令干吗要下令分拆他深具战斗力的装甲师？圣洛地区的情况有那么严重吗？即便如此，难道就没有其他办法吗？

隆美尔的日记反映出集团军群的担忧。如果说卡昂是英军作战地域的重点，那么，美军战区的关键所在就是圣洛。

科唐坦半岛芒什省首府圣洛，是个具有战术重要性的交通枢纽，四条国道和几条二级公路在此地相交。这些道路从深邃的维尔河河谷两侧高地而下，在火车站附近利用唯一的桥梁跨过维尔河。交战双方只有通过这座桥梁，才能把部队从维尔河一侧调到另一侧，也就是从蒂伊—巴约地域开赴卡朗唐—佩里耶地区。尽管多次遭到轰炸，但这条战略要道没有严重受损。不过，桥梁周围的一切沦为废墟瓦砾：火车站、诺曼底酒店、军队屠宰场等。可桥梁安然无恙。敌人是想夺取这座桥梁吗？没错！情况看上去很严峻。

圣洛！半岛上的德军官兵几乎都知道此地。6月6日前，他们休假期间在这座城市花了不少钱，尽情享受"诺曼短假"，吃点烤羊肉或菲力牛排，再喝上几杯

---

① 译注：战后，德国第7集团军参谋长彭塞尔告诉英国作家戴维·欧文，希特勒对瑟堡失守怒不可遏，声称要追究相关责任，6月28日上午10点，多尔曼大将在司令部的浴室里服毒自尽。装甲教导师长拜尔莱因对多尔曼和彭塞尔没什么好感，认为多尔曼"是个草包"，觉得他们待在后方司令部，受到奢侈的生活严重腐蚀，根本打不了仗。
② 译注：西线装甲集群很快改称第5装甲集团军，"充满失败主义情绪"的施韦彭堡被解职后，接替他的是装甲兵上将海因里希·埃贝巴赫。

卡尔瓦多斯苹果酒。

圣洛的大教堂吸引了观光客，一座座木质结构的房屋散发出和平的气息。可7月初，和平的景象荡然无存，取而代之的是地狱般的混乱。

装甲教导师正准备离开蒂伊战线，英国人给了他们意外的"惊喜"：拜尔莱因设在蒙镇附近一座小农舍的指挥所，过去20天一直没遇到什么麻烦，当晚10点突然遭到猛烈的炮火打击。一轮轮炮弹袭来，击中了正要驶离的车辆。两辆桶式车立即腾起火焰，"隐蔽！"参谋人员、传令兵、报务员赶紧跳入战壕和散兵坑。炮击持续了两个多小时，导致装甲教导师师部与辖内部队失去联系。最后，师部利用炮火间歇迅速转移。

7月3日上午，拜尔莱因和他的师部会合，在维莱尔博卡日设立了新指挥所，距离二级下士卡特霍伊斯的葬身地不远，盟军进攻头几天，战斗轰炸机攻击了拜尔莱因的指挥车，他的司机卡特霍伊斯身亡。那是四周前的事，现在，装甲教导师又回来了，简直就像旋转木马，血腥的旋转木马，这次要转多久呢？

德军士兵的问题更讲求实际："我们真的逃出蒂伊的地狱了吗？还是说，我们不过是开入另一个地狱？"师部副官弗雷德少校听到这些话后说道："恐怕我们是从煎锅掉进火里了！"事实很快证明，他说得没错。

夜幕降临后，装甲教导师的坦克才撤出阵地，他们的口号是："轻点，轻点，别让英国兵起疑心！"他们被迫撤离熟悉的环境，不由得低声咒骂起来，当兵的没人喜欢打破常规的事情。装甲兵好奇地看着步兵师赶来接防阵地的"新人"，步兵也百感交集地盯着准备出发的装甲兵。一辆辆坦克动身出发，在己方战线后方几千米处转身向西。

此时天色已黑，这是场艰难的行军，大多数情况下只能以步行速度行进。坦克车长走在各自的战车前方引路，远处的炮火犹如盛夏的闪电，或是镁光灯的闪烁。第8连第二辆坦克里的二级下士韦斯特法尔喃喃地说道："就像新年前夜的烟火！"一等兵林克笑着说道："新年快乐！"驾驶员科达斯对着喉式传声器说道："好吧，为新年干一杯！"

没人知道究竟要去哪里，他们也无从估算夜间行进了多远，黑暗中难以识别行驶的道路。他们只是不停地出发、停下、再出发。不许开灯，不许抽烟，不许拧亮手电筒，只有车辆尾部遮住的识别灯依稀可辨。为了让驾驶员保持清醒，待在炮塔里的韦斯特法尔从衣兜里掏出口琴，在手上敲了几下，抖掉口琴里有可能粘上的面包屑，吹起第8连官兵最喜欢的歌曲："傍晚的伞下……"轻柔的旋律在车组人员的耳机里萦绕。

彻夜行军后，他们终于迎来凉爽、朦胧的清晨。一辆辆坦克的轮廓出现了，他们赶紧派出防空观察哨。车队停止前进，简短的会议结束后，相关命令传达下来："无论发生什么情况都要继续前进，即便在空袭警报期间也是如此。车队必须不断前进，不要清拖抛锚的车辆，这会降低行军速度。遭遇空袭的话，以包括坦克炮在内的所有武器还击。上车，装甲兵出发！"

低垂的云彩从空中飘过。疲倦的防空观察哨蹲在坦克顶上。二级下士韦斯特法尔把车辆指挥权交给炮手，自己躺在炮塔后面的金属补给箱上，用军装盖住身子，终于能睡上一会儿了！上午11点左右，韦斯特法尔突然惊醒。一架战斗轰炸机从坦克上方不到20米处呼啸掠过，攻击了为首的坦克。韦斯特法尔跳起身，可他还没睡醒，一下子失去平衡，跌下坦克。让他恼火的倒不是跌了一跤："云层都快低垂到地面了，这帮王八蛋居然还出动！"他骂骂咧咧地爬上坦克，"关闭舱盖，高射机枪准备开火！"他们听见前方传来炮弹和子弹的撞击声，但812号坦克这次很幸运，敌机射出的机炮炮弹落入路边的沟渠。敌机掉转方向，"开火！"机枪火力朝飞机射去。

德军装甲兵非常清楚，对方肯定会回来，可能还会带来几个帮手。"出发！"他们这次运气不错，运气这东西，就和他们每天配发的面包口粮一样重要。雾蒙蒙的天气，低垂的云层，再加上此时下起雨来，这一切就像块魔法毯，为他们提供了掩护。天色刚刚转晴，车队立即驶入果园，利用树枝和树梢伪装车辆。临近傍晚，他们终于毫发无损地到达圣洛，简直是奇迹！

卡昂陷落

拜尔莱因兵团撤离蒂伊防线后没过24小时，权宜之计和让寥寥几个师投入战斗这种策略的致命后果就显现出来。装甲教导师最后几支部队还没到达圣洛附近，英国人就大举进攻他们刚刚撤离的蒂伊—科蒙地域，猛烈的打击也落在卡昂前方，第16空军野战师和德军第12装甲师的阵地上。激战肆虐了一整天，两小时内，仅仅一个德国师的防区就落下两万发炮弹。

英国第2集团军对卡昂的大规模进攻始于7月8日，先是投下冰雹般的炸弹，施以猛烈的炮火准备，步兵随后发起冲击，坦克和火焰喷射器在关键地段提供支援。

第16空军野战师缺乏步兵作战训练，雨点般落下的炸弹摧毁了该师大部分高射炮，所有营长悉数阵亡，还有800名官兵伤亡。孤零零的几个步兵连死守阵地，与师部失去联系。有人看见师长西弗斯将军孤身一人，在卡昂西北端寻找麾下几个团。

7月9日，英军攻入卡昂北郊，城市西面的防线也摇摇欲坠，但坚守在那里的德军殊死奋战，据盟军的报告称，自进攻开始以来就没遇到过这么顽强的抵抗。

机场上，德军第26装甲掷弹兵团第1营一个连残余的50名士兵，在一座古老的诺曼式乡村的废墟里掘壕据守，这里的房屋是用石块建成的。加拿大人投入三个步兵营，在坦克的支援下发动进攻，可面对50名党卫队装甲掷弹兵的顽强抵抗，没能取得任何进展。

卡昂西北面，迈尔的部下在比龙的废墟里抵御加拿大第3师。第3营的装甲掷弹兵为争夺每一寸土地殊死奋战，可是，加拿大人顺利绕过比龙，德国人输掉了这场角逐。加拿大军队的武器控制着阿登修道院接近地，德军第12装甲师部设在这里，修道院几座深深的地窖里，还躺着几百名伤员。迈尔下定决心，无论如何必须坚守此地，以便夜间疏散伤员。

二级突击队中队长冯·里宾特洛甫率领德军第12装甲团第3连，力图阻挡敌人在比龙达成突破，可他们没能冲破对方强大的反坦克防御，损失了三辆战车。

突然，一支英军坦克部队出人意料地朝修道院方向攻来，第3装甲连几辆黑豹坦克成了最后的希望。鲁道夫·冯·里宾特洛甫[①]1943年在库尔斯克附近著名的普

[①] 译注：鲁道夫·冯·里宾特洛甫是德国外交部长约阿希姆·冯·里宾特洛甫的长子，于2019年去世，享年98岁。

罗霍罗夫卡坦克战中荣膺骑士铁十字勋章，率领几辆黑豹坦克，以东线的作战方式猛轰来犯之敌，坚守师部，几辆中弹起火的谢尔曼，距离修道院已不到100米。

德军第12高射炮营第1连的经历，充分说明这场激战残酷得令人难以置信，这个高炮连坚守阿登修道院前方的克吕西村。英国人不得不以代价高昂的近战逐一干掉对方的火炮。一级突击队中队长里策尔充当炮手，伫立在最后一门88炮旁。他一连击毁三辆谢尔曼，随后和六名部下死守阵地，用铁锹和步枪枪托与敌人展开肉搏，最终牺牲在血腥的近战中，一个个被冲锋枪打得满身窟窿。

无谓的牺牲？德军第12装甲师师长提交的作战报告不这么看。报告里指出，该连的顽强防御，让师里所有伤员安然撤离阿登修道院。

可就算整个装甲师慷慨赴死，也无法把蒙哥马利压倒性优势的军队挡在卡昂前方。第84军遵照希特勒的命令，拒不批准该师师长迈尔撤离奥恩河西面和北面部分城区的请求。这次，一向听从指挥的迈尔决心违抗命令，着手准备撤离。他后来告诉笔者："我们本该死在卡昂，可我不能袖手旁观，眼睁睁地看着我那些小伙，为一道毫无意义的指令送命。"

凌晨3点，第84军终于批准迈尔撤离已彻底沦为废墟的卡昂北部和西部城区。筋疲力尽的德军部队炸毁一座座掩体，撤过奥恩河。当天下午，第一支英军巡逻队小心翼翼地进入城内的废墟。蒙哥马利终于拿下卡昂，按照作战计划，他本该在6月7日攻克这座城市，登陆首日就该完成的12千米路途，英军用了一个多月。而蒙哥马利遭受的伤亡，甚至超过英国陆军参谋部对一路攻往柏林的整个战局估计的伤亡人数。不管怎么说，卡昂终于陷落了，但蒙哥马利还是没能突破并冲过奥恩河，也没能进入实施机动作战、一路攻往巴黎需要的开阔地带。德军防线再次稳定下来，隆美尔匆匆部署了纵深防御阵地。

卡昂战役表明，英国和加拿大军队对现代装甲战知之甚少。他们胆怯地把坦克当作步兵支援武器，而不是以坦克的大举突击打垮对方虚弱的防御，例如对付卡昂地区的奥恩河桥梁。这恰恰是兵力虚弱的德军，在卡昂与圣洛之间的防线顺利实施防御作战的原因之一。

圣洛前方的卡斯特山森林

按照在战线东西两翼转换压力的既定方针，艾森豪威尔趁德军预备队牵制在卡昂之际，把美国第1集团军投入右翼的科唐坦半岛。盟军的战略就是基于重心的不断转换，结果，德军统帅部不得不以装甲预备队充当"机动救火队"，导致他们过早消耗了自身的实力。德军根本没有足够的装甲力量用于两处，如果机动救火队用于卡昂，那么，美军就会在圣洛地区长驱直入；可如果机动救火队集结在圣洛地区，卡昂防线又会面临灭顶之灾。

7月初危机重重的日子里，隆美尔对OKW的抱怨不无道理："三个美国师发动进攻，他们却指望我以四分之一个师守住阵地！"

卡斯特山森林证明隆美尔的告诫完全合理。第353步兵师师史和第15伞兵团团史里，这片森林作为最血腥的战场，占有特殊的地位。

美国人一举打垮德军虚弱的前哨阵地，格勒施克上校率领第15伞兵团匆匆赶来，奉命加强摇摇欲坠的防线。这些伞兵都是年轻的新兵，接受的训练也很仓促，可他们守住阵地，封闭了敌人的渗透。

美军的主要突击，落在马尔曼中将第353步兵师头上。该师位于拉艾迪皮两侧的防线长达15千米，也就是说，4个步兵营和2个炮兵营必须坚守15千米长的防线。皮尔曼上尉率领第353工兵营守卫拉艾迪皮镇，这群工兵犹如一道防波堤，抗击十倍优势之敌。美军最终在镇子北部站稳脚跟，第353工兵营只剩下40人。

6月7日清晨，雾色朦胧，这是德军官兵喜欢的天气，因为敌人的战斗轰炸机在这种天气不太会出动，可他们没想到，另一个意外即将到来。

没等德军炮兵观测员在雾蒙蒙的晨曦中发现任何情况，4点30分，美国第30和第9师突击部队就沿一座部分修复的桥梁渡过维尔运河，守军猝不及防。美国人还在另一处利用突击舟渡过运河。圣让德代迅速陷落，美军继续攻往勒德塞。艾森豪威尔的意图非常明显：他想以两个师强大的钳形运动把德国人赶出圣洛。

美军的进展起初相当顺利，因此，艾森豪威尔投入美国第3装甲师。该师隆隆向前，穿过圣洛西北面的玉米地。可是，德军第2装甲师在7月9日发动进攻，挡住了挺进中的美国军队。后续进攻由装甲教导师遂行，定于7月11日发起，目标是切

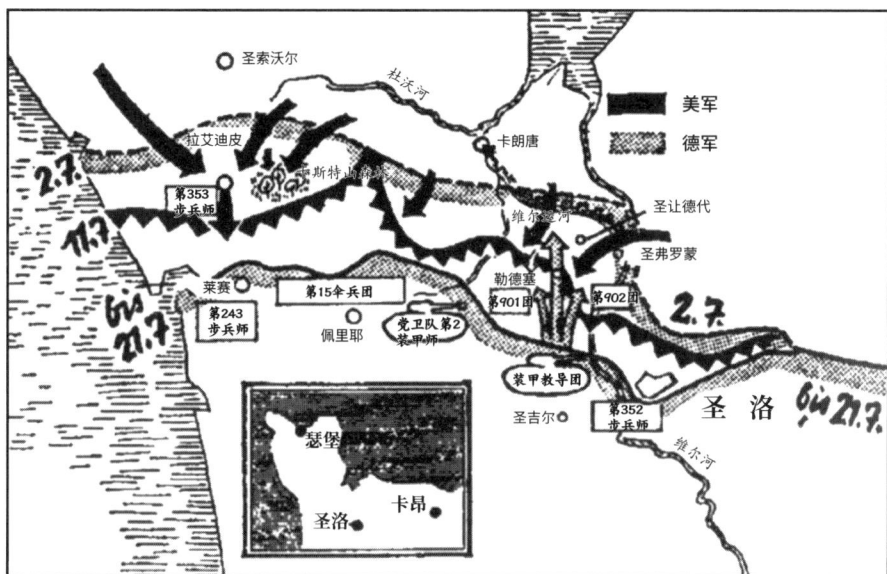

▲ *美军战线上的重点：圣洛。与左翼进攻卡昂的英军一样，右翼的美军企图在圣洛突破德军防线。他们以8个师发起大举进攻，楔入德军防线，但没能达成决定性突破，而德军的反突击，甚至构成了切断维尔河与圣洛之间美军的威胁。*

断已渡过维尔运河的美军部队。

这是个大胆的方案，起初一切进展顺利。古特曼上校以第902装甲掷弹兵教导团和20辆坦克，正面冲击美国第30师。左侧，朔尔策上校率领第901装甲掷弹兵教导团，冲入美国第9师纵深侧翼，12辆黑豹坦克和一个反坦克炮连提供火力支援。一个个坦克车长干劲十足："战事终于又一次按照我们的方式进行了！"

没错，战场上的态势确实有利于德军。清晨6点30分左右，菲利普斯上尉和他那些坦克已深入美军战线后方3千米。美军两个营指挥所被打垮，第9师一个步兵团辖内部分部队陷入包围后投降。德军继续朝维尔运河快速挺进。拜尔莱因的装甲掷弹兵，在勒德塞牵制住一股庞大的美军，如果菲利普斯上尉的坦克及时到达运河，就能切断这股敌人。

如果……

交战双方在一座座果园、一条条隘路间来回拉锯，彼此的坦克往往仅隔100~150米。一如既往，事实证明德军最高统帅部没有为这份大胆的方案投入充裕的兵力。装甲教导师理论上是一个师，实际上，过去几周代价高昂的交战导致该师的实力只剩编制力量的三分之一。而这三分之一个师的任务是击退三个美国师。

当日下午天色放晴，盟军战斗轰炸机立马出现了，在田野和道路上方咆哮，迫使德军装甲掷弹兵仓促隐蔽。德军坦克的火炮优势根本派不上用场，装甲掷弹兵没法跟上，行动陷入僵局。夜幕降临时，德方投入战斗的32辆坦克，被战斗轰炸机击毁20辆，部队的伤亡超过500人，就连装甲教导团经验丰富、足智多谋的第1营营长菲利普斯上尉也成了俘虏。绝望的装甲掷弹兵听天由命地趴在树篱、土墙、隘路后或庄稼地里，他们相互询问："情况会好转吗？"不会的，情况再也不会好转了。

尽管遭遇挫折，可德军这场进攻，还是给予圣洛前方和卡斯特山森林里的盟军指挥部沉重打击。美军的攻势本来应该冲出科唐坦半岛，可他们没能实现这一点，另外，几个美军师的损失相当惨重。

★

战线另一端，卡昂的情况怎样？

盟军在那里的进攻也没取得后续进展。蒙哥马利麾下几个师不得不停止前进，他们没能渡过奥恩河，冲出树篱地带，进入开阔的法莱斯平原。

挫败和落空的希望，在多大程度上折磨着盟军统帅部的神经，这一点很快显现出来。伦敦和华盛顿高层谈到"危机"。今天的普遍看法是，盟军在诺曼底的胜利不容置疑，也没有什么能阻挡，那么，读读英国和美国的官方记述，以及那些日子的态势报告，就会得出不同的结论。

就连艾森豪威尔也愁眉不展：如果德国人从法国南部抽调步兵力量加强防线（他们现在完全有时间这样做），后果殊难逆料。冬季来临时，盟军可能还困在登陆场，无力实施大规模战略行动。不断恶化的天气会导致轰炸机，特别是战斗轰炸机无法升空，这就意味着盟军丧失了手头的决定性兵器。他们会发现，自己败于"天气将军"！

盟军各级指挥部充斥着悲观的念头，人人都对"战线停滞"这句话担心不已。美国报纸上出现了负面文章，他们的焦躁和不满是不能忽视的。

德军前线官兵对此一无所知，这不奇怪。真正奇怪的是，德军最高统帅部也对此懵然无知，进一步说明德国情报机构纯属尸位素餐。

尽管难以置信，可德军最高统帅部和西线总司令仍坚信，盟军会在加来海峡发动第二场登陆。他们把强大的军力继续留在那里，而不是像艾森豪威尔担心的那样，把新锐兵团调到战斗前线。简直荒谬至极！①

要是盟军最高统帅知道希特勒和OKW的想法，肯定会倍感欣慰地松口气，希特勒的想法在7月8日的元首令里表露无遗："尽管存在种种风险，但敌人很可能在第15集团军防区（加来海峡）实施第二场登陆，更重要的是，公众舆论会促使他们急于消灭我们，（以V型飞弹）远程轰炸伦敦的发射阵地。"这种战略评估太不靠谱了！

盟军最高统帅部不敢想象希特勒会犯下这么严重的错误，仍对强大的德国装甲师出现在美军战线对面的可能性担心不已。德国人真这么干的话，会严重危及盟军最高统帅部的方案，他们本打算在右翼达成突破。实际上，巴顿将军和他新开抵的美国第3集团军已做好实施突破的准备。德军最高统帅部和元首大本营为巴顿的行动大开方便之门，尽管他的胜利来之不易，但这完全是德军前线将士的勇气和战斗意志造成的。

古德伍德行动

敌人在做什么？这个问题决定一切策略，整支间谍大军也以此为生。德国人

---

① 译注：加来地区的第15集团军隶属隆美尔B集团军群，坚信盟军会发动二次登陆，因而不敢调动第15集团军，态度最坚决的恰恰是隆美尔本人。据集团军群作战日记记载，隆美尔于6月8日深夜致电约德尔，阐述了作战意图后，约德尔告诉隆美尔："我认为没必要担心西线的二次登陆！"隆美尔完全不同意约德尔的看法，于是，指挥参谋部参谋长约德尔再次强调："不会再有二次登陆了！"但约德尔的看法是代表OKW还是他个人，不得而知。

称这些秘密行动的中心为Abwehr（阿布维尔，意思是"防御"，指的是德国军事情报局），盟军称之为Intelligence（情报机构）。前线同样需要情报勤务、巡逻、空中侦察、监听敌人的无线电通信、战斗侦察捕获俘虏、评估缴获的文件等，这些任务的目的，都是为了协助作战部队解开一个谜题：敌人想做什么？所有信息就这样汇聚到情报处长办公室，情报处长收集、评估有可能披露敌军意图的一切线索，设法拼凑出对方的完整情况。他就像在实验室里忙碌的炼金术士，整理送来的各种材料，找出哪些是黄铜，哪些是真正的黄金。作为情报处长，想象力和多疑的天性是不可或缺的品质。

可惜，德军司令部并不总是给予此类工作应有的重视。职业军人对这些"专家"的评价并不高。团级以下部队，勤务官除了从事其他工作，也兼带情报事务。但另一方的情况截然不同，美军各级部队（直到营级）都有专职情报军官。德国西线总司令的情报处长迈尔–德特林总参中校，手下只有九名军官，而他的对手，也就是美军情报处长，身边的助手是这个数字的十倍。这是个显著的区别！

佩里耶东南方，美军防区对面的一条隘路上，停着一辆德军指挥车，车身涂有德军标准的迷彩伪装：绿色配以棕色斑块和条纹。这辆指挥车隶属第84军军部，车窗溅满落在附近的炮弹激起的泥浆，敌人正以猛烈的炮火试探整片地区。

美国人监测德军一切无线电通信，以测向设备确定方位，还从空中拍下地面上的痕迹，然后派出战斗轰炸机，或命令炮兵开火，反正他们有的是资源。

7月13日的情形同样如此，战斗轰炸机不停地在空中盘旋。第84军情报处长海因少校和他的副官，小心翼翼地穿过高高的杂草和苹果园，朝一辆大巴车走去，那是参谋长冯·克里根中校和助手的办公室。海因住在西面1千米外的农庄，是座偏远的小房子。

自6月15日起接替威廉·法尔姆巴赫尔将军出任第84军军长的迪特里希·冯·肖尔蒂茨将军，看见自己的情报处长到来，不由得问道："海因，您这次又带来什么坏消息了？"

海因少校把两份手绘地图摊在桌上。

"将军先生，请看，这是昨天，也就是7月12日的发现，"海因的手指划过代表主防线的粗线，停在涂成红色阴影的美军战区，"卡朗唐以南整片地区处于无线电静默状态，如我们所知，那是美国第19和第7军的战区，这种情况说明，对方正在重组。北面，直到第243、第353步兵师防区，敌人的无线电通讯有所增加。还有这里，也就是他们南面，敌人新部署的几个炮兵连一直在测距射击。右翼的美国第1师，一连几天没发现他们的动静，显然是换防了。"

肖尔蒂茨将军仔细研究着草图："那么，今天有什么发现？"

海因少校答道："出现了各种变化，据我方特工报告，敌人的大量交通越过洪泛区狭窄部，朝东南方而去。我们抓获两名佩戴美国第3装甲师徽标的俘虏，一名阵亡美军士兵的衣兜里有封信，邮戳盖的是APO 1，也就是第1师军邮局，看来，该师没有换防，而是调到我方防线中央地段对面了。党卫队第17'格茨·冯·贝利欣根'装甲掷弹兵师缴获的敌军文件表明，美国第7军大幅度收缩战线宽度。敌人新的无线电频率是2201千周。还有一点，敌军侦察机昨晚在佩里耶与146高地间，投下大量照明灯实施航拍，很不寻常。另外值得一提的是，敌人猛烈轰击我军防区中央地段的标志性高地，显然是想消灭我们的观测所，就连偏远的农庄也首次遭到炮击。"

情报处长海因说到这里，不由得想到自己的房东阿尔方斯·勒吕，昨天的炮击迫使他从果园逃入地窖，这位年迈的前外籍军团老兵受够了战争，以惊人的活力大骂解放者的炮火。

肖尔蒂茨问道："您怎么看待这些情况？"

"将军先生，很明显，他们正准备进攻，主要努力置于圣特尼，朝库唐斯方向攻击前进，我们一直称之为科唐坦小解决方案。这也符合西线总司令部对态势的评估，他们上周认为，瑟堡陷落后，腾出的敌军会恢复对第84军防线的进攻，估计不会迟于7月中旬。"

肖尔蒂茨赞同地点点头，他走到柜子前，拿出瓶白兰地，倒了杯马爹利："海因，您发给集团军的夜间报告，最好稍稍强调一下敌人进攻的危险。咱们得喊'狼来了'，否则，勒芒那些人会认为其他地方比我们更需要弹药和补给。"

外面，暮色逐渐笼罩大地。海因和他的副官消失在苹果树下，远处传来前线的隆隆炮声，指明了战斗的方向。

★

五天后，卡昂地区，汉斯·赫勒少尉正要刮胡子，传令兵在花园里大声喊叫起来："空袭警报！"赫勒丢下刷子，一边擦掉下巴上的泡沫，一边朝他那门20毫米自行高射炮跑去。他朝空中瞟了一眼，清楚地看见蓝色信号弹，战斗轰炸机，探路者！赫勒顿时泛起个念头："看上去不太妙！"

就在昨天，也就是7月17日，第192装甲掷弹兵团第8连已脱离卡昂的激战，撤到奥恩河右岸。赫勒的装甲掷弹兵部署在卡昂镇南郊，负责阻挡英国第6空降师从奥恩河对岸登陆场发起突然袭击。位于他们北面的是第32空军猎兵团第1连，该团第1营是第16空军野战师仅剩的几支作战部队之一。

赫勒少尉发现，他那门自行高射炮已做好开火准备。部下的眼中闪过同样的疑问：战斗又要在这里打响了吗？的确如此。

艾森豪威尔指示蒙哥马利，以三个装甲师、两个加拿大步兵师、一个装甲旅发动进攻，任务是在卡昂战线强行达成突破，投入交战，歼灭德军部署在卡昂周围的几个装甲师主力，协助美军在圣洛战线取得决定性突破。蒙哥马利的方案很简单，说白了就是技术装备战：首先投入庞大的轰炸机编队，在德军防线炸开个缺口，加拿大第2师和英国第3师的步兵沿缺口边缘推进，牢牢守住走廊，第7、第11、禁卫装甲师的坦克随后穿过走廊隆隆向南，可能的话，一路前出到巴黎附近。

地毯式轰炸在清晨5点准时发起，三个航空队（两个美国航空队，一个英国航空队）投入2100架轰炸机。一个个庞大的战机编队逼近目标，就像一场空中演习。一架架轰炸机投下炸弹，死亡的种子呼啸着落向地面。第一批轰炸机转身离开时，又投下烟雾标记，以此告知后面的轰炸机波次：此处就是我们的投弹地点！

对村庄、森林、田野的狂轰滥炸持续了四个小时，几千米范围内，空中充斥着烟尘。轰炸区域内的农田小径和花园荡然无存，只留下一个个硕大的弹坑。一门20毫米高射炮，尽管稳妥地部署在炮位里，可还是被爆炸冲击波掀到20米外。

炸弹夷平了机枪阵地，炸毁了反坦克炮炮位，把德军步兵埋在散兵坑里。

第22装甲团仅剩的50辆坦克，集结在埃米耶维尔附近，结果被炸出伪装的阵地，许多坦克严重受损，另一些陷入深深的弹坑，德军士兵忙着把这

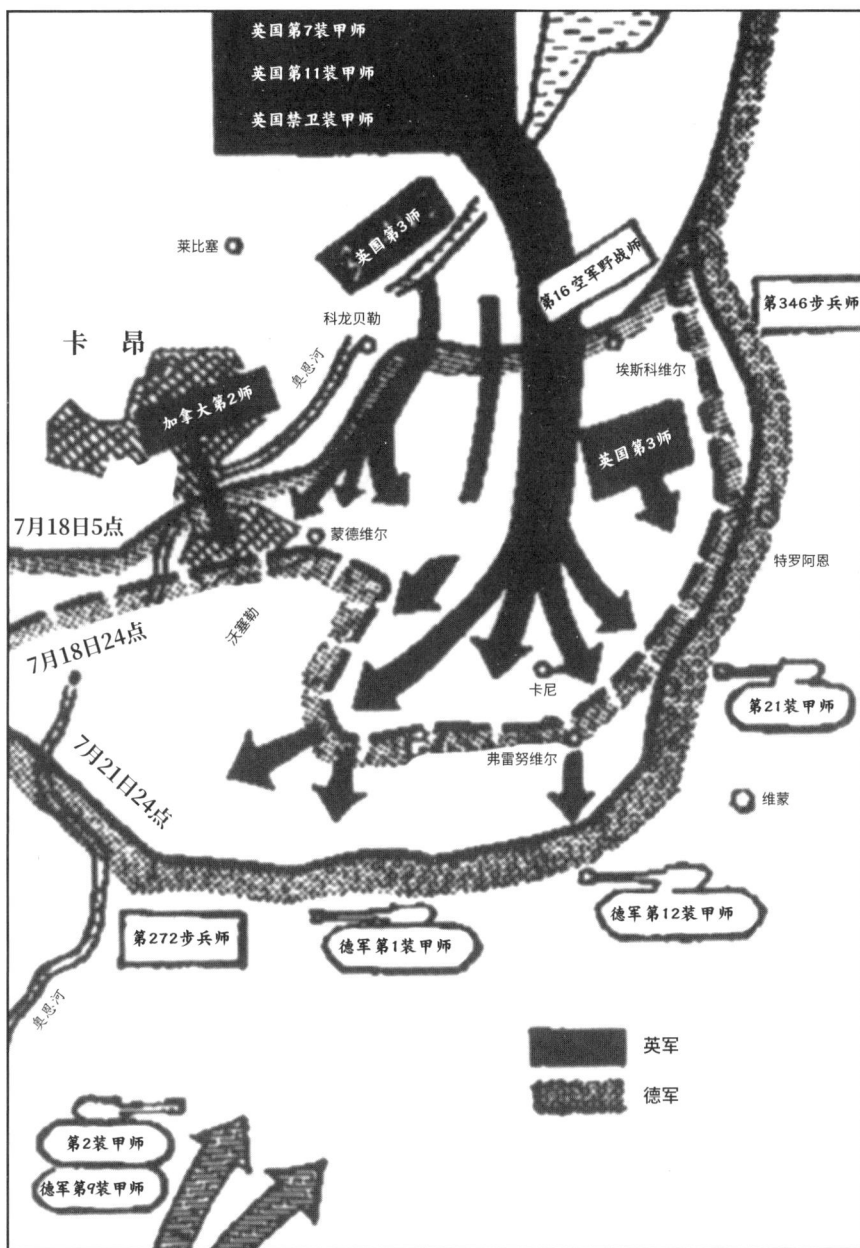

英国第7装甲师
英国第11装甲师
英国禁卫装甲师

莱比塞

英国第3师

第16空军野战师

第346步兵师

科龙贝勒

卡 昂

加拿大第2师

埃斯科维尔

英国第3师

7月18日5点

蒙德维尔

特罗阿恩

沃塞勒

7月18日24点

卡尼

7月21日24点

第21装甲师

弗雷努维尔

维蒙

德军第12装甲师

第272步兵师

德军第1装甲师

英军

德军

第2装甲师

德军第9装甲师

▲ 规模庞大的"古德伍德"攻势，意图粉碎卡昂防线，一路攻往巴黎。配备1000辆坦克的一个英国军集结在5x5千米宽的登陆场内。这场攻势于7月18日打响。

— 233 —

些战车挖出来。

突然，一切平静下来。

片刻后，坦克和步兵冲了上来，蒙哥马利以两个军的兵力发动进攻。

这股洪潮涌向德军防线，一头撞上第272步兵师，该师没有一辆坦克，甚至没有任何反坦克武器，首当其冲的还有第21装甲师、第16空军野战师残部、党卫队第1装甲师一部，德军仅有的预备队是遭受重创的党卫队第12"希特勒青年团"装甲师两个战斗群。

蒙哥马利这场攻势，代号"古德伍德"，乐观而又开朗，可能更适合高尔夫锦标赛。

第8连重武器排排长赫勒少尉和连长布拉茨中尉，对卡昂东北角的阵地了如指掌。6月6日到7月8日，他们一直扼守此地，D日当天还与英国伞兵发生首次战斗。他们的营长齐佩少校葬在这里，不知疲倦的传令兵阿特内德也长眠在此处，他是个堪称模范的二等兵。当然，第192装甲掷弹兵团第1、第2营许多官兵同样葬身此地，D日当天，他们穿过英军登陆场直奔海边，打出赫赫威名，可惜，他们孤军深入，没有其他部队跟上。

布拉茨中尉朝赫勒喊道："敌坦克很难穿过满是弹坑的地带。"赫勒举起望远镜察看情况。两人趴在科龙贝勒一座机械厂敞开的尽头，盯着前方地面。英军步兵待在一个个弹坑里，焦急地等待坦克为他们提供支援。

第1空军猎兵连设在科龙贝勒前方的阵地响起机枪声，看来，科施维茨中尉的部下仍在坚守。两名军官匆匆跑了回来，向第8连发出警报。

依然完好的几门步兵炮立即瞄向隐蔽在弹坑里的敌军先遣部队。如此猛烈的轰炸后，居然还有人员和武器安然无恙，真令人震惊。

赫勒把一门75毫米反坦克炮部署就位，控制住从卡昂而来的主干道。反坦克炮立即发出轰鸣，面对反坦克炮火，谨慎向前的加拿大坦克停了下来。赫勒嘟囔着："打得好！"可就在这时，几发炮弹落在反坦克炮80米开外，敌军炮兵正在测距，英国人肯定在科龙贝勒某座损毁的工厂里派了炮兵观测员，也许就在烟囱上。敌人的下一轮齐射，炸点与赫勒那门反坦克炮离得很近，他绝望地想："炮组怎么回事，没看见炮弹袭来吗？"

— 234 —

"传令兵！"

"到，少尉先生！"

"赶紧到反坦克炮那里去，命令他们变更炮位！"

二等兵朝那里冲去，敌人又一轮齐射呼啸而来，他已跑出去100米。

赫勒大喊起来："趴下，趴下！"可传令兵没听见，也不可能听见，看上去他好像一头扎进炮弹的炸点。下一轮齐射落在距离反坦克炮不到3米处，火炮和炮组人员都沉默下来。

加拿大人缓缓逼近，渗透了德军薄弱的防线。他们还从卡昂南部攻击前进。加拿大炮兵打哑了德国人几门野炮。赫勒所在的第8连和整个第2营被迫退往蒙德维尔。

科施维茨的空军猎兵连也遭到猛烈打击。号称"坦克专家"的二级下士波根布鲁赫干掉一辆谢尔曼，但被迫弃守通往蒙德维尔道路上的路障。报务员施瓦岑贝格想尽办法与营部取得无线电联络，可对方没有回复，营部早就被敌人打垮了。朗根贝格少尉的第2空军猎兵连从科龙贝勒旧城堡打来电话，可线路很快也中断了。到下午2点左右，科施维茨只剩19名部下，他下达了命令："后撤，集合点是城堡旁的公园！"但加拿大人的坦克抢先到达，这群猎兵只好穿过一条条隘路，爬过一道道沟渠，最后在蒙德维尔钢铁厂遇到朗根贝格少尉和第2空军猎兵连残部。他们发现团部就设在铁路路堤旁。蒙德维尔陷入包围。第1空军猎兵连的制图员海诺·柯尼希，带领第31、第32空军猎兵团残部穿过铁路路堤的行人隧道，终于撤到党卫队第12装甲师一处筑垒阵地。

第192装甲掷弹兵团第2营营长起初没想过突出蒙德维尔，他给师部发去电报："第2营陷入重围，我们会战斗到最后一息！"但理智最终占据上风，他们抓住有利时机，以巨大的勇气冲过加拿大军队的防线，几乎毫无损失地逃出包围圈，随后加入东南方15千米外的新防线。

第21装甲师右翼纵深处，第16空军野战师的火炮和高射炮阵地上，敌机轰炸造成的破坏，远不及防线中央地段。大多数稀疏分布的炮兵连没有遭受损失。对英军和加拿大军队尤为致命的是，大批高炮连配备了性能卓越的88炮，德军撤离卡昂，这些高炮连腾出，于是，隆美尔把他们部署到防线上充当反坦克炮。第29装甲旅的坦克出现在78门火炮面前，简直就是活靶！空中回荡着88炮的轰鸣和金属撞击声，几辆穿过玉米地的敌坦克停了下来，有的起火燃烧，有的剧烈爆炸。德军的顽强抵抗出乎英国人意料，他们朝卡昂—维蒙铁路线的进军变得犹犹豫豫，只有寥寥几支部队跨过路堤，主力仍陷在第21装甲师和德军第1装甲师的梯次纵深防御里。

德军第2装甲军的虎式坦克，击毁了侥幸逃脱88炮打击的敌坦克。党卫队第12装甲师几个战斗群，最终夺回卡尼与弗雷努维尔之间的公路和铁路线。

迈尔配备"铁拳"和空心装药手雷的装甲掷弹兵，在几个英国装甲师前方设起一道难以逾越的屏障，英军的冲击已丧失势头。黄昏时，旅队长维施投入党卫队第1装甲师的黑豹坦克，这些战车强大的火力给英军造成严重破坏。仅眼前这片地域，就有80辆损毁的英军战车停在树林和玉米地里燃烧、闷燃。蒙哥马利著名的第11装甲师当日损失126辆坦克，超过该师编制力量的一半。

卡昂—维蒙公路上，禁卫装甲师60辆坦克毁于88炮的炮火。损失太大了，英军这场进攻伤筋动骨，不得不停止前进。他们在奥恩河与迪沃河之间，冲破滩头阵地周边障碍的企图又一次破灭。"古德伍德"行动毕竟不是一场精彩的赛马！

德军乘机加强了卡昂南面一连串高地上的防御阵地。蒙哥马利撤回几个饱受重创的装甲师，英国狮子遍体鳞伤，国内媒体抱怨不迭。

★

不过，英国人确实取得一项成就，可能比德军防御战获胜更加重要。德国军队寄予希望的那个人，沦为英国战斗轰炸机的受害者。

7月17日下午，隆美尔元帅驱车赶赴前线，视察德军第1装甲军军部。他与全国总指挥迪特里希商讨了态势，装甲迈尔也奉命赶来做了报告。

下午4点左右，隆美尔准备返回拉罗什居永，鉴于战斗轰炸机的威胁，迪特里希建议他把大型指挥车换成机动性更强的大众桶式车，可隆美尔只是笑着挥挥手。司机丹尼尔踩下油门，他们出发了，此时天色已放晴。

隆美尔命令道："开快点。"

在利瓦罗附近，丹尼尔驶上一条小道，但在距离维穆蒂耶尔5千米处，他不得不回到主公路。就在这时，霍尔克中士喊道："敌机！"

车辆后方，两架战斗轰炸机沿着公路从利瓦罗方向飞来，高度只有30米。

隆美尔朝二级下士丹尼尔喊道："驶到村子里！"司机踩下油门，车辆轰鸣着驶入弯道。但战斗轰炸机的速度更快，一串20毫米机炮的炮弹击中指挥车，穿透钢板，撕开车辆左侧。

丹尼尔肩膀中弹，倒在方向盘上，车辆猛地右转，一头撞上道路右侧的树桩，随即转向左侧，冲过道路。

隆美尔的头撞上挡风玻璃，血流不止，随后被甩出车外，头部撞在路上，颅骨骨折。

朗上尉、尼豪斯少校、霍尔克中士毫发无损，他们跳下汽车，把隆美尔拖到树篱后的安全处。战斗轰炸机飞离后，几人赶紧把身负重伤的陆军元帅送到最近的一座村庄，具有历史讽刺意味的是，这个村子名叫蒙哥马利圣富瓦。

没人接替隆美尔的职务，替代伦德施泰特出任西线总司令的克鲁格元帅，亲自兼任B集团军群司令。

7月初，克鲁格从东线赶到诺曼底接替伦德施泰特，任务是"稳定前线"。克鲁格是个颇具才干的总参军官，绰号"聪明的汉斯"，刚到达，他就驱车前往隆美尔的司令部。会谈期间，克鲁格咄咄逼人地对隆美尔说道："即便是您，也得学会服从命令！"毫无疑问，克鲁格认为只要自己集中权力，再采取强硬的措施，就能控制住态势。

克鲁格两周后发现，就连自己也无法扭转入侵战线的态势，现在不再是指挥问题。不再是了！艾森豪威尔已经在战略和军事力量方面稳居上风。但历史赋予克鲁格另一项重要的使命：他在德军战地将领反对OKW错误干涉作战决策的斗争中成了悲剧的象征。

7月20日，一场猛烈的暴风雨席卷诺曼底。闪电照亮了一座座被烧毁的城镇和村庄，雷声震耳欲聋。暴雨和冰雹把地面变成沼泽，一条条小河暴涨，化为湍急的洪流，一道道小径沦为无法通行的水道。大自然发泄着怒火，耸人听闻的头条新闻随之出现：元首遇刺！从巴黎、柏林、拉斯滕堡传来的消息，在各个指挥部产生的影响迥然相异：有人兴奋不已，有人警惕戒备，也有人期盼战争或许能很快结束。但前线各兵团正在鏖战，德军官兵根本没时间讨论政治问题。谈到圣洛地区各个师对7·20事件的反应，拜尔莱因将军说道："我们的目光更多地盯着战斗轰炸机，而不是元首大本营。"这句话清楚地表明，德军前线官兵已丧失斗志，他们现在只考虑一件事：活下去！

圣洛的突破

7月19日，入侵战线东翼，美军杀入圣洛城区，第30快速旅的残部殊死抵抗。该旅旅长冯·奥夫塞斯男爵是第84军勇敢的军官之一，在城郊逐屋逐房的巷战中阵亡。这是场血腥、代价高昂的厮杀。美国第29师官方史提供了一张照片：一个个每组5人的战斗小组，在坦克的支援下步步为营，只有这样才能攻克一座座沦为废墟的建筑物、一条条被碎石瓦砾堵塞的道路。阵亡者中包括率领美军先遣部队的第116步兵团第3营营长托马斯·豪伊少校。[①]

★

五天后，圣洛西南方的装甲教导师师部，拜尔莱因将军问他的作战参谋考夫曼："您认为美国人什么时候会重新进攻我们的防区？"卡尼西附近这座陈旧的农舍，苍蝇在厨房里嗡嗡作响，考夫曼抬起头说道："将军先生，敌人随时可能发动进攻，很明显，他们已做好准备。我觉得只有天气能阻挡他们。"

拜尔莱因反驳道："可集团军仍认为对方的主要突击不在这里，而是在卡昂。"

这时，电话响了，第901装甲掷弹兵教导团报告："我们遭到猛烈轰炸！"

---

① 译注：所谓的第30快速旅，其实是一支配备自行车的部队，担任集团军群预备队，盟军登陆后转隶第84军。托马斯·豪伊的事迹值得一提，他于7月17日上午打电话给第29师师长格哈特："圣洛见！"随后率领第3营投入进攻，很快在战斗中阵亡。第3营次日攻克圣洛，按照格哈特的命令，该营士兵把豪伊的遗体放在第一辆吉普车的引擎盖上，让他成为第一个进入圣洛的美国军人。出于战时保密规定，媒体不能透露豪伊的名字，所以，著名的《纽约时报》记者德鲁·米德尔顿称他为"圣洛少校"。豪伊盖着美国国旗的遗体摆放在圣母教堂的废墟里，这张照片传遍全世界，哥伦比亚广播公司《60分钟》的著名主持人安迪·鲁尼当时是《星条旗报》记者，他也在现场，见到这一幕评论道："这场可怕的战争中，这是真正感人而又激动人心的场景！"时至今日，几乎所有描述诺曼底战役的著作，都会提到豪伊的名字。保罗·卡雷尔的春秋笔法很有意思：没人知道，更没人提起奥夫塞斯中校。

拜尔莱因看看考夫曼："看来，敌人进攻了！"

此时是7月24日上午，各部队已接到警报，电话此起彼伏，传令兵来来往往，所有人都在等待某些事情的发生。

电话又一次响起，第901装甲掷弹兵教导团再次报告："炸弹落在我们防线前方，美军步兵撤回后方阵地。"

后撤，怎么回事？

昼间平平安安地度过了，敌人没有发动进攻。夜间也很平静，很快，7月25日的拂晓到来了。

早上7点，第902装甲掷弹兵教导团先遣连打来电话："我们战壕前方的美国步兵弃守当前阵地，他们正在各处后撤。"

很快，装甲教导师各防御地段发来同样的报告。

考夫曼笑着说道："看来他们临阵退缩了，也许集团军的判断没错。"

几分钟后，第7集团军司令部重申了他们的观点：敌人不会进攻圣洛地区。拜尔莱因接到通知，第2装甲师撤出前线，调往卡昂南面的阵地，集团军司令部预计敌人会在那里发动攻势。接替第2装甲师的是德拉比希-韦希特尔中将的第326步兵师，该师此前一直驻扎在加来海峡。换防很顺利，没出什么岔子。

9点40分，卡尼西附近农舍里的电话又响了起来。前线部队、防线后方阵地、装甲预备队驻扎的各个村庄，都发来同样的报告："一拨拨敌机发起猛烈空袭，战斗轰炸机攻击了桥梁和炮兵阵地。"毫无疑问，盟军已投入行动，在圣洛战线发动进攻。

看来，他们的突击重点还是在圣洛地区！

此时，第2装甲师正离开战场，开赴平安无事的卡昂。

可为什么美国步兵昨天和今天早上要后撤呢？德国人当时认为这是个诡计，但我们今天得知了背后的一些细节，具体如下。

布拉德利将军本打算于7月24日发动进攻，由于天气恶劣，他在最后一刻撤销了进攻令。他担心在能见度这么差的情况下，轰炸机有可能误炸己方部队。可是，航空兵收到取消进攻的命令太晚了，轰炸机编队已经起飞，正如布拉德利担心的那样，他们把炸弹投向己方战线。美国兵从来没遭受过轰炸，恐慌爆发开来，他们仓促放弃了阵地。这就是第901装甲掷弹兵教导团向拜尔莱因报告的"后撤"。

布拉德利把进攻定于7月25日，可昨天的误炸事件让他手下一些团长疑神疑鬼，继续把辖内部队撤出前线，因为天气比昨日好不到哪里去。这就是第902装甲掷弹兵教导团在7月25日报告拜尔莱因"美军正在后撤"的原因。

不管怎么说，美军指挥官"小心驶得万年船"的谨慎做法正确无误：轰炸机编队又一次在几个地段把炸弹投到美军战线上。第47、第120步兵团伤亡惨重，第12野战炮兵团灰飞烟灭，就连艾森豪威尔的好友，美国陆军地面部队司令麦克奈尔将军，也被炸死在装甲车里。不过，还是有很多炸弹落在德军防线上。[1]

尽管弹如雨下，可拜尔莱因的师部与前线各部队的电台、电话联络还是保持了一个小时，之后，所有通信彻底中断。

不过，装甲教导师师部人员利用这段时间获得的信息，在态势图上标注的说明非常重要：2000多架轰炸机把装甲教导师和友邻第13、第15伞兵团据守的防区，变成一条7千米宽、3千米深的死亡走廊。一切翻了个底朝天，雨点般的炸弹夷平了战壕，炸毁了反坦克炮阵地，引燃了油料、弹药、物资堆栈。2000架轰炸机对付7千米宽的进攻地域，也就是说，每架战机只要炸开3.5米宽的缺口。这就解释了装甲教导师在上午9点以5000名官兵据守的地段，到10点就变得满目疮痍的原因。

装甲教导师至少损失了半个师的兵力，不是阵亡就是负伤，要么就是埋入战壕里，部署在前线的坦克和火炮悉数损毁，一条条道路已无法通行。

布拉德利将军觉得还不够，毕竟他的原则是"安全第一"。因此，上午10点整，他又投入400架战斗轰炸机，朝仍在移动的一切开火射击。

即便这样还是不够，10点30分，盟军中型轰炸机又对通往圣吉尔和马里尼的

---

① 译注：关于诺曼底战役的著作大多会提到麦克奈尔的阵亡，但很少详述这位将领的情况。实际上，能在两年多时间里把实力虚弱的美国陆军扩充到一千多万人，麦克奈尔功不可没，绝对是美国军方位高权重的大人物，所有人都认为他会在这场战争中发挥更加重要的作用，他自己也这么觉得。没想到，艾森豪威尔派他接替巴顿，担任虚假的美国第1集团军群司令。布拉德利发动"眼镜蛇"攻势时，麦克奈尔在诺曼底查看情况，鬼使神差地跳下战车，跑到最前沿的第120步兵团，结果遭遇不测。

道路实施精确打击。

直到这时，美国第7军的步兵才出现。三个步兵师充当探路者，为身后的摩托化部队撑开炸弹肃清的走廊。

轰炸机彻底完成任务，甚至有些太彻底了。美军步兵携带着沉重的装备，缓慢而又吃力地穿过宛如月球表面的地带，地上满是弹坑、连根拔起的树木、铁丝网、石块。起初，坦克根本无法通行，工兵不得不用推土机为他们开辟道路，耗费了许多时间。

拜尔莱因骑着摩托车赶到第901装甲掷弹兵教导团团部。冯·豪塞尔上校待在一座古老石塔的地下室里。[①]

一名赶往前线察看情况的少尉跑下楼梯进入拱形地下室。豪塞尔上校对拜尔莱因将军说道："您亲自听听吧。"于是，少尉汇报道："我在前线没找到一个完好的支撑点，主防线荡然无存，那里成了一片死亡地带。"

中午前后，美军已跨过圣洛—佩里耶公路。可第二天，也就是7月26日，他们在马里尼遭遇德军抵抗，天知道这些孤零零的支撑点是怎么在地狱般的轰炸中幸免于难的，反正他们开火射击了。

布拉德利立即召来400架中型轰炸机，对这片地区实施地毯式轰炸。没过多久，美国第2装甲师就在右翼达成突破，径直攻往圣吉尔。傍晚前，他们到达卡尼西，不过，拜尔莱因的师部已及时撤离。

当天又闷又热，疲惫不堪、饥肠辘辘、满身污秽的拜尔莱因和他的作战参谋、勤务官坐在西南方5千米处，当吉附近的新指挥所里。哨兵报告，来了辆指挥车。原来是西线总司令克鲁格元帅派出的一名总参军官，正在寻找装甲教导师。终于找到装甲教导师师长了，他长长地松了口气。他是来帮忙的吗？不是，他带来一道命令。

这名总参中校穿着整洁的军装，裤子上缀有红色条纹，站在拜尔莱因和几名军官面前，显得有点不自在。这群前线军官几天没刮胡子，也没吃上热饭菜，更

---

① 译注：第901团团长朔尔策在7月初调离，很快前往派驻罗马尼亚的德国军事代表团，豪塞尔上校接替他担任第901装甲掷弹兵教导团团长。

别说盥洗用水了，他能想象这些人经历了怎样的磨难，可他又能做什么呢，他只负责传达命令。

总参中校说道："将军先生，元帅要求您务必守住圣洛到佩里耶的防线。"

指挥部里寂静无声，考夫曼看着拜尔莱因，弗雷德少校盯着窗外。

拜尔莱因重复道："务必守住圣洛到佩里耶的防线，我能问问为什么吗？"

总参中校对此避而不谈："将军先生，这就是我传达给您的命令，您必须守住，任何人不得擅自弃守阵地。"仿佛是为自己开脱似的，他又补充道："一个党卫队黑豹装甲营会对美军发动侧翼进攻，给你们提供些支援。"

任何人不得擅自弃守阵地！

拜尔莱因盯着对方，寂静的屋内充斥着压抑的气氛。屋外，某处的马厩门砰地关上了。拜尔莱因觉得一股怒气油然而起。

当初他和隆美尔在非洲经历了一场场鏖战，无论在阿莱曼，还是在泰勒马姆普斯拉的沙丘间，或是在突尼斯迎来非洲军的末日，他从来没有丧失勇气，可现在，他有种深深的无力感。拜尔莱因紧紧握着桌沿，轻声说出一个个沉重的字眼："中校先生，前线每个官兵都在坚守，人人如此！我那些装甲掷弹兵、工兵、装甲兵都在扼守，没有一个擅离阵地，没有一个！他们静静地躺在散兵坑里，因为他们都死了，都死了，您明白吗？"说着，拜尔莱因走近总参中校："您回去告诉元帅，装甲教导师全军覆没了！现在只有死者还能坚守防线，但是我——"他大声重复了"我"这个字，"我会奉命留在这里！"

中校没必要回去报告克鲁格元帅了。一声可怕的巨响震颤着房屋，地面在颤抖，一股股火焰冲天而起，几扇房门从铰链上脱落，所有窗户都震碎了。当吉的大型弹药库被战斗轰炸机击中后爆炸，数千枚火箭弹拖着彗星般的焰尾，嘶嘶作响地窜入空中，几千颗地雷、无数炮弹、数千吨轻武器弹药爆炸，成为一个师覆灭的配乐。

次日（7月27日）中午，拜尔莱因和身边的工作人员，在苏勒河畔设立指挥部。整个师部只剩6名军官和14名军士、传令兵、报务员。他们在一座旧农舍里暂时容身，力图收容装甲教导师残余人员。可下午晚些时候，美军坦克驶上河岸，朝农舍开炮。此时，通往农舍院落的几扇窗户被钉得严严实实，唯一的出路

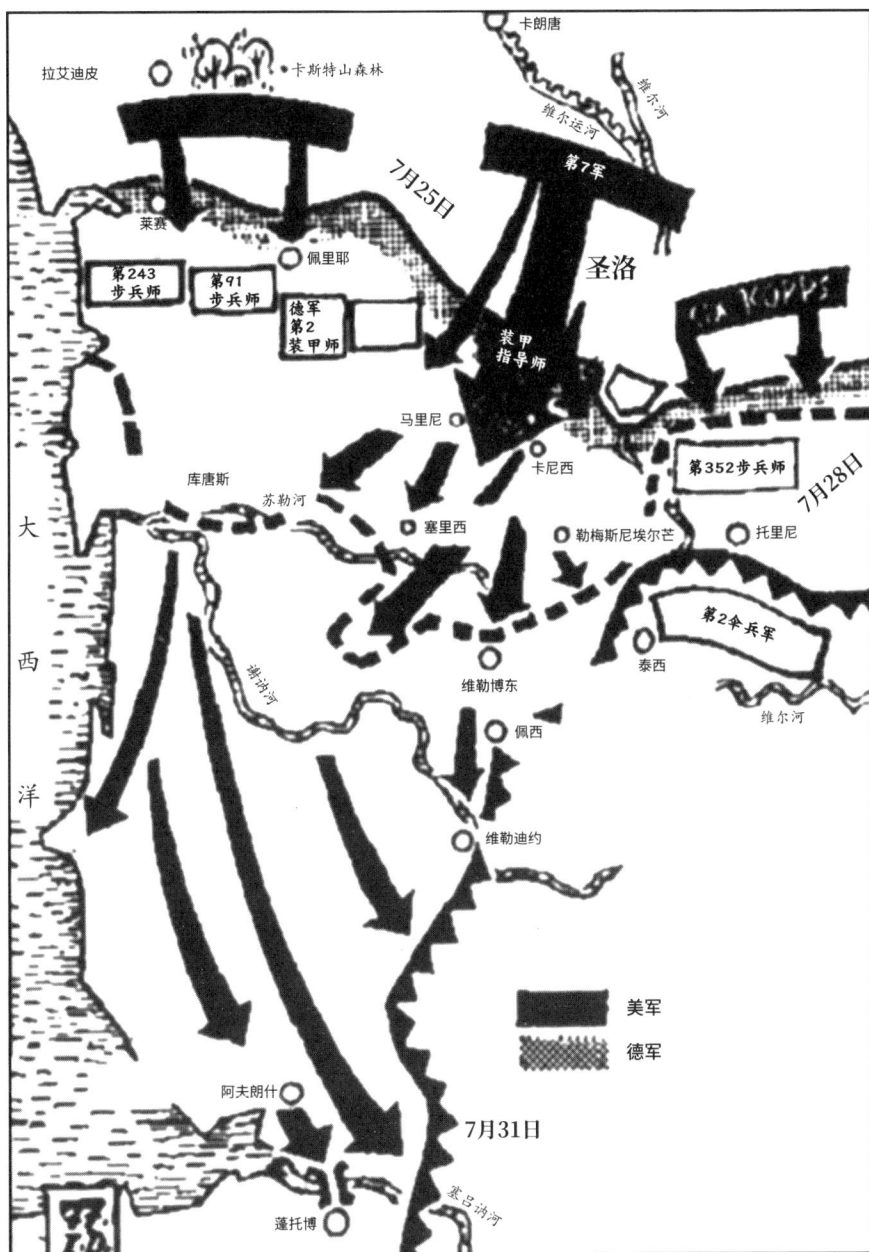

▲ 7月底,美国第7军在圣洛取得决定性突破。这场行动促使美军从阿夫朗什突出科唐坦半岛,一举包围德国第7集团军。

在道路上，这条道路沿河流延伸，完全暴露在敌坦克的视野下。趁着射击间歇，师部人员冲出农舍，坦克火力从身后袭来，他们像兔子那样逃到树木后，或躲进玉米地。拜尔莱因最后一个离开起火燃烧的房屋，他紧贴门框，躲在15米外的树木后的弗雷德少校朝他挥手。拜尔莱因冲出房门向他那里跑去，炮弹呼啸而来，他一头扑倒在马铃薯地里，紧紧贴着地面，炮弹没有击中他。拜尔莱因站起身，继续飞奔。

黄昏时分，有人看见拜尔莱因孤身一人走在通往佩西的道路上。三个月前，古德里安对著名的装甲教导师赞赏不已："仅凭这个师，我们就能把英美军队赶下大海！"可现在，该师师长正沿一条法国公路徒步跋涉。元首大本营，工作人员从硕大的态势图上拔掉了一面小小的旗帜。

防线崩溃

拜尔莱因将军终于遇到德国第2伞兵军辖内部队时，该军设在佩西东面10千米圣维戈尔的军部，发生了另一场激烈的争执。这场争论说明了前线指挥部的状况和情绪。

第2伞兵军军长迈因德尔将军，也与克鲁格元帅的传令官发生了冲突。陆军元帅这次派来他的儿子，总参中尉小克鲁格，他奉命向迈因德尔将军了解前线态势，结果激怒了这位军长。迈因德尔忧心忡忡，克鲁格元帅的间谍究竟想打探什么？他是不是带来更多"坚守令"？会不会提出进一步的要求？

迈因德尔和他的伞兵军，部署在向南进军的美军侧翼。格切上尉率领第12伞兵侦察营，关键时刻赶到勒梅斯尼埃尔芒十字路口，刚好来得及消灭逼近克赖斯将军第352步兵师师部的美军装甲先遣部队。格切上尉的果断行动，让第352步兵师师部幸免于难。他随后设立刺猬阵地，面对美军坦克从南面发起的冲击，在这个重要的路口坚守了24小时。六辆冒着烟的谢尔曼坦克残骸停在德军阵地前。可他们在勒梅斯尼埃尔芒十字路口的英勇战斗又有什么用呢？根本无法堵住装甲教导师覆灭后出现的巨大缺口。

舒伦堡伯爵第13伞兵团几个营在马里尼地区掘壕据守，同样无法封闭缺口，莫伊特的第2营，兵力从800人减少到100人。不行，封闭破裂的防线必须另寻他途。为此，第7集团军司令、党卫队全国总指挥兼武装党卫队大将豪塞尔，命令第2、第116装甲师从第2伞兵军遭受威胁的侧翼发动进攻，沿宽大战线打击快速挺进的美军，突破敌军战线，可能的话，与半岛西海岸重新建立联系。吕特维茨将军指挥第2装甲师，什未林伯爵将军指挥第116装甲师，整个行动由装甲兵上将丰克男爵负责。迈因德尔刚刚从豪塞尔那里获悉了作战方案。

他驱车返回军部途中的遭遇，充分说明了交战地区的真实状况。从第7集团军司令部到自己的军部，路程约为15千米，敌人的战斗轰炸机把迈因德尔赶出大众车30多次，他不得不30多次躲入沟渠或树篱后。为便于跳车，大众桶式车拆掉了车门，伞兵称之为"战斗轰炸机赛车"。

通常只要30分钟的行程，现在需要整整4个小时，无力感足以把人逼疯。眼下这种状况，他们居然想沿宽大战线发起坦克突击！上级部门是不是永远不吸取经验教训？

迈因德尔将军情绪欠佳，回到军部遇到了小克鲁格。他猜得没错，小克鲁格特地赶来传达他父亲的坚守令。实际上，这是元首大本营给克鲁格元帅下达的命令。[①]

和24小时前的拜尔莱因将军一样，迈因德尔爆发了。他冷淡地说道："回去把我的话转告您父亲，我们再也无法守住诺曼底了，因为部队已筋疲力尽。造成这种情况的主要原因是，命令他们在全然无望的阵地上死守，到现在，还要求我们坚守下去。敌人会在西面达成突破，然后迂回我们，届时会发生什么？现在又把所有赌注压在寥寥几个装甲师身上！我现在就可以告诉您，两个装甲师继续沿用旧的打法，肯定一事无成。更好的做法是把这些坦克编为机动装甲防御力量，而不能像图上战术演习那样，派他们去对付假想目标！要是您父亲知道，对付彻底掌握制空权的敌人意味着什么，那么他肯定明白，无论我们想实现什么目

---

① 译注：迈因德尔情绪欠佳的另一个原因是，他本以为第2装甲师会纳入他的伞兵军，结果大失所望。

标，唯一的希望是在夜间发动进攻。明天的装甲突击肯定会失败，因为进攻正面太宽，还因为这场进攻是在拂晓发动，在大白天实施。那些坦克注定会被敌人粉碎，装甲掷弹兵只会白白牺牲掉。袖手旁观这一切让我心急如焚。"

迈因德尔这番话，每个方面都正确无误，包括他的预测：以两个装甲师进攻敌军侧翼的企图必然会失败。这是因为敌人在空中和地面的力量实在太强大了。

就这样，不可避免的事情发生了。尽管迈因德尔伞兵军守住了防线右翼，可第84军左翼遭切断。美军在两个军之间，不受任何阻碍地向南疾进，要是他们转身赶往海岸，整个第84军就会陷入重围。倘若美军转身向东，迈因德尔麾下几个师就面临被包围的威胁。可如果美军畅通无阻地一路向南，就会到达开阔地区，威胁到整个第7集团军。

面对这种情况，大将豪塞尔下定决心，命令第84军向东南方突围，设法与第2伞兵军会合。他没时间，也没机会与克鲁格元帅协调支援措施。他打电话给西线总司令，可电话刚接通就断了。

当然，第84军撤离，会导致科唐坦半岛西海岸丧失掩护，还给美国人让出阿夫朗什缺口，为对方提供了达成突破的良机。出于这些原因，肖尔蒂茨反对该方案，亲自打电话恳请豪塞尔取消突围决定。但集团军司令部坚持原定方案，他们担心遭受重创的作战部队继续留在海岸，会导致整个军损失殆尽。

克鲁格元帅撤销了豪塞尔的命令，要求兵团逐步南撤，同时坚守西海岸，从而争取时间。坚守，坚守！

德军计划中的装甲突击，本该封闭渗透，重新夺回海岸，可这道命令没能执行。盟军炸毁了维尔河和德龙河上所有桥梁，奉命遂行反突击的几个德国师无法开入进攻地域。另外，第84军已开往东南方，无法停下了。

克鲁格亲自介入，力图改变战场态势。他作为西线总司令，经常亲临前线，有时候亲自指挥集团军和军。他注意到桥梁遭受的破坏，竭力挽救能挽救的东西。克鲁格告诉身边参谋人员："我不得不以民用电话系统实施指挥。"他没有其他技术手段，只好通过民用电话指挥军队，真是匪夷所思！

值得注意的是，这位陆军元帅，精明的战略家，几周来成了希特勒大本营下达的那些命令的狂热拥护者。为什么？可能的原因是，尽管克鲁格心知肚明，可他丧失了勇气，不敢反对希特勒下令采取的措施，因为他觉察到希特勒的不信任，希特勒暗地里怀疑克鲁格与7·20事件涉案人员过从甚密。不管出于什么原因，前线指挥官对克鲁格丧失了信心，不再指望这位备受尊敬的战略家能独立做出深具决定性的新决策。要做出此类决定，必须考虑前线的真实情况。

前线指挥官耳闻目睹了一支支部队的悲惨遭遇，眼睁睁地看着一个个团、一个个师像阳光下的雪花那样消失了。

7月28日，第941掷弹兵团从谢讷河包围圈救出马尔曼将军经验丰富的第353步兵师，到7月30日，该师仅剩800人。以几个师残部组成的若干战斗群，例如海因茨战斗群，几乎达不到连级兵力。久经沙场的第6伞兵团，自6月6日以来一直出现在我们的书里，可现在只剩40人，1000人的伞兵团只剩40人！情况就是这样，敌人充分利用了这一点。

7月28日傍晚，大批美军坦克和摩托化纵队，沿维尔河与大西洋海岸间的所有道路蜂拥向南，位于他们前方的是毫无凝聚力的德军防线。

卡昂战线呢？能不能从那里抽调力量增援圣洛？答案是否定的！因为盟军最高统帅部的策略得到充分协调。美军在圣洛刚刚发动攻势，加拿大军队就在战线另一端的卡昂地区投入进攻，把西线装甲集群拖入激烈的防御战。德国人根本无法从那里腾出作战力量。归根结底，这就是卡昂战线至关重要的战略意义：牵制德军，拖住对方一个个装甲师，同时在圣洛地区为大举突破加以准备，最终目标是将德国第7集团军一网打尽。

盟军利用近乎无限的资源，干得非常出色。盟军最高统帅部的策略，就是不断利用他们在战场上的物资优势。这是个惊人的组织成就，进攻前几年，盟国，特别是美国人，把经济、科学、技术纳入前所未见的军备努力。盟军阵营里，现代化的总参谋部取代了烦琐的军队指挥体系，他们还设立了咨询委员会，这些委员会在决策过程中很有发言权。

而德军出色的指挥体系基于这样一个原则：交给指挥官一项任务，让他自行决定完成任务的最佳办法。可由于希特勒和OKW待在远离前线的元首大本营，不断干涉前线具体作战事宜，导致这种指挥体系丧失了效力。希特勒和他的助手否决了战地指挥官的决定，他们觉得这样可以控制相应的危机，最终取得胜利。

作为战地指挥官，艾森豪威尔没有这些问题。前线态势紧迫时，他不会追究责任，而是以充分实现摩托化的部队形成、移动新的重心。另一方面，他能迅速挡住德军危险的反突击，还缓减了部下的重负，而这种重负几乎成了德军官兵的家常便饭：夜间行军，白天战斗，总是遭到空中打击，没有休整，没有换防，没有希望。经历过第一次世界大战的德军官兵意识到，诺曼底地区的战争性质发生了根本性的变化，物资和汗水远比精神和鲜血重要。

▲ 德军装甲掷弹兵不得不在精心伪装的半履带装甲运兵车内保持隐蔽，时刻警惕战斗轰炸机的攻击和轰炸。另一方面，盟军可以排成紧密队形，在光天化日下沿诺曼底的各条道路行进，因为他们控制了天空。

▲ 6月15日、16日夜间, 无人操纵的飞弹袭向伦敦。V-1飞弹的发射, 标志着火箭时代的到来。

◄ 第84军情报处长弗里德里希·海因少校的任务是: 收集、评估关于敌军的一切情报。

▼ 20世纪的武器呼啸着掠过天空之际, 德国士兵却像第一次世界大战那样, 骑着自行车投入战斗。

8

大口袋

蓬托博桥

军事史上的重大发展，总是军事指挥官某些不同寻常的决定产生的结果。

法国战役的舞台上也出现了一位深具创新性的军事指挥官，但他不在德国一方，而是艾森豪威尔将军的部下。

西线真正的胜利者是指挥装甲部队的美国第3集团军司令乔治·S.巴顿，此人集古德里安和隆美尔的大成于一身。1944年7月底，他抓住机会，为装甲闪电战注入了新的活力。

巴顿指示第8军，穿过德军侧翼阵地与大西洋海岸间的狭窄走廊。他命令麾下指挥官："继续前进！"他们问及侧翼掩护，巴顿吼道："多想想你们的目标，别总担心侧翼！"在美国人看来，这种战术大胆得近乎鲁莽。

美国第4装甲师在7月30日傍晚到达阿夫朗什，次日攻克蓬托博，在塞吕讷河对岸建起登陆场。就这样，巴顿为冲入开阔的法国平原踢开一扇门户。

盟军的进攻到达顶点。巴顿能不能确保这扇门户一直敞开呢？一切取决于一条道路和一座桥梁，因为从阿夫朗什渡过塞吕讷河进入布列塔尼，只有一条道路和一座桥梁。好像是为了配合美国人完成任务似的，克鲁格元帅仅以一个师的残余力量应对迫在眉睫的灾难。这就是久经考验的巴赫勒尔上校率领的第77步兵师，该师在7月份的激战中损失惨重，已撤入蓬托博以西地域休整补充。

7月30日（周日）傍晚，第77步兵师作战参谋宣读克鲁格元帅发来的电报，巴赫勒尔的师部一片寂静，就连针掉在地上的声音也能听见："不惜一切代价夺回、坚守阿夫朗什，那是我们实施防御的基石，西线战事的结果全系于此！"

也就是说，整个西线战事取决于一座桥梁、一条道路、一个残破的步兵师！

巴赫勒尔是个实干家，他迅速拼凑起能找到的一切力量。不光是第77步兵师辖内部队，他还弄到14辆突击炮、第5伞兵师部分力量、各个集合点的散兵游勇。

7月31日早上，巴赫勒尔率领战斗群赶往蓬托博。他们夺得该镇，旋即攻往阿夫朗什。德军掷弹兵冲入城内，展开逐屋逐房的巷战，突击炮粉碎了一个个美军支撑点，还迫使敌坦克远离德军掷弹兵营。当天阴云密布，细雨蒙蒙，空中没有一架战斗轰炸机。激战持续进行，态势逐渐朝有利于巴赫勒尔战斗群的方向发展。

可是，中午天色放晴，战场上的老一套再次上演。第1050掷弹兵团阿尔贝特·阿尔盖尔第1营的部下，焦虑地望向天空，没过多久，他们就听见"战斗轰炸机！"的喊声。一架架敌机犹如秃鹰般俯冲而下，一拨接一拨连绵不绝。没过一个小时，14辆突击炮悉数损毁。美军坦克没了对手，隆隆驶入战线，驱散德军掷弹兵，迫使巴赫勒尔战斗群退往南面和西面。

巴赫勒尔下达了命令："爆破组炸毁塞吕讷河上的桥梁！"他的想法是，至少要炸毁穿过阿夫朗什瓶颈进入布列塔尼的唯一桥梁。可这座该死的桥梁似乎是金刚不坏之身，第一个爆破组被敌人消灭，第二个爆破组遭遇伏击悉数被俘。桥梁完好无损，美军坦克疾驰而过。7月31日傍晚，他们到达巴赫勒尔的指挥所，巴赫勒尔上校和师部人员在关键时刻沿隘路逃脱。巴顿将军实现了预定目标，经过八周持续的激战，美军终于在狭窄的科唐坦半岛夺得出口，现在没有什么能阻挡他们。

德国空军徒劳地企图炸毁蓬托博桥，8月3日到7日，他们昼夜不停地实施轰炸，可除了一颗炸弹造成轻微破坏外，其他炸弹无一命中。巴顿指示几个师迅速过桥，这段瓶颈，也就是从阿夫朗什通往蓬托博的道路，汇成坦克和摩托化兵团

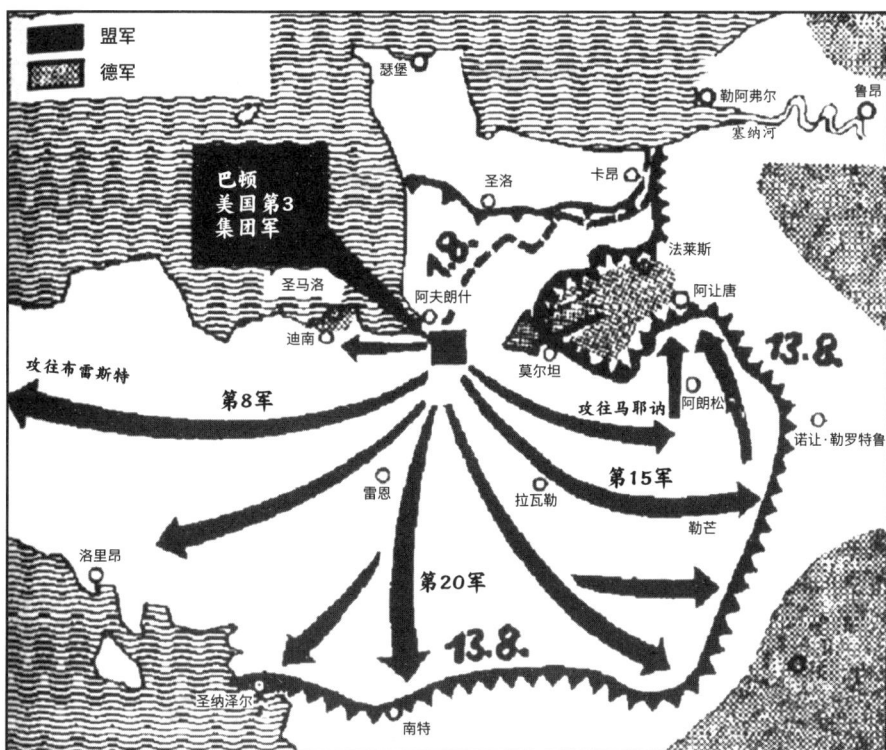

▲ 进攻战的决定性时刻：巴顿将军率领第3集团军展开一场大胆的行动，越过一条公路和一座桥梁，冲过阿夫朗什瓶颈，进入开阔的法国乡村。盟军的空中优势让这场机动成为可能。

隆隆向前的强大洪潮。一个个健壮的军官站在桥上，手里攥着柯尔特手枪，"快点，跟上，跟上！"他们指挥一支支部队进入瓶颈地段。战斗机和高射炮掩护走廊，空中保护伞下，坦克、履带式车辆、轮式车辆、部队组成的行军队列浩浩荡荡，持续前进。巴顿没有理会既定作战方案和安全规定，72小时内至少让7个师开过仅有的这条道路。超过10万人和1.5万部车辆！这是个了不起的组织壮举！

这股军力冲入开阔的法国平原，犹如水银泻地般散开。巴顿从不担心自己暴露的侧翼，而是遵照古德里安的原则行事："跟在身后的步兵负责掩护侧翼，我们的目标在前方！"

雷恩在8月4日陷落，美国第4装甲师径直穿过半岛，一路攻往瓦讷附近的南部海岸。巴顿的战略目标是距离阿夫朗什300千米的布雷斯特要塞，为此，他派出第6装甲师。可是，巴赫勒尔战斗群在圣马洛南面的迪南附近顽强抵抗，挡住美军装甲师，构成侧翼威胁。

巴顿打电话给第6装甲师师长，在电话里吼道："继续前进，继续前进，不要顾忌侧翼，直奔布雷斯特！"可接下来的事情证明，大胆或谨慎完全能决定交战的胜负。美国人丧失了宝贵的24小时，布雷斯特和圣马洛守军得以做好防御准备。美军丧失了突袭夺取布雷斯特的良机。

"吕蒂希"行动

巴顿第3集团军穿过布列塔尼向南疾进之际，霍奇斯将军的美国第1集团军继续攻往东面和东南面，竭力拓宽阿夫朗什走廊。霍奇斯麾下第7军夺得莫尔坦及其制高点，这就获得了一个枢纽，整条美军战线得以大规模转向巴黎。

肖尔蒂茨将军在8月初告诉第7集团军司令豪塞尔："要是不关上阿夫朗什这扇门，法国境内的德军战线肯定会土崩瓦解！"不过，集团军和集团军群非常清楚这样一场灾难的严重性，他们必须不惜一切代价封闭阿夫朗什出现的大缺口，再切断巴顿集团军与后方交通线之间的联系。

元首大本营现在也意识到阿夫朗什敞开的门户造成的险恶局面，他们震惊而又钦佩地注视着巴顿的大胆机动。希特勒抱怨道："他就这样沿一条道路前进，跨过一座桥梁，以一整个集团军向南攻入布列塔尼，简直是个疯狂的牛仔将军！他全然无视任何风险，表现得就好像他在这个世界上孑然一身似的，简直不敢置信！"

是啊，谁能相信呢？

想想昔日强大的德国军队赢得的胜利，确实很难相信，这位美国将军现在竟然以同样的方式玩一场猫捉老鼠的把戏。这怎么可能？毕竟德军在法国境内还有几个实力强大的装甲师，不是吗？难道这些师就不能切断只有25~30千米宽的瓶颈吗？整个西线战局取决于区区25千米，听上去很荒谬，可这不也是个很好的机会吗？敌人过于傲慢而又鲁莽地仰仗他们的好运之际，德军就不能对他们施以决定性打击，迎来重大转折吗？不管怎么说，希特勒就是这么想的，国防军指挥参谋部参谋长约德尔大将赞同他的观点。

8月2日，指挥参谋部副参谋长瓦尔利蒙特将军赶到克鲁格元帅的司令部，带来希特勒实施"吕蒂希"行动的命令，这场行动要求德军从莫尔坦一路攻往阿夫朗什。希特勒提出，部署在诺曼底地区的9个装甲师中，抽出8个投入进攻。德国空军以所有可用力量参与此次行动，包括1000架战斗机。

听上去不错，可进攻日期呢？冯·克鲁格元帅建议立即发动，但希特勒想再等等，"直到拼凑起每一辆坦克、每一门火炮、每一架战机"。

克鲁格打电话给约德尔："我们必须立即进攻，敌人的实力每天都在增强，他们一整个集团军已经穿过阿夫朗什缺口了！"

约德尔的回复反映出他对态势的评估乐观得惊人："别担心达成突破的美国人，穿过阿夫朗什缺口的敌人越多，遭切断的就越多！"这句话可能会让读过历史入门书的读者想起，斯巴达国王列奥尼达斯获知波斯人的箭矢和长矛遮天蔽日时做出的传奇性回答："那更好，这样我们就可以在阴凉处战斗了！"

克鲁格元帅和武装党卫队大将豪塞尔，并不赞同约德尔的乐观态度。他们很清楚，进一步拖延对麾下军队不啻为死刑判决。因此，两人决定于8月6日、7日夜间发动进攻。西线所有希望寄托于"吕蒂希"行动。

4个装甲师（吕特维茨将军指挥的第2装甲师、什未林伯爵指挥的第116装甲师、党卫队旅队长维施指挥的党卫队第1"警卫旗队"装甲师部分力量、党卫队地区总队长拉默丁指挥的党卫队第2"帝国"装甲师），外加党卫队第17"格茨·冯·贝利欣根"装甲掷弹兵师一个战斗群，以及在圣洛覆灭的装甲教导师残部，共同编为突击集群，统归第47装甲军指挥。

负责此次进攻的第47装甲军军长丰克男爵将军[①]，希望利用夜间实施首次大规

---

① 译注：第47装甲军辖内几位师长，似乎都不服气丰克将军，就连希特勒也不喜欢他，因为丰克曾是陆军总司令弗里奇大将的第一副官。当初组建非洲军，内定军长人选是丰克，但希特勒亲自任命了隆美尔。

—— 255 ——

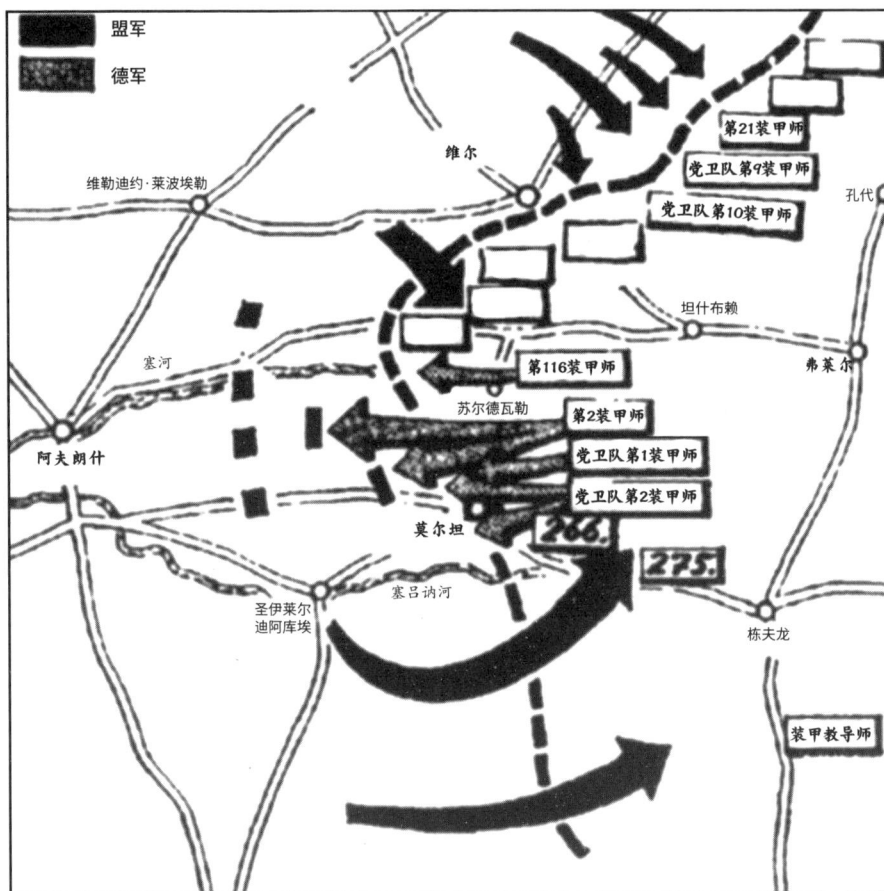

▲ OKW企图以"吕蒂希"行动封闭美军的突破，一举切断巴顿第3集团军。但盟军的空中优势遏止了德军这场开局很有希望的攻势。

模坦克推进。他打算在夜幕掩护下，完成前往阿夫朗什的半数路程。120辆坦克准备沿塞河河谷与塞吕讷河河谷间的高地山脊行进，两条河流提供了天然的侧翼掩护，让这场进军不受敌军滋扰。

第2装甲师午夜时收到进军令。实际上，只有右翼突击群顺利出发，一场残酷的灾祸延误了左翼突击群的进攻。

就像魔鬼插了一手似的，党卫队第1装甲师的坦克没有开抵。前往集结区途中，该师装甲团驶入一条2千米长的隘路，倒霉的是，一架中弹坠落的战斗轰炸机撞上队伍最前方的坦克，彻底堵塞了通道。这是个不祥之兆！一辆辆坦克不得不挂上倒挡退出隘路，这番机动耗费了好几个小时，直到天亮，左翼突击群才做好出发准备。

此时，编有两个装甲营、坦克歼击车、第304装甲掷弹兵团的右翼突击群已遥遥领先，一辆辆坦克搭载着装甲掷弹兵和工兵。

他们很快遇到美国人在道路上设置的反坦克障碍，一时间弹如雨下，装甲掷弹兵冲击美军前哨阵地。德军继续一边攻击一边前进，一举冲破对方的主防线。

在多弗，第3装甲团第1营驶入雷区，团长施奈德–科斯塔尔斯基少校被地雷炸死。工兵随后肃清了障碍。继续前进，梅斯尼多弗陷落，但美国人在教堂里留下一门得到妥善掩护的反坦克炮，这门该死的火炮挡住进攻中的德军。最后，一发75毫米炮弹打哑了敌人的反坦克炮。

继续前进！

梅斯尼阿代莱陷落，右翼突击群距离当日目标，也就是赶往阿夫朗什的半途，还剩6千米。装甲先遣部队向西疾进。

随后，白天来临！

由于党卫队第1"警卫旗队"装甲师的坦克姗姗来迟，吕特维茨装甲师左翼突击群，凌晨2点后才出发。这样一来，他们就丧失了突然性。天色很快放亮，不过，雾色笼罩地面，浓雾遮蔽了一座座山丘，一个个十字路口消失在视野里，最重要的是，这种天气状况让敌军战斗轰炸机远离战场。

庞大的四号坦克，圆滑的黑豹坦克，强大的虎式坦克，如幽灵一般从雾中驶出，出现在美军防线前。第2装甲掷弹兵团发起冲击，夺得敌人顽强防御的圣巴泰勒米镇，还俘虏了100名敌军官兵。但"警卫旗队"装甲师的坦克随后被挡在通往阿夫朗什的主公路上，美国第3装甲师强有力的部队顽强坚守路障，死战不退。

在此期间，党卫队第2"帝国"装甲师已攻入莫尔坦，打垮了美国第30师的反坦克炮阵地，正在进攻镇外的高地。

"帝国"装甲师首轮冲击没能攻克高地，突击丧失了势头，每前进一步都要经过艰苦的鏖战。另一侧，也就是这场进攻的右翼，第116装甲师遭遇美国人构置的反坦克炮阵地，这股美军昨日占领了佩里耶周边地区。第116装甲师再也无力更进一步。[1]

尽管如此，晨雾消散后，吕特维茨的右翼突击群已深入莫尔坦—阿夫朗什走廊，再向前推进一把，就能封闭瓶颈。德国人能否以虚弱的力量一直封堵瓶颈地带，这是另一个问题，可至少能把巴顿集团军重要的补给动脉切断一段时间，有可能造成战局的重大逆转。

作战参谋对吕特维茨说道："将军先生，我们需要坏天气，这样，行动就能大功告成。"可他的愿望没能实现。清晨的薄雾迅速消散，8月7日的天空万里无云。艾森豪威尔的神奇武器出现在空中：战斗轰炸机、"雷电"轰炸机、配备火箭弹的各种战机一拨拨赶来，冲向距离阿夫朗什半途之遥，位于勒库德赖前方的第2装甲师队列。他们从低空掠过各条道路，迫使德军装甲掷弹兵、反坦克猎兵、工兵赶紧隐蔽。"台风"战机射出的火箭弹，以惊人的准确度命中目标。面对这种兵器，就连党卫队第1装甲师所向披靡的虎式坦克也无能为力。坦克组员蜷缩在钢铁战车内，装甲掷弹兵趴在田地里一动不敢动，生怕引起战斗轰炸机注意。通往阿夫朗什的公路上，德军官兵大骂缺阵的德国空军，激烈程度前所未见。

各部队指挥官问道："这么重要的行动，我们的空军怎么不出动呢？"士兵问得更直截了当："这次都不出动的话，那他们在等什么？"

是啊，德国空军为什么不出动呢？

第7集团军当然知道，面对敌人的战斗轰炸机，得不到空中掩护的话，这场进攻赢不了。航空兵上将比洛维乌斯答应提供300架战斗机，他向豪塞尔保证："他们会持续出动战斗架次，肃清作战地区上方空域。"

可是，没有一架德国战机出现，并不是说比洛维乌斯将军违背了他的承诺。德国空军战斗机部队的确从巴黎周围几座基地起飞了，可他们遭到英美战斗机拦

---

① 译注：第116装甲师师长什未林与第47军军长丰克积怨较深，丰克多次批评什未林"怯懦，缺乏能力"。实际上，什未林对"吕蒂希"行动毫无信心，根本不想投入这场完全没有获胜希望的反攻，最终被解除职务，差点导致部下兵变。说什未林"怯懦，缺乏能力"完全是欲加之罪，因为第116装甲师的前身是第16摩步师和第16装甲掷弹兵师，号称"灵缇师"，曾是东线战斗力较强的兵团之一，也是德军深入苏联境内最远的一个师，几乎到达阿斯特拉罕。

截，不得不在己方基地上空与敌机交战。德国空军没有一支战斗机部队到达莫尔坦与阿夫朗什间的交战地域上空。盟军飞行员肆无忌惮地猎杀第47装甲军的坦克、反坦克炮、装甲掷弹兵，完全不用顾虑来自空中的打击。从空中彻底挡住对方强大、几乎已赢得胜利的地面进攻，这在战争史上尚属首次。

一个个德军掷弹兵团坚守既占地域，为每一片树林、每一座农场、每一条隘路奋战，可这场攻势已被粉碎，被敌人从空中粉碎了。尽管如此，布拉德利将军不得不投入整个第7军对付一个个德军战斗群，消除致命的危险，他最终赢得胜利。48小时后，德军掷弹兵跟跟跄跄地退回出发阵地，8月6日夜间，他们就是从此处满怀信心动身出发的。

8月8日夜间11点，克鲁格元帅的参谋长布鲁门特里特将军打电话给元首大本营，报告道："敌人在地面上的抵抗非常坚决，但没有坚决到我方部队无法突破的程度。决定性因素是对方的全面空中优势，敌人赢得的胜利，有75%归功于此。"

艾森豪威尔将军也得出类似结论："要是我们的战机没能介入交战的话，敌人说不定会夺回阿夫朗什。"

600辆坦克发动进攻

在此期间，英国军队为支援美军，在阿夫朗什—莫尔坦走廊的防御作战，蒙哥马利派加拿大第2军在卡昂南面投入行动，与尽可能多的德军部队交战。

盟军再次采用了突击重点迅速转换的老战术。

此次进攻的代号是"总计"，表明蒙哥马利打算发起一场大规模攻势。他的目标是达成突破，一路前出到法莱斯，从后方打击攻往阿夫朗什的德军装甲力量。

8月7日夜幕降临后，几个加拿大师集结在卡昂南面，准备投入进攻。坦克和摩托化步兵编为六个突击楔子，任务是攻往卡昂—法莱斯主公路东西两侧，强行达成突破，次日下午攻占法莱斯。

午夜前后，盟军战机开始轰炸德军前沿防线。炸弹如雨点般落下，加拿大士兵搭乘1000多辆装甲车，隆隆驶离出发线。1000架轰炸机构成的第二波空中力量随后飞抵，再次狂轰滥炸第272步兵师和刚刚从挪威开抵的第89步兵师防御阵地。地面上，坦克发起冲击，在德军防线打开几条狭窄的走廊。加拿大步兵乘坐的装甲运兵车，轰鸣着穿过走廊，进入德军阵地后方。他们跳下战车散开，从身后攻击一个个德军支撑点。

为冲出卡昂南面10千米宽的德军突出部，蒙哥马利投入手头一切地面和空中力量。突出部侧翼，500架轰炸机把乡村炸得坑坑洼洼，到处是硕大的弹坑。这是他要的新诡计，意图让党卫队第12装甲师的坦克无法从侧翼发起救援进攻。

硝烟弥漫，尘土飞扬。700架美国战机投入作战地域，对德军支撑点前沿防线实施正面攻击，投下新式高爆弹。一个个配备火箭弹的"台风"战斗机中队，在德军后方地域上空盘旋，阻止德国人朝前线的一切运输，打哑反坦克炮和88炮炮位。第89步兵师调离悠闲自在的挪威，落入西线大规模决战的地狱，在敌人这场进攻中首当其冲。该师土崩瓦解，有些士兵惊慌逃窜。但防线其他地段打得非常顽强，击退了加拿大军队的每一次进攻，一直坚守到午夜。形势看上去相当严峻。几个英国和加拿大突击旅楔入德军防线5千米处，加拿大第4装甲师和波兰第1装甲师仍在卡昂—法莱斯公路两侧担任预备队。他们投入进攻的话，一场灾难必然降临。对付这股敌军，德国人只有党卫队第12装甲师两个战斗群的50辆坦克。

库尔特·迈尔意识到危险来临。他赶紧集结部队，自己和二级突击队大队长瓦尔德米勒驱车赶往前方，想亲眼看看情况。透过望远镜，迈尔看见了卡昂—法莱斯公路上密集的坦克队列。

他对瓦尔德米勒说道："天哪，要是他们发动进攻就麻烦了！"两人都不明白，对方为何不投入进攻。

加拿大和波兰坦克确实没有投入进攻，原因很简单——他们的指挥官缺乏经验，不敢绕开仍在抵抗的德军支撑点。

迈尔很清楚，必须阻止敌坦克的冲击，否则，整条防线就完了。他的办法是：坚守以桑托为中心的既有防线，辅以坦克侧翼突击。迈尔估计，麾下部队在12点30分前能做好准备，于是，他命令道："12点30分进攻！"

可随后，敌人的空中侦察活动急剧增加。这是个危险的迹象，侦察机出现的地方，往往很快会遭到猛烈轰炸。迈尔生怕周边几个村庄的集结区遭到轰炸，发生这种情况的话，很可能破坏他的整个方案。现在唯一的办法是，立即进攻！出发！

米夏埃尔·维特曼率领的虎式坦克，又一次隆隆向北投入交战，所有希望寄托于他们，装甲掷弹兵跟随在战车身后。

不出迈尔所料，美国第8航空队投入数百架轰炸机展开地毯式轰炸，夷平了德国人刚刚离开的几座村庄。迈尔的部下得意地笑了，这场烟火表演没给他们造成任何伤害。装甲掷弹兵一举夺得桑托，在沦为废墟的镇内占据阵地。维特曼的几辆虎式坦克提供侧翼掩护，重创了几个加拿大装甲连。加拿大坦克的进攻犹豫不决，而且没有集中力量，结果一次次被德军防御火力挡住。加拿大第2军军长西蒙兹将军竭力重振突击势头，但纯属徒劳。面对桑托的防御和维特曼的虎式坦克构成的防波堤，西蒙兹600辆坦克的一轮轮冲击撞得粉碎。

乐观的消息传遍德军高级指挥部门："防线守住了！"防线！这个词过于夸张了，哪里还有什么防线，不过是一片饱受炮弹蹂躏，10千米宽的焦土带罢了。残存的掷弹兵和机枪组蜷缩在半塌的散兵坑里，1900架轰炸机和1800架战斗机朝他们播撒死亡和破坏。

当天下午，加拿大军队攻克布雷特维尔，第89步兵师残部实施了顽强的防御，可他们没有任何反坦克武器。该师残余的部队仍使用马拉运输工具，结果被敌人追上，全师尽没。

桑托周围的激战一直持续到夜幕降临。布雷特维尔陷落后，德军侧翼暴露在外，因此，瓦尔德米勒战斗群和维特曼的几辆坦克不得不与桑托地区的敌人脱离接触，撤往莱松河。虎式装甲营部署在魁奈森林里的一处伏击阵地，但米夏埃尔·维特曼，这位取得过130个击毁战果，令人畏惧的坦克杀手不在这里，他已在战斗中阵亡。

为挽救开局很有希望的"总计"攻势，加拿大指挥官决心实施大胆的机动。他派出以第28装甲团为核心的混编战斗群，打算通过夜袭占领具有战术重要性的195高地，这座高地位于南面的德军后方，这样一来，他们就可以控制莱松河与莱泽河之间的地段。倘若这场机动取得成功，德军防御阵地就会发现，他们遭到迂回。

戏剧性的一幕随之而来。英军战斗群迷失了方向，没经过战斗就夺得东面6千米的140高地，而不是195高地。他们并不知道，这座高地是瓦尔德米勒战斗群撤离桑托后的指定防御阵地。

可是，瓦尔德米勒战斗群已被英军追上，不得不偏离原定的后撤路线。二级突击队中队长迈策尔乘坐装甲车驶向140高地，打算与瓦尔德米勒战斗群取得联系，结果遭到埋伏在树林里的敌坦克袭击。迈策尔的车辆沿之字形路线奔逃，好不容易捡了条命。附近高地上的迈尔，透过望远镜震惊地目睹了这一幕："那些坦克怎么胡乱开火？瓦尔德米勒是不是把迈策尔当作英国人了？"可装甲团随即传来迈策尔的报告："140高地上的不是德国军队，是敌人的坦克！"

迈尔后背一阵发凉，敌坦克怎么会占领140高地？瓦尔德米勒在哪里？

迈策尔再次赶去侦察情况，这次没能回来。他的装甲车被击毁，他也成了140高地上加拿大人的俘虏。

马克斯·温舍也下令对140高地实施战斗侦察，终于弄清了情况：强大的敌军占领了高地，他们的坦克炮控制住莱松河河谷。可这条河谷是德军在法莱斯北面，唯一有可能设立防御阵地的位置。另外，一个新兵团，也就是希尔中将的第85步兵师，正赶来接管此处阵地。必须采取行动，把敌人驱离高地。

迈尔调集15辆黑豹和几辆虎式坦克，分别从东西两面冲击140高地。德军火炮和迫击炮猛轰目标，几辆虎式坦克利用灌木丛为掩护，从西面驶上山坡。88毫米主炮朝一片片树木和灌木丛开炮时，发出雷鸣般的巨响，巨大的烟柱表明炮弹命中目标，一辆辆谢尔曼被击毁，或停在原地燃烧。第一批黑豹坦克也从东面而来。就在这时，熟悉的对手出现在战场上：敌人的战斗轰炸机从空中俯冲而下。虎式和黑豹坦克对此束手无策。"妈的！"迈尔骂道，"我们这回又要输了吗？"但蒙哥马利的飞行炮兵，这次成了德军地面部队的盟友，一架架战斗轰炸机没有打击虎式和黑豹坦克，而是以加拿大坦克为目标。马克斯·温舍迅速采取行动，派他的坦克冲上高地。他们在高地上发现一片庞大的坦克墓地，加拿大士兵隐蔽在闷热的坦克残骸后，或躲在散兵坑里殊死抵抗。第85步兵师两个自行车连，作为先遣部队抵达战场，他们协助装甲部队进一步挤压敌人。就这样，一群群加拿大士兵投降了。

二级突击队中队长迈策尔带着第28装甲团的23名加拿大士兵归队，他先前是他们的俘虏，现在他们成了他的俘虏，战争改变参与者的角色就是这么快。高地上散落着47辆英军坦克闷燃的残骸。

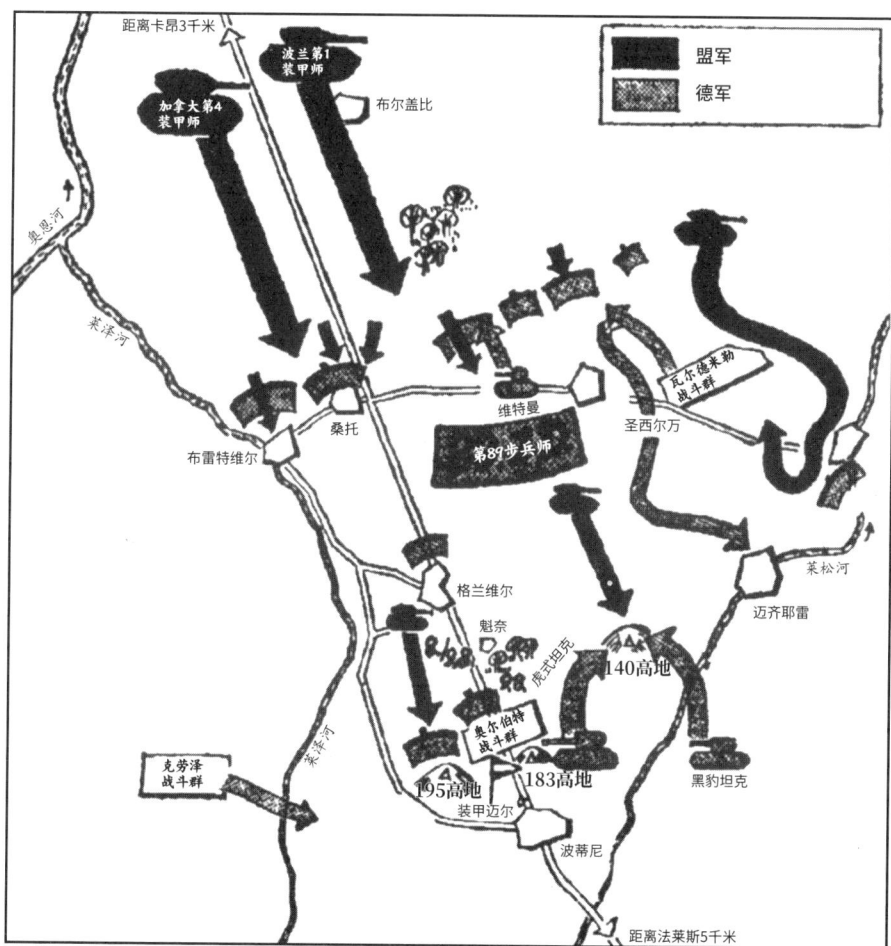

▲ "总计"行动，加拿大军队意图攻往法莱斯，但以失败告终。

195高地上，奥尔伯特战斗群的坦克和装甲掷弹兵坚守阵地，顽强抵御加拿大人的猛烈冲击。右翼，二级突击队中队长胡德布林克匆匆召集重型坦克歼击连，粉碎了波兰第1装甲师渡过莱松河的企图。该连刚刚就位，他们的坦克歼击车配有黑豹坦克的75毫米主炮。波兰人为这场徒劳的行动损失了40辆坦克。沮丧之余，蒙哥马利几个师向北退却。

法莱斯再次获救，"总计"行动无功而返。

★

党卫队第12装甲师累得几乎虚脱的官兵，把阵地移交给第85步兵师。他们当然不知道，这场出色的防御作战是得不偿失的胜利，导致上级指挥部门得出错误的结论，继而造成致命后果。

由于英军突破到法莱斯的威胁似乎已不复存在，克鲁格元帅屈从于元首大本营的压力，重新向阿夫朗什发动进攻，再次企图封闭这段瓶颈。这是场危险而又致命的赌博，此举意味着克鲁格把B集团军群主力置于暴露在外的位置，从战术角度看，德军早该放弃此处阵地。他对巴顿集团军隆隆冲过勒芒的现实视而不见，也没有理会迫在眉睫的危机：如果不把己方部队撤离前线，就给美国人创造了围歼德军的机会。

就这样，不可避免的事情发生了：8月10日，美国第7军转身向左，取道阿朗松攻往阿让唐，进入德国第7集团军纵深侧翼。因此，随着加拿大军队攻往莱松河，困住克鲁格若干师和15万官兵的大口袋已初步形成。除非德军在阿让唐与法莱斯之间迅速向东退却，同时守住莱松河畔的反坦克阵地，否则就会面临一场没顶之灾。

古德里安对现代装甲军队的指导原则是："装甲兵的目标永远是敌人的首都！"巴顿将军据此采取了行动。他敦促麾下各师攻往塞纳河方向，直扑巴黎。同时，他还加大了对法国中部的压力，朝图尔和奥尔良发起猛烈冲击。

维尔克将军的第708步兵师，企图阻挡南下的美军摩托化师，结果被对方打垮。

德军新锐兵团，包括装备精良的第9装甲师，从法国南部匆匆调来，可惜为时已晚。这些兵团零零碎碎地投入战斗，要是他们在盟军进攻第一周及时开抵前线的话，可能已经扭转了态势。

OKW又一次下达命令："务必守住南部防线！"他们的战略构思是南守西攻。德军最高统帅部顽固地奉行原定方案，再次攻往阿夫朗什，企图封闭走廊，切断向南疾进的美国军队。这场行动交给埃贝巴赫将军的装甲集群。

埃贝巴赫是个优秀的装甲部队指挥官，可他无法创造奇迹。

另一些德军前线部队的情况如何？过去四周，第7集团军辖内各兵团马不停蹄，这意味着夜间行军，白天激战，毫无喘息之机。自8月初以来，这些部队就没获得过正常补给。一座座仓库落入敌人手里。就算补给纵队耗尽最后的油料，好不容易赶到某座仓库或油料堆栈，也会失望地发现，此处已被炸毁或是被敌人占领。结果，一部部车辆，特别是火炮牵引车，再也得不到任何油料了。

德军装甲部队也是类似的状况。这种情况下，德军野战部队备受重压，不得不保持守势，而他们面对的敌人，不仅装备精良，机动性强，还获得充足的补给。

到8月12日，情况已经很明显，OKW命令从莫尔坦朝阿夫朗什发起的第二次进攻已难以为继。阻挡巴顿第3集团军，砍断敌人合围第7集团军一根铁钳的所有希望荡然无存。现在唯一要做的是：尽快逃离对方的合围铁钳，渡过迪沃河后撤。

依靠马匹运输的几个德国师动身出发，摩托化兵团掩护这场后撤。

"有家室的人，向前两步！"

8月13日，星期天，装甲教导师残部编为"装甲教导"战斗群，部署在阿让唐西北面的阿布洛维尔地区。各条道路挤满马匹拖曳的车辆，摩托化部队只能缓慢移动。一个火箭炮连开入村郊阵地。晨雾刚刚让位于晴朗的夏日天空，战斗轰炸机9点准时到达，扫射一条条道路，梳理一片片小树林，一座座农庄腾起火焰，德军掷弹兵和炮兵，白天就隐蔽在这些农庄的谷仓里。

拜尔莱因和几名参谋人员，躲在靠近果林边缘一条窄窄的战壕里。充当战斗指挥所的农舍已起火燃烧。一架战斗轰炸机从公路朝果林呼啸而来，在距离苹果树梢不到10米的高度倾斜掠过。驾驶舱里的飞行员朝外张望，看见了窄窄的战壕。拜尔莱因也瞥见对方的面孔和眼睛，在他看来，对方似乎笑着示意：等等，我马上回来！战斗轰炸机掉转方向飞了回来，20毫米机炮炮弹射向战壕，还投下两颗炸弹。伴随剧烈的爆炸，泥土和树枝如雨点般撒向拜尔莱因和他的参谋人员。活着的人竭力从土里爬出，每个人都负了伤。

与此同时，阿布洛维尔果林以西150千米，另一出充满戏剧性的场面正在大西洋沿岸上演。26高地，圣马洛城堡的庭院里，伫立着巴赫勒尔上校和他的部下，共计700人。巴赫勒尔告诉他们，饮水和食物都不够了。

上校命令道："有家室的人，向前两步！"他让家里有妻子和孩子的部下离开高地，向美国人投降。对剩下的官兵来说，圣马洛城堡的最后一战即将到来。

美军猛烈冲击支撑点，突入德军外围防御工事。

8月15日清晨，巴赫勒尔地下指挥所的电话响了，他惊愕地拿起听筒，电话那头的人说道："我是梅肯少将！"[①]巴赫勒尔不知道该说些什么，美军少将通过翻译告诉他："我劝你赶紧投降，我们已经攻入你的支撑点了。"巴赫勒尔说道："我觉得没理由投降，不过我请求您把那些已无法战斗的伤员送走。"

梅肯欣然答应，双方同意停战一小时。德军防御工事的大门打开，几辆美军救护车驶入，撤走德军伤员。在这个小时里，人性战胜了战争。

随后，保罗山顶部的隧道大门再次关闭，双方即将展开最后的较量。

下午2点左右，美国人发射磷弹。德军弹药库中弹后起火爆炸。白磷引燃了炮台里铺满稻草的床铺，隧道内没有通风设备，很快就浓烟弥漫。

巴赫勒尔命令部下打出白旗，350名幸存的守军成了俘虏。保罗山陷落。

★

但东面150千米的法莱斯地区，15个德国师残部，超过10万名官兵，仍在顽强奋战，以免在大口袋里全军覆没，这就是法莱斯包围圈。

---

① 译注：梅肯少将是美军第83步兵师师长。

这股德军接到日训令："前进，冲出包围圈！"说起来容易做起来难，奥恩河上只有一座桥梁可供第84军和第2伞兵军辖内各师使用。从夜间到清晨，一望无际的队列在桥梁前方道路上排队等候，一部部车辆首尾相连。过桥的人得救了，而滞留在西岸的官兵，天亮后不得不在开阔地寻找隐蔽处。因为整个昼间，敌人的战斗轰炸机、"台风"战机、中型轰炸机猛烈炸毁桥梁，除了寥寥几座只能让步兵通行的小型应急桥梁，奥恩河上的大桥是德军唯一的逃生通道。奇怪的是，对方没能炸毁桥梁。

"克鲁格元帅在哪里？"

8月17日是西线战役决定性的日子。数周来，希特勒一直不信任克鲁格，他认为，这位陆军元帅与7·20事件密谋分子暗通款曲。这种不信任终于结出恶果：8月15日，克鲁格离开司令部，赶往前线会晤埃贝巴赫将军，可他没有到达约定的会面地点内西。几小时后，B集团军群致电各师部："克鲁格元帅在哪里？"当日傍晚，埃贝巴赫收到元首大本营直接发来的电报："找到克鲁格元帅的下落，每小时报告一次。"元首大本营的过度反应，并不是担心克鲁格元帅的安危，拉斯滕堡弥漫着恶毒的猜疑，好多人嘀嘀咕咕："克鲁格跑到敌人那里，秘密协商投降事宜了！"这种说法毫无根据，克鲁格途中遭到战斗轰炸机攻击，座驾和两辆通信车中弹损毁，这位陆军元帅随后在堵塞的道路上陷入混乱的夜间交通。他无可奈何地跟随支离破碎的军队大潮游荡了几个小时，午夜前后才抵达内西见到埃贝巴赫，此时，他已脱离自己的司令部达12小时之久。

可元首大本营并不相信这种解释。相反，希特勒对克鲁格更加猜忌，因而派飞机从东线接来另一位将领接替克鲁格，这名将领以无条件忠于自己、严厉无情、具有坚定的意志力和狂热的个人勇气而闻名。8月17日，此人突然出现在集团军群司令部，手持希特勒亲手书写的便条，接掌了西线指挥权，他就是53岁的瓦尔特·莫德尔元帅，钻石双剑橡叶饰骑士铁十字勋章获得者。

莫德尔与克鲁格首次交谈后走出地图室，差点撞上拜尔莱因将军。莫德尔问道："您在这里做什么？"

拜尔莱因答道："我想向克鲁格元帅报告，我那个师的余部马上要撤离前线整补了！"

莫德尔的答复反映出苏联战场的残酷性："亲爱的拜尔莱因，东线各个师是在前线休整的。以后，这里也要这样做。您和您的兵团留在原处！"

拜尔莱因敬礼后转身离去，

克鲁格元帅也走了。他给希特勒写了封信，随后乘车离开。去哪里？答案在他的信里："您收到这封信时，我已不在人世。我无法忍受错误的措施给西线军队带来厄运的指责，可我又没办法为自己辩解。因此，我只能做我唯一能做的事，去成千上万名战友已去的地方……"

克鲁格简短地分析了军事态势，概述了莫尔坦攻势失败的原因：装甲力量不足、没有应对盟军制空权的手段、西线德军在兵力和装备方面都不及盟军。最后，克鲁格恳请希特勒结束战争："我不知道在各方面都经受过考验的莫德尔元帅能否控制局势，我衷心希望他能做到。可如果他控制不住，如果您期待的新式兵器，特别是德国空军的兵器，无法取得决定性成功的话，那么，我的元首，下定决心结束战争吧。德国人民遭受的苦难实在太大了，现在是时候结束这种恐怖了……希望您现在也表现出必要的伟大，结束这场已然无望的战争。"[1]

在梅斯附近，61岁的克鲁格元帅吞下一瓶毒药。

★

莫德尔没能控制局势，也无法改变阿让唐—法莱斯包围圈的结局。

他接任西线总司令当天，阿让唐附近几个美国师挥师向北，法莱斯附近的英国和加拿大军队向南疾进，目标是两军会师后封闭包围圈。困住德国第7集团军和第5装甲集团军的陷阱即将关闭。15个德国师残部，10万将士，挤在36千米宽、18

---

[1] 译注：希特勒在8月8日谈到莫尔坦反攻，不无诛心之论地说道："这场进攻之所以失败，是因为克鲁格元帅不愿它成功！"一周后，他声称8月15日，也就是克鲁格失踪那天，"是我一生中最倒霉的日子"。

千米深的地域。盟军炮兵和一个个轰炸机中队不停地打击包围圈，许多德军部队土崩瓦解，士兵绝望至极，逃入乡村或躲在某些地方，等待战事结束。也有些官兵决心杀开血路，仅剩的逃生通道是圣朗贝与尚布瓦之间狭窄的走廊。

法莱斯地狱

加拿大第2步兵师本该夺取法莱斯"门框"，尔后攻往特兰，砰然关闭陷阱大门。

但据守法莱斯的是武装党卫队，加拿大第6旅不得不以逐屋逐房的巷战，从党卫队第12装甲师一个个小股战斗群手里夺取全镇。60名掷弹兵在一所高等学校坚守了三天，学校最终陷落，只有四名负伤的党卫队士兵被俘，其他人悉数阵亡。坚守学校的最后一晚，他们以抽签的方式挑出两名党卫队员，都是十八九岁的小伙，派他们悄悄溜过加拿大人的防线，向师部汇报战斗群已覆灭。

两人赶到师部，那里正准备炸毁电台设备。党卫队第12装甲师已没有坦克，最后两辆虎式坦克把英国第53步兵师先遣部队阻挡了一阵，随后就被击毁。

二级突击队中队长迈策尔和他的部下被俘，个个带伤。旗队长马克斯·温舍率领最后几辆坦克冲向敌人强大的反坦克阵地。他的坦克被击毁，温舍侥幸逃脱，但五天后被俘。装甲迈尔的兵力寥寥无几，曾经强大、令人畏惧的装甲师只剩几百人。党卫队第12装甲师，以及法莱斯—阿让唐包围圈里的其他德国师，会在诺曼底遭遇第二个斯大林格勒吗？

8月18日，代表第7集团军的冯·格斯多夫少将和西线装甲集群司令埃贝巴赫将军一致认为，比特里希位于包围圈外的党卫队第2装甲军，应当从维穆捷地域发动反攻，打击英军侧翼，支援第7集团军的突围行动。到8月19日下午，比特里希还没收到油料和弹药，不过，他希望8月20日上午能发起进攻。①

---

① 译注：第7集团军作战不力，克鲁格本想解除豪塞尔的指挥权，但武装党卫队将领的能力是个不能碰的敏感问题，结果，参谋长彭塞尔成了替罪羊，格斯多夫少将接替他担任集团军参谋长；西线装甲集群隶属B集团军群，8月5日改称第5装甲集团军。

鉴于这种情况，第7集团军司令豪塞尔将军命令战斗力尚存的所有部队，在8月19日、20日夜间突出包围圈。

第84军军长埃尔费尔特将军①下达的命令很简短："各战斗群独自突出包围圈，第84军作战指挥部率领北部防线其他零散战斗群掩护突围行动，与第2伞兵军担任后卫。"

军部率领最后几支仍有战斗力的部队掩护突围！这肯定是德军总参谋部历史上独一无二的命令。

8月20日清晨，维施将军率领两个师动身出发。两个师！听上去是一股强大的力量，可两个师只有20辆坦克，比一个装甲连的编制力量还少2辆！步兵总共只有3个营。这场进攻起初取得不错的进展，可很快就陷入停滞。他们夺得库代阿尔北面的高地，但仅限于此。党卫队第2装甲军所能做的，仅仅是为突出包围圈的部队设立一道接收线。

此时，德军的突围战进行得如火如荼。

经验丰富、行事谨慎的马尔曼将军率领第353步兵师残部，在穆瓦西与尚布瓦之间突围。马尔曼将军亲自勘察路线，随后对敌军警戒部队发起突然袭击。

号称德国伞兵之父的第2伞兵军军长迈因德尔将军，率领第3伞兵师、党卫队第12装甲师一部、第7集团军司令部人员，以大胆的方式冲出包围圈。几支巡逻队发现，敌人彻底封闭了包围圈。于是，迈因德尔组织了两个突击楔子，他亲自率领一支，另一支交给伞兵军参谋长布劳恩施泰纳上校。

集团军还想把第277步兵师和德军第12装甲师交给迈因德尔指挥，可这个意图没能实现，因为无法联系上两个师。但下午晚些时候，迈因德尔亲自把自己的方案告知装甲迈尔。迈尔的师部和克劳泽战斗群跟随伞兵一同行动，而德军第12装甲师的摩托化部队与德军第1装甲师一同穿过尚布瓦突围。

当晚10点30分，伞兵部队的侦察兵，从小树林里的集结地动身出发，像幽灵那样潜入夜幕。他们接到的命令是："尽量避免战斗！"迈因德尔和他的伞兵爬

---

① 译注：第84军德高望重的军长马克斯阵亡后，迈因德尔、法尔姆巴赫尔、肖尔蒂茨先后担任军长，但任期都很短。肖尔蒂茨出任大巴黎卫戍司令后，埃尔费尔特接替他出任第84军军长。

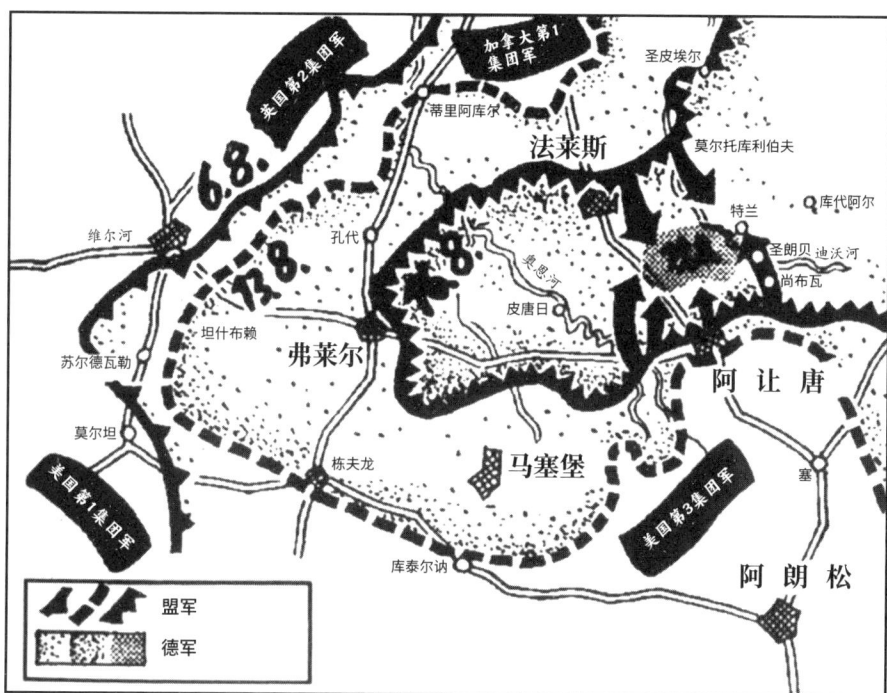

▲ 阿让唐-法莱斯包围圈形成，德国第7集团军覆灭在这个包围圈内。

过犁田，蹑手蹑脚地溜过敌军坦克，冲过加拿大人的机枪火力。午夜前后，他们到达迪沃河。敌人控制了河上的桥梁，唯一的办法是游过河去。河水深1.5~2米，岸堤陡峭，长满黑莓灌木，两辆敌坦克潜伏在岸堤后方。这群伞兵穿着湿透的军装，一米米爬过马铃薯地里的犁沟，从监视河岸的敌坦克身旁溜过，随后又穿过敌人的机枪火力。另一侧的圣朗贝，几座房屋起火燃烧，照亮了乡村。空中充斥着战斗的声响，敌坦克隆隆驶过，马匹的尸体散落在树篱后和道路上。

　　一发20毫米炮弹击中申普夫中将的腿部，这位第3伞兵师师长身负重伤。武装党卫队大将豪塞尔当初在莫斯科附近被打瞎了右眼，他挎着冲锋枪和伞兵一同行动，结果被弹片击中面部，又一次身负重伤。可这位普鲁士军校毕业的老派军官没有放弃，他趴在党卫队第1装甲师一辆坦克后部，经历了一段危险的行程，最终逃出包围圈。

　　泅渡迪沃河期间，迈因德尔的两个突击楔子失去联系。

　　布劳恩施泰纳上校率领的突击楔子停在库代阿尔高地前方，拂晓到来后，他们对山上有座教堂的高地发起冲击。但波兰第1装甲师构置的防御非常强大，布劳恩施泰纳的部下无法突破。经验丰富的第9伞兵团团长斯特凡少校身负重伤。天亮后，德军士兵隐蔽在树篱后、沟渠和农舍里，待暮色降临，他们转身向南，冲破敌军封锁，朝奥尔维尔而去。

　　迈因德尔将军带着几名军官和20名伞兵，一路溜过敌人的路障。天亮后，他们与敌军一支坦克纵队不期而遇。三辆敌坦克停在迈因德尔和部下藏身的沟渠几米开外，他们听见车组人员用波兰语交谈。这群德军官兵像老鼠那样，静静地躲

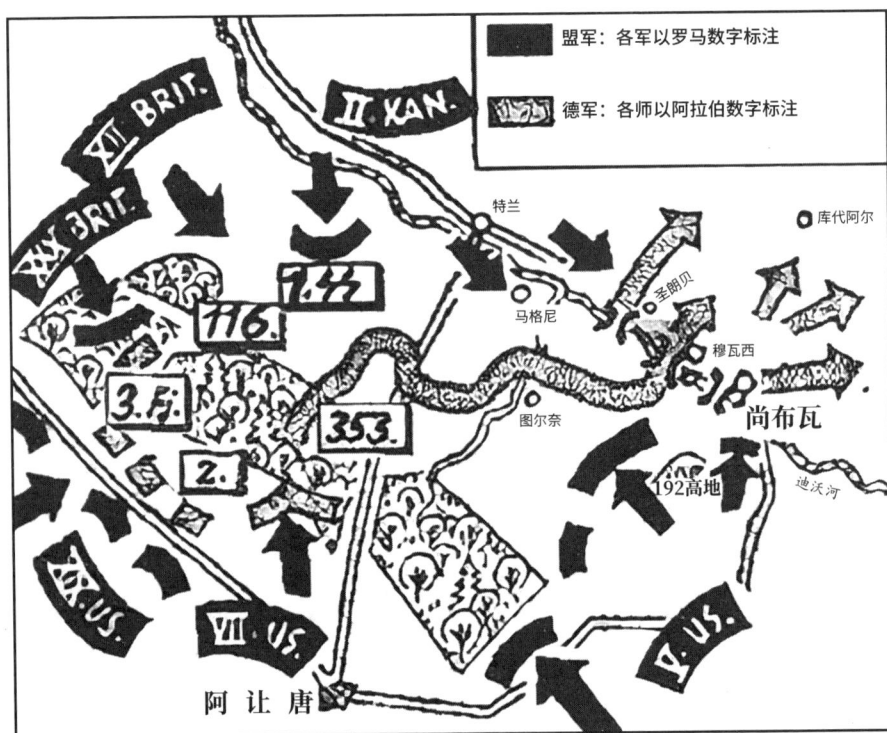

▲ 逃出法莱斯包围圈。

了一个半小时，最后，炮火落在附近，几辆坦克赶紧驶离。为德军士兵解渴的清晨细雨停了，太阳出来后，温度迅速上升，树篱里热得就像暖房。迈因德尔终于识别出德制MG-42机枪的略略声：布劳恩施泰纳正在进攻库代阿尔高地。

迈因德尔赶紧集结兵力，收容了第9、第15伞兵团的散兵游勇，在党卫队"帝国"师三辆坦克的支援下，冲击库代阿尔东面的敌军拦截阵地。

临近下午4点，他们冲开一个2~3千米宽的缺口。5点，第一批德军卡车驶出包围圈，沿库代阿尔蜿蜒的道路向东而去。当晚7点过后不久，迈因德尔把收容的伤员编成伤兵纵队，打出醒目的红十字旗，让他们穿过缺口。为公正起见，迈因德尔将军禁止其他人员和车辆沿这条路线突围。这种骑士风度的做法得到回报，敌军战斗轰炸机俯冲而下，看见红十字旗后迅速飞离。当晚8点，德军恢复交通，敌人的战斗轰炸机迅速返回，打击一支支突围队列，直到夜幕降临才停止扫射。

德军官兵和车辆穿过库代阿尔附近的缺口，不断涌出包围圈，突围行动持续到午夜前后。第3伞兵师4000来名官兵，包括军直部队，逃离地狱。一个装甲侦察营报告，他们身后已没有任何德国部队，迈因德尔这才命令扼守缺口边缘的部队撤离。风雨声掩盖了德军撤退的动静。清晨5点，缺口再次封闭，敌坦克越过高地，企图穿过圣朗贝向北逃生的人，无疑会遭到加拿大坦克拦截。

8月20日灰蒙蒙的拂晓，德国人在封锁线上打开第二个缺口。第7集团军参谋长格斯多夫男爵少将，率领编有党卫队第1装甲师部分力量的战斗群，到达迪沃河东岸，圣朗贝村旁边的特兰—尚布瓦主公路。敌军反坦克炮封锁了公路。格斯多夫派出两辆坦克，击毁敌人几门反坦克炮，闯过公路。德军装甲车、突击炮、卡车立即冲出隐蔽地，迅速向东穿过缺口，不幸的是，他们一头撞上美国第90步兵师据守的阵地。美国人本以为胜局已定，结果被打得猝不及防，只好举手投降。可是，怎么处理俘虏呢？带着他们一同突围显然是不可能的，于是，德军官兵解除了他们的武装，把这些俘虏留在原地。

第116装甲师的博赫尼克少校和党卫队第12装甲师的二级突击队大队长布林克曼，两位干劲十足的军官就地组织了一个新战斗群，力图达成进一步突破。他们拓宽了通往自由之门，把"集团军司令突围地点"打造成包围圈东端最重要的缺口。

临近午夜，装甲迈尔也在几座农舍集结起他的战斗群。包括埃尔费尔特将军和他的参谋长克里根在内的先遣小组动身出发。在尚布瓦附近，他们遇到党卫队第1装甲师准备投入进攻的一支装甲纵队，迈尔战斗群加入其中。可敌人构置的反坦克防御也很强大，这股德军不得不退却，随后再次集结，又一次发起冲击。这回终于成功了，他们游过迪沃河。敌人守在河边的山坡上，朝他们开火射击。河岸成为马拉炮兵的死亡陷阱，死去的马匹、火炮、牵引设备、散落在周围的尸体，构成泥泞的迪沃河岸的场景。

但突围行动仍在继续。

他们打垮了加拿大步兵据守的阵地。

对迈尔和他的200名部下来说，冲过敌军阵地就是一场生死角逐。他们没有呐喊，几乎悄无声息地冲出树篱。面对德军突如其来的冲击，加拿大士兵惊慌退却。迈尔头上裹着血迹斑斑的绷带，攥着手枪冲在最前面。米歇尔端着冲锋枪冲在他身旁，他是来自第聂伯罗彼得罗夫斯克的哥萨克，整个战役期间一直守在迈尔身边。师作战参谋胡贝特·迈尔拎着步枪参加了突击。二级突击队中队长克恩，脖子上挂着个旧军用包，包里塞满手榴弹。

他们跳过一条满是德军阵亡官兵的战壕。

此刻，他们唯一的想法就是冲出这座地狱。迈尔后来说道："冲出包围圈后，我们回头凝望，咒骂着那些毫无意义地牺牲了两个德国集团军的家伙。"

第2装甲师在负伤的师长吕特维茨率领下，也杀出重围。

8月20日拂晓，吕特维茨集结最后15辆坦克和师属炮兵，朝圣朗贝东南方发起冲击，第304装甲掷弹兵团和最后几门反坦克炮掩护这场进攻。装甲先遣力量和第2装甲掷弹兵团杀开血路，冲过圣朗贝，还把通往特兰和尚布瓦的缺口保持了几个小时，直到第2装甲师余部顺利通过。

经过一番激战，第116装甲师也冲出包围圈，还带离50辆战车。

此时，第84军情报处长海因少校和福兰德军士，困在尚布瓦前方的马拉车队中间。河谷中的桥梁就在眼前，这时，敌坦克朝车队开炮射击。道路上的驭手逃往左右两侧，企图躲入几片小树林，还有些人在古老的奥布里城堡找到藏身处。海因和第47装甲军第二副官普法伊费尔上尉，决心听从理智和良心行事，两人组织了几个小组，救回倒在树篱后、田野里、隘路上、车辆旁的许多伤员。没多久，城堡和城堡花园成了主要的伤员收容点。第988掷弹兵团的中尉军医蒂尔曼，德军第12装甲师的中尉军医迪特尔·米勒来到这里，着手负责救治伤员的工作。海因用清晰的话语，在电台里宣布奥布里城堡是战地医院，还把硕大的床单铺在建筑物前方的草坪上。可这番努力纯属徒劳，英军炮兵继续猛轰塔楼和外围建筑。8月21日上午，美军巡逻队终于进入城堡庭院，海因把伤员移交给美国第90师一名上尉。美军步兵伫立在外面的城堡前方，这些小伙来自得克萨斯州和俄克拉荷马州，他们好奇地看着几名德国军官。有个吹口琴的美国兵停了下来，用德语朝海因少校喊道："您听过这个曲子吗？"熟悉的旋律响起，"宝宝快睡吧……"后来成为荷尔斯泰因州博德斯霍尔姆中学校长的海因，眼中噙满泪水，但他没有回头。

迪沃河渡口的战斗中，埃尔费尔特将军和他的参谋长克里根中校，与迈尔战斗群失去联系。直到凌晨3点，埃尔费尔特将军一直在等待各个突围点的消息，可他只收到一封电报，表明他已被解除军长职务。电报里写道："解除埃尔费尔特的军长职务，军部人员去奥梅尔山北面集合，在亚眠附近的预设阵地投入工作。"

凌晨3点后不久，埃尔费尔特将军率领各部队掉队人员组成的小股战斗群，朝圣朗贝方向攻击前进。敌人一个装甲营挡住去路，埃尔费尔特将军打算沿隘路绕过去，可为时已晚。波兰第1装甲师辖内部队投入交战，一举打垮这股德军，生还者悉数被俘。

埃尔费尔特将军与军部人员留在诺曼底的斯大林格勒包围圈里，和他们待在一起的还有4万名俘虏和1万名阵亡者，但5万德军将士已杀出包围圈。

诺曼底战役就此结束，不过，这只是后续一场场艰苦合围战的开始。

▲ 德军的莫尔坦攻势本该切断美军在阿夫朗什达成的突破。但德军装甲力量过于虚弱，而盟军的战斗轰炸机实在太强大。莫尔坦周围的几条道路成为名副其实的死亡之路。

◀ 汉斯·冯·克鲁格元帅堪称德国陆军极具才干的指挥官之一，可就连他也无力扭转诺曼底战役的颓势。由于战事失利，克鲁格被解除职务，于8月19日自杀身亡。

▲ 面对盟军的空中优势，德军防空力量殊死奋战。一架英国轰炸机中弹后，拖着火舌坠向德军防线。

▼ 波兰第1师和加拿大第4师也遭受到一场意外空袭的可怕后果，他们遭到盟军轰炸机误击，损失惨重。

▲ 反映卡昂和圣洛激战的照片：一名非常年轻的掷弹兵在坦克旁包扎伤口（上图）；散乱的德军战斗群带着负轻伤的战友撤退（下图）。

▲ 满目疮痍、遍地废墟、支离破碎，这就是盟军突击部队进入诺曼底看到饱受轰炸机和舰炮火力摧残后的城市留下的印象。这张照片拍摄的是利雪，是卡昂东面争夺非常激烈的城市之一。

9

末日的开始

跨过塞纳河上的桥梁

8月21日中午前后，迈因德尔将军在奥尔维尔看见他的参谋长和作训处长，兴奋地喊道："布劳恩施泰纳！"布劳恩施泰纳笑着敬礼："将军先生，我平安逃离包围圈，向您报到！"

这群死里逃生的官兵，看上去活像吉卜赛人，树篱的荆棘刮破了他们的军装，一个个脏兮兮的，大多数人身上带伤。但这些经历了殊死突围后活下来的人，对任何情况都见怪不怪了。

布劳恩施泰纳问他的军长："将军先生，现在怎么办？"

"早上我找到了第7集团军司令部剩余人员，我们要以两场夜间行军赶往塞纳河，在那里等待摆渡过河。一支装甲部队掩护我们后撤。"

布劳恩施泰纳苦涩地问道："将军先生，还有什么可掩护的？"

迈因德尔看看他的参谋长，没吱声，还能说什么呢。

自6月7日以来，盟军大举突破的"幽灵"一直在军部的地图上徘徊。起初，B集团军群缺乏必要的兵力阻止敌人登陆，之后又没获得足够的援兵，无法以反突击分割敌军登陆场，把对方赶下大海。尽管第7集团军的反突击代价高昂，可始终只能肃清敌人的渗透，暂时稳住摇摇欲坠的防线。一个个装甲师遭到重创。而盟军在空中力量的掩护下，赢得足够的时间，把大批人员和物资送上滩头。明眼人都能看出，这股洪潮注定要冲垮脆弱的堤坝。溃坝即将到来，德国人把这场崩溃推延了两个月，但眼下在劫难逃。的确，法莱斯包围圈内没有发生大规模投降，第7集团军三分之一的兵力逃脱了覆灭的厄运，可他们的装甲部队损失殆尽，这可是一切进攻行动的核心力量。残存的军力充其量只能进行防御战。法莱斯战役结束后，B集团军群只剩100辆可用坦克。只有100辆！

迈因德尔想起元首大本营在1943年12月发给他的态势通报。据第35号速记记录第24页记载，希特勒在1943年12月20日的军事会议上，乐观而又自信地宣称："决定性的事情是，敌人登陆那一刻，头上就落下炸弹。然后我们迫使他们就地隐蔽，哪怕空中只有一架飞机，他们还是得隐蔽，这样一来，他们会一小时一小时地浪费时间。可是，我方预备队半天内就能开抵。只要把敌人压制在海滩上6~8个小时，诸位不难设想，这对我们意味着什么！"

希特勒的如意算盘大错特错！虽然德国空军没有出动，但盟军登陆后确实被压制了6个小时甚至更久，这是事实，可德军预备队没有赶来。首先，德军预备力量零零碎碎地动员起来，不仅实力不足，而且为时过晚。其次，他们在缺乏炮兵支援的情况下，错误地投入交战。由于缺乏空中掩护，这些预备队根本无法在昼间移动。盟军重型、中型轰炸机、战斗轰炸机彻底控制了天空，挡住德军战略预备队去路，颠覆了希特勒的算计。

盟军的空中优势决定了西线战事。这是隆美尔第二次败给敌军空中力量，上次是在非洲，就在他握住通往开罗和中东石油宝库的门把之际，敌人从空中击败了他的装甲部队，而且仅仅是从空中。结果，轴心国军队的补给体系彻底瘫痪，决定性的阿莱曼交战期间，非洲军没能获得油料和战车。德国丧失了征服北非和近东，迫使英国求和的机会。

德国潜艇部队也败给盟军空中力量。对方使用雷达和先进的电子侦察设备，以及战争史上第一部计算机辅助的密码破译机，以反潜飞机拦截了德国潜艇的狼群攻势。他们给德军潜艇造成重大损失，迫使它们潜入水下，最终打败了它们。

盟军的空袭还造成V-1、V-2飞弹的生产和发射一次次延误，这是军事史上头两款远程火箭兵器。德国国内的研发、生产基地，前线地区的发射斜轨，一次次遭到轰炸后损毁。

盟军登陆后，他们的空中优势发展成制空权，这就确保了地面部队在入侵战线赢得胜利的必要条件。地毯式轰炸和战斗轰炸机的攻击，摧毁了德军海岸防御工事和法国铁路网，阻止了德军战略、战术预备队快速展开，切断了德国人的补给体系，粉碎了对方一个个装甲师和炮兵力量，导致德国步兵沦为无助的受害者。

这就是第二次世界大战深具决定性而又令人痛苦的真相！迈因德尔对此心知肚明，布劳恩施泰纳也很清楚。这不是德国空军军官或指挥部门的过错，战争后期，德国战斗机和轰炸机部队的数量劣势已无可救药。残酷的事实是，德国军备工业根本无力应对一场东西两线的战争，他们可以提供飞机或坦克，但无法既供应飞机又供应坦克。

"现在怎么办？"布劳恩施泰纳上校问道。

"我们最大的希望是塞纳河！"迈因德尔回答道。

塞纳河！一条大河！但对现代军队来说，大河不再是无法逾越的障碍。预制桥梁、特种浮桥、冲锋舟能在几小时内把一个师渡过河去。当然，前提条件是河岸上没有敌军机动部队、重型火炮、突击炮、坦克，这些防御力量会在进攻方展开行动前粉碎他们的渡河企图。在没有抵抗的情况下，所谓的大河与沟渠没什么区别。德国军队在对苏战局期间多次证明了这一点。那么，既然美国人能顺利渡过海峡，又怎么会对塞纳河束手无策呢？

他们当然不会束手无策！巴黎前方，巴顿将军继续采用他在阿夫朗什使用过的战术，麾下几个师迅猛地穿过法国北部。通往巴黎的各条道路完好无损，畅通无阻，而且没有防御。

德军最高统帅部认为，他们可以凭借第15集团军三个师守卫巴黎，掩护德军撤往塞纳河。这是"太少、太晚"的又一个例子。巴顿以三个装甲师和三个彻底实现摩托化的步兵师横扫一切。对德国人来说幸运的是，他们后撤期间天气不好，盟军战斗轰炸机无法升空，这让第2伞兵军残部顺利到达卢维埃的塞纳河河段，没有遭受更多损失。

少将库尔特·迈尔率领党卫队第12装甲师残部向德军第1装甲军军部报到，军部人员震惊不已，他们本以为装甲迈尔阵亡了。逃出包围圈的德军部队，在鲁昂附近用小舟和驳船渡过塞纳河。已经在塞纳河前方整补的一个师，负责阻滞盟军推进。

一辆卡车跟随德军第25装甲掷弹兵团第1营残余人员到来，该营是瓦尔德米勒战斗群的核心。卡车上坐着第1连十来名士兵，整个连队就剩这么点人！

6月7日灰蒙蒙的拂晓，第1连在卡昂登上卡车，当时他们有250人。安德烈亚斯·施内尔清楚地记得，行驶期间，小队长格伦措夫一再对他说："要是我喊'停车'，您就迅速踩下刹车，同时拉手刹。"这个办法很有效，没有一架战斗轰炸机击中施内尔的卡车。可除了眼下坐在卡车上的十来个人，包括格伦措夫在内的其他人都阵亡了。车上12名士兵，只有5人于6月7日在卡昂跟随第1连投入了战斗。全连250人就剩下5个。

通往塞纳河的道路上，第21装甲师再次与美军先遣部队展开激战。他们在一处投入战斗，随后赶往另一处，竭力封堵薄弱的移动防线上每小时都会出现的缺口，防止敌人再次切断撤往塞纳河的德军部队。自6月6日起，第21装甲师一直在战斗。到8月底，该师获得的补充仅仅是两个战地补充营。第21装甲师大部分坦克损失在卡昂前线，从包围圈突围时，他们只剩8辆四号坦克，这些战车没有一辆渡过迪沃河。装甲掷弹兵团只剩四五十人。炮兵、突击炮、高射炮、反坦克部队的武器和车辆折损大半。虽说这些数字并不能说明他们遭受的苦难，但的确反映出现代交战中，失败造成的技术灾难，以及军事装备的损失程度，没有这些装备，无论前线官兵多么英勇也无济于事。

从6月6日到8月底，B集团军群辖内各兵团损失了1300辆坦克和装甲车、2万辆卡车和汽车、500辆突击炮、1500门野炮和榴弹炮、数千门反坦克炮和高射炮。40万德军官兵阵亡、负伤、被俘，20万人走入英国、加拿大、美国战俘营。

战争之神把两个德国集团军的人员和技术装备从这片战区扫荡一空，剩下的残兵败将集结在塞纳河畔。

★

鲁昂前方，第21装甲师工兵营第3连，正在塞纳河上架桥。这群工兵玩命地忙碌着，因为堵在河畔的部队越来越多，徒劳地等待渡轮、驳船、小舟。天气很好，但盟军没有发动空袭干扰德国人的架桥工作。

军官组成的队伍站在桥梁接近地，攥着手枪指挥部队渡河，竭力平息恐慌和混乱。桥上可以见到在诺曼底洒下热血、经受战火考验的各个师残部：陆军第21、第2、第116装甲师；党卫队第2、第9、第10、第12装甲师；党卫队第17装甲掷弹兵师；伞兵师、步兵师、空军野战师、高射炮师，这些勇士在花园里、树篱中、隘路上进行了艰苦卓绝的战斗。

但有一支部队不在这里，这就是第6伞兵团，盟军登陆首日，他们在犹他海滩发起首次充满希望的反冲击，自6月6日以来，该团一直在战斗，可他们现在不见了。第6伞兵团的命运，是许多德军团战斗、覆灭的典型例子。

海特的伞兵撤离卡朗唐后，在科唐坦半岛与许多师并肩战斗过。7月中旬，第6伞兵团又一次在第7集团军的报告里占据了显要位置。当时，该团只有20名伞兵的自行车连，在党卫队第2装甲师一辆四号坦克支援下，俘虏了美军13名军官和600名士兵的一个步兵营！

第6伞兵团随后陷入美军在圣洛达成突破的大旋涡。他们和党卫队第2装甲师一个战斗群杀开血路，向南突出库唐斯包围圈，到达第353步兵师拦截阵地。经历了此次突围的官兵，永远不会忘记那一夜的情形：他们排成单路纵队，悄无声息地沿支路和小径行进，主路上不时传来美军坦克的轰鸣。海特像个印第安酋长，亲自率领伞兵团先遣部队，巧妙地躲开美军摩托化部队，伞兵团顺利通过。可是，这个骄傲的伞兵团现在还剩些什么？区区几百人而已，而且几乎个个生病或负伤，大多数人沿"IVb小径"后送，这是德军官兵给通往阿朗松医院的道路取的名字，因为IVb指的是各个师部负责运送伤员的军医。

第6伞兵团只剩60人，区区60人！他们撤出前线，在利雪与团里的伤病员会合，全团共计1007人。3000名官兵阵亡或失踪，仅仅一个团就损失了3000人！

一连两个小时，德军队列匆匆跨过鲁昂附近的塞纳河桥梁。然后，天色转晴，伴随阳光一同出现的是法国战场上的主宰：盟国空军！

还是没有一架德国战机掩护渡口，战役开始时是这样，结束时还是如此。寥寥几门高射炮朝空中射出炮弹，可无法阻止灾难袭来。一架架战斗轰炸机从低空掠过，扫射浮桥，投掷炸弹。塞纳河又迎来新的受害者。

此时，战争之神把一张决定性王牌交到巴顿手里，他就在巴黎北面几千米处。德国工兵炸毁了巴黎西北方30千米，芒特加西库尔小城附近的水坝。忙碌之际，这群工兵接到命令，让他们立即离开，赶去炸毁从德勒通往巴黎的重要主干道，他们的任务是在路上埋设地雷，阻止敌坦克通行。在芒特地区沿塞纳河布防的步兵部队，也奉命立即赶去掩护通往巴黎的主干道。德军最高统帅部认为，巴顿肯定会长驱直入，迅速攻占法国首都。

必须阻止他！

希特勒一门心思坚守巴黎，哪怕整座城市夷为平地也在所不惜。他从距离东线60千米的拉斯滕堡，给1500千米外法国战场的作战行动下达了详细的指令。他在地图上指挥战争，全然不顾战场上的实际情况，就连前线部队每次后撤都要得到他亲自批准。这通常会白白浪费时间，而时间在瞬息万变的情况下深具决定性。但OKW幸存的战时日志，以及美国官方战争史经验丰富的参谋人员所做的研究表明，希特勒并没有对西线危险的事态发展视而不见。他比其他人更关注战争的技术方面，也意识到美国的优势造成的问题越来越严重。可最要命的是，他坚信德军官兵的卓越素质能弥补一切，对前线将士寄予过高的希望。

巴黎不会成为第二个华沙

与希特勒设想的不同，美军作战方案根本没想过解放巴黎，只要包围这座首都即可，因为艾森豪威尔将军坚决反对代价高昂的巷战。

因此，巴顿麾下第79步兵师没有赶赴巴黎，而是在夜幕掩护下，开抵距离芒特不到5千米处。他们没遇到一个德军掷弹兵。次日拂晓，美军巡逻队小心翼翼地朝河边搜索前进，他们无法相信，塞纳河居然无人防守。

四下里静得像墓地，美国人瞅见了被炸毁的水坝，但狭窄的步行桥仍可通行。当然，前提是德国人没在对岸部署机枪。只要一挺机枪，外加两名组员，就能封锁这座桥梁。

怀特中士决心赌一把，带着三名志愿者冲过步行桥。

平安无事，几人在对岸挥手示意，于是美军巡逻队也过了桥，仔细检查邻近区域。

怀特提醒部下："千万别弄出不必要的动静！"他们把两挺重机枪和几门迫击炮运过桥去，就这样控制了一座登陆场。巴顿将军从电台里获知这个消息，立马赶来察看情况。随后，他匆匆去找集团军群司令布拉德利。几小时后，巴顿打电话给第79步兵师："派第313团过河！"

呼呼大睡的美军士兵被叫醒，他们匆匆跨过步行桥，重武器通过时，小小的桥梁发出不堪重负的嘎嘎声。美国人用横梁和木板拓宽桥梁，随后驾驶卡车通过。天亮后，逃出法莱斯包围圈的第一批德军官兵，在北面的鲁昂地区渡河，准备在塞纳河对岸构置新防线之际，巴顿将军已经在巴黎西面30千米的塞纳河对岸建起一座强大的登陆场，这是德军再也无法消灭的登陆场。

第二次世界大战中有许多深具决定性的桥梁，而芒特步行桥事件又一次说明，德军指挥部门正丧失对事态的掌控，诸事不顺，做什么都不对，命运女神无疑抛弃了德国军队。

8月23日，巴顿麾下第7装甲师辖内部队，也在巴黎东南方的默伦附近建起登陆场。没等巴黎陷落，美军已渡过塞纳河！

古德里安的其中一条战略原则是："装甲兵的目标永远是敌人的首都！"艾森豪威尔打算无视这项原则，以免战火破坏巴黎。他想包围这座城市，尔后迫使德国守军投降。可没过多久，政治方面的考虑主导了他的军事决策。

8月19日，德国军队显而易见的失败，促使3000名巴黎宪兵起义，占领了警察局。这束火花点燃了火药桶。法国抵抗组织公然拿起武器，前进，把德国人赶出巴黎！

面对这种情况，盟军司令部派出的联络人员束手无策，呼吁地下组织保持冷静无济于事，告诉他们战略优先事宜也毫无用处。拿起武器的口号响彻市郊。政治介入其中，从共产主义者到民族主义者，任何一个抵抗组织都不甘落后。起义者占领了市政厅、司法宫、战争部。步枪射击声在街头回荡，地窖的窗户喷吐出机枪火力，还有人从屋顶朝街上的德军巡逻队投掷手榴弹。

自8月7日起负责巴黎防务的肖尔蒂茨将军，面临艰难的抉择。元首的命令是："炸毁塞纳河上的桥梁，坚守巴黎，直到最后一座房屋！"

肖尔蒂茨将军非常清楚，这道命令对巴黎，对城内居民，对德军部队和司令部，对行政部门和后勤机构意味着什么。

欧洲战线另一端发生的事情，强调了局势的危险性，8月1日的华沙起义引发了激烈、旷日持久的战斗。华沙起义者提前拿起武器，准备与解放者里应外合，可苏联红军没有开抵，结果，华沙沦为废墟。

肖尔蒂茨不想让巴黎变成第二个华沙。他与抵抗组织代表谈判，双方讨价还价，反复协商。这位巴黎城防司令陷入进退两难的境地。一方面，他不得不瞒着元首大本营，与抵抗组织代表和联络人员展开谈判；另一方面，他必须达成协议，以免他和他的部队向不可靠的抵抗力量投降。最后，双方达成一致，停火到8月23日。

可是，法国抵抗运动鱼龙混杂，派系众多，领导人根本无法约束他们的手下。许多团体自行其是，继续袭击德军巡逻队和据点，德国人不得不采取反制措施。

肖尔蒂茨不能容忍事态继续恶化。

但如何控制局面？巴黎城内的德国正规军兵力太少，以办公室人员和后方机构仓促组织的警戒部队建立得快，解散得也快，有点战斗力的盖世太保和警察部队早已脚底抹油。尽管如此，一道道紧迫的命令还是不断传来，要求肖尔蒂茨炸毁巴黎城内的工厂和重要的战略目标。肖尔蒂茨企图以措辞严厉的广播公告阻止局势进一步恶化，可严厉的措辞愈发激怒了起义者，还导致抵抗组织认为德国人撕毁了停火协定。实际上，这些日子里，置身巴黎的德国人，从大使奥托·阿贝茨到各勤务机构指挥官，内心都有一种强烈的愿望：不能让美丽的巴黎毁于战火。

法国首都面临危险之际，交战双方在前线暗通款曲，想找到一个双方都可接受的解决方案。

他们还真找到了办法。鉴于德国人合理的立场，艾森豪威尔一改初衷，决定派编有美国第4步兵师和法国第2装甲师的第5军开入巴黎。肖尔蒂茨终于有了谈判对象，可以遵照井然有序的军事方式商谈投降事宜了。

最后一幕

抵抗组织成员搜捕落单的德国士兵，爬上屋顶、钻入下水道包抄并消灭负隅顽抗的德军据点之际，城市东端，随军人员漫长的队列逃离巴黎：文职和准军事机构人员、合作者、法国民兵部队、奸商、黑市投机客。德军司令部人员也在队伍里，他们的卡车上载满办公用品、家具、年轻的女辅助人员。这是一场凄惨的行军。

德国守军在塞纳河北面坚守到8月25日下午，肖尔蒂茨将军随后率领1万名

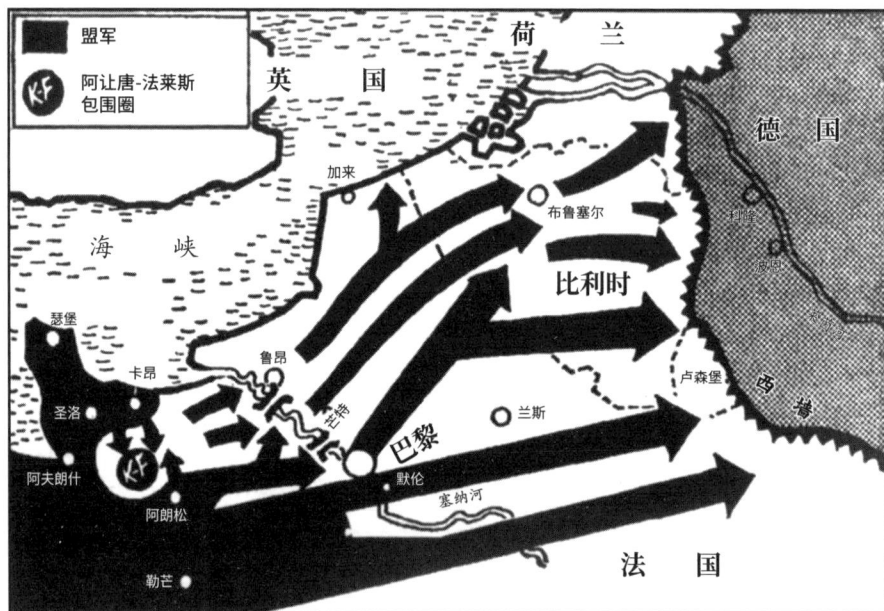

▲ 德军在法国境内的防线崩溃后，盟军4个集团军全速攻往德国边境。仓促拼凑的德国军队据守防御薄弱的西墙，这是德军在莱茵河前方的最后一道防线。

部下投降。但对许多士兵，特别是大批军官来说，这仅仅是一场可怕的磨难的开始。巴黎的陷落，成为德国输掉法国战役的感叹号。第二次世界大战的最后一幕即将开演。

德国野战军队保卫帝国边境的最后希望是西墙，可惜的是，防线上的重武器早已调离。

这是个渺茫的希望。

尽管如此，各个团还是朝那里逶迤而去。一位作者在加拿大官方战争史里写道："他们的道路还没有结束。"他又总结道："盟军在诺曼底的作战行动，高级指挥部门的协调工作比德国人做得更好，这一点毫无疑问，但战场上的交战情况却不能这么说。一如既往，德军官兵一次次证明他们是这个行当优秀的实践者。德军前线士兵英勇、顽强、技艺娴熟。他们有时候是狂热分子，有时候是残忍的暴徒，但始终是令人生畏的战士，即便在诺曼底战役对他们明显不利的情况下也是如此。德军指挥官和参谋人员普遍胜任自己的工作。如果从兵对兵、将对将的角度看，不能说我们靠战术优势赢得了诺曼底战役。"

的确如此，事实就是这样！盟军赢得胜利是因为他们的战略理念，团队精神和管理方式决定的指挥结构，空中优势，卓越的技术，军备工业耗之不尽的资源，另外还有战场上的运气，即便面对战术层面占有优势的德军指挥部门也是如此。德国军队在西线惨烈的消耗战和东线残酷的厮杀中化为灰烬，最终战败成为不可避免的结局。

▲ 战斗结束了。法莱斯口袋扎紧。德国第7集团军覆灭。第2装甲师一名中尉企图带着他的反坦克炮在迪沃河畔圣朗贝村突出重围，但去路被一支加拿大装甲部队挡住，弹药耗尽后只得投降。

法莱斯废墟之战：党卫队第12装甲师60名掷弹兵在一所高等学校坚守了三天，学校最终陷落，只有四名负伤的掷弹兵被俘，其他人悉数阵亡。

法莱斯包围圈内被俘的德军官兵，许多军士和掷弹兵佩戴着步兵突击章。

▲ 经历了80天激战后的一名德国伞兵，关于进攻战的一切都呈现在他脸上：海军舰炮的毁灭性火力，无情的战斗轰炸机，携带火箭弹和白磷炸弹的战斗机，一切斗争和挣扎纯属徒劳，只能听天由命。

参考书目

未出版的手稿、战争日记和军事研究源自私人收藏以及德国和外国档案

[1] Patrick Beesly, Very Special Intelligence, Hamish Hamilton Ltd. London 1977.

[2] Patrick Beesly, Geheimdienstkrieg der britischen Admiralität 1939–1945, Ullstein 1978.

[3] Ralph Bennet, Ultra in the West, Hutchinson, London 1979.

[4] Paul Carell, Die Wüstenfüchse – Mit Rommel in Afrika, Ullstein 1989.

[5] William Casey, The Secret War against Hitler, Regnery Gateway Washington D.C.

[6] Basil Collier, The Defence of the United Kingdom, Her Majesty's Stationary Office, London 1957.

[7] Sefton Delmer, Die Geisterarmee, Edition Praeger, Munich, Vienna, Zurich.

[8] John Ehrman, Grand Strategy – Volume V, Her Majesty's Stationary Office, London 1956.

[9] Dwight D. Eisenhower, Kreuzzug in Europa, Bermann–Fischer Verlag, Amsterdam.

[10] Walter Görlitz, Der zweite Weltkrieg, Band II, Steingruben Verlag, Stuttgart.

[11] Heinz Guderian, Erinnerungen eines Soldaten, Kurt Vowinckel Verlag,

Heidelberg.

[12] Dennis Earl Harris, The Diplomacy of the Second Front, A dissertation for the degree of Doctor of Philosophy, University of California Santa Barbara 1969.

[13] Gordon A. Harrison, Cross–Channel Attack – The European Theater of Operations, Office of the Chief of Military History, Department of the Army, Washington D.C. 1951.

[14] Jock Haswell, D–Day – Intelligence and Deception, New York Times Books 1979.

[15] Friedrich Hayn, Die Invasion – Von Cotentin bis Falaise, Kurt Vowinckel Verlag, Heidelberg.

[16] A. Hillgruber, G. Hümmelchen, Chronik des Zweiten Weltkriegs, Bernard & Graefe Verlag 1966.

[17] F.H. Hinsley, British Intelligence in the Second World War Vol. III, Part 2, Her Majesty's Stationary Office, London 1968.

[18] David Howarth, Dawn of D–Day, Collins, London.

[19] Hrowe H. Saunders, Der verratene Sieg, Druffel Verlag, Leoni.

[20] Edwin P. Hoyt, The Invasion before Normandy, Stein and Day Publishers, New York 1985.

[21] R. Lehmann, R. Tiemann, Die Leibstandarte, Band TV/1, Munin Verlag GmbH, Osnabrück 1986.

[22] Hans von Luck, Gefangener meiner Zeit, E.S. Mittler & Sohn, Herford, Bonn 1991.

[23] Rudolf Lusar, Die deutschen Waffen und Geheimwaffen des 2. Weltkrieges und ihre Weiterentwicklung, J.F. Lehmanns Verlag, Munich.

[24] John C. Masterman, The Double Cross System (quoted as Hroe H. Saunders: Der verratene Sieg).

[25] Hubert Meyer, Kriegsgeschichte der 12. SS–Panzerdivision Hitlerjugend, Munin Verlag GmbH Osnabrück 1982.

[26] Kurt Meyer (Panzer–Meyer), Grenadiere, Schild Verlag, Munich–Lochhausen.

[27] Marshall Montgomery, Memoiren, Paul List Verlag, Munich.

[28] Omaha Beachhead, War Department–Historical Division.

[29] Dieter Ose, Entscheidung im Westen, Deutsche Verlagsanstalt Stuttgart 1982. Series of publications by the Military History Research Office, 2nd edition. 1985.

[30] Friedrich Ruge, Rommel und die Invasion, K.F. Koehler Verlag, Stuttgart.

[31] Cornelius Ryan, The Longest Day, Simon and Schuster, New York.

[32] Percy Schramm, Kriegstagebuch des OKW, Band IV, 1961.

[33] Hans Speidel, Invasion 1944, Rainer Wunderlich Verlag, T ü bingen und Stuttgart.

[34] Colonel CP. Stacey, The Canadian Army 1939–1945, Edmond Cloutier, C.M.G., B.A., L.Ph. King's Printer, Ottawa 1948.

[35] Bertil Stjernfelt, Alarm i Atlantvallen, Hörsta FörlagA.B., Stockholm.

[36] Rolf Stoves, Die gepanzerten und motorisierten deutschen Grossverbände, Podzun–Pallas Verlag 1986.

[37] Heinrich von Treitschke: Deutsche Geschichte in 19. Jahrhundert Erster Teil, Verlag S. Hirzel, Leipzig 1894.

[38] Major–General G.L. Verney, The Desert Rats. The History of the 7th Armoured Division, Hutchinson, London.

[39] Wehr–Wissenschaftliche Rundschau, Volume 9, Issue 6, June 1959. E.S. Mittler & Sohn GmbH, Frankfurt, Berlin.

[40] Chester Wilmot, Der Kampf um Europa, Alfred Metzner Verlag, Frankfurt, Berlin.

卡雷尔文库